Hansjörg Hemminger (Hg.)

Fundamentalismus
in der verweltlichten Kultur

Quell

ISBN 3-7918-1908-9

1. Auflage 1991
Einbandgestaltung: Klaus Dempel, Stuttgart
Satz: Wilhelm Röck GmbH, Weinsberg
Druck: Quell Verlag, Stuttgart

Inhalt

Einführung von Hansjörg Hemminger
5 Fundamentalismus, ein vielschichtiger Begriff

Reinhart Hummel
17 Fundamentalismus in Indien und im Islam

Alois Schifferle
66 Katholischer Traditionalismus und Fundamentalismus

Peter Zimmerling
97 Protestantischer Fundamentalismus als gelebter Glaube

Werner Thiede
131 Fundamentalistischer Bibelglaube im Licht reformatorischen Schriftverständnisses

Hansjörg Hemminger
163 Fundamentalismus und Wissenschaft am Beispiel Kreationismus

Gottfried Küenzlen
196 Fundamentalismus und die säkulare Kultur der Moderne

222 Anmerkungen

239 Glossar

246 Register

252 Die Autoren

EINFÜHRUNG VON HANSJÖRG HEMMINGER

Fundamentalismus, ein vielschichtiger Begriff

Der Begriff »Fundamentalismus« ist zum Modewort geworden. Fundamentalisten sind, glaubt man den Tageszeitungen, die Abtreibungsgegner der amerikanischen »moral majority« ebenso wie die grüne Politikerin Jutta Ditfurth, die öffentlich ihre eigenen Abtreibungen rechtfertigt. Fundamentalisten sind die Schiiten, die im Iran regieren, ebenso wie die Sunniten, die in Algerien die Kommunalwahlen gewannen. Der katholische Bund Opus Dei nimmt, wie man hört, eine fundamentalistische Haltung zur Politik ein, aber ebenso gilt das für einen Teil der New-Age-Bewegung. Es sieht so aus, als ob jede Religion oder Weltanschauung oder gar Politik fundamentalistisch genannt wird, sobald sie radikal, intolerant, militant oder machtbewußt auftritt.

Dieser Begriffsinflation muß man entgegentreten. Es genügt, Intoleranz als intolerant und Militanz als militant zu bezeichnen. Es scheint auch nicht viel gewonnen, wenn man alles fundamentalistisch nennt, was man früher als ideologisch bezeichnet hätte. Es ist nicht verwunderlich, daß kritische Zeitgenossen sich fragen, ob das Wort Fundamentalismus nicht ganz aus dem Verkehr gezogen werden sollte. Aber abgesehen davon, daß die Umgangssprache nie auf gelehrte Kritik reagiert, hätte man die Ursache für die Inflation des Begriffs damit noch nicht verstanden. Sie liegt in Erfahrungen, die mit religiösen (und ideologischen) Gruppen gemacht werden, die von Zeitungen und Fernsehbildern vermittelt werden, und die nach Einordnung verlangen. Der Begriff Fundamentalismus ermöglicht eine Deutung dieser Erfahrungen, auch wenn es sich insgesamt oder in Einzelfällen um eine schlechte Deutung handeln sollte. Die Frage nach Sinn und Unsinn des Begriffs Fundamentalismus muß also gestellt werden, und mit der Einführung soll eine erste Begriffserklärung versucht werden.

Das Wort Fundamentalismus bezeichnete am Anfang dieses Jahrhunderts in den USA die Berufung auf die biblischen Grundlagen des christlichen Glaubens (»fundamentals«) im Protestantismus. Diese Bedeutung spielt heute kaum noch eine Rolle, sie wird durch den Begriff »evangelikal« (»evangelical«) abgedeckt. Als Fundamentalisten werden im amerikanischen Protestantismus heute nur noch diejenigen Evangelikalen bezeichnet, die sich von ihren liberalen oder progressiven Glaubensgenossen bzw. deren Denominationen radikal absetzen, und die sowohl ihnen als auch der weltlichen Gesamtkultur gegenüber aggressiv auftreten. Außerdem wurde der Fundamentalismus im Rahmen der »moral majority« in den USA auch immer mehr zur politischen Kraft, bis hin zur Bewerbung eines Pfingstpastors und Fernsehevangelisten für das Präsidentenamt. Durch diese Entwicklung wurde die Verbindung von Religion und Separatismus, Politisierung und aggressiver Kulturkritik im öffentlichen Bewußtsein zu »fundamentalistischen« Merkmalen. Natürlich fanden sich die selben Merkmale auch außerhalb des Protestantismus wieder. So wurden die iranischen Schiiten oder die radikalen Hinduparteien in Indien zu »Fundamentalisten«, obwohl sich ihre Glaubenswelten von der des protestantischen Fundamentalismus sehr unterscheiden. Notwendigerweise wurde das Wort Fundamentalismus dadurch von weltanschaulichen Inhalten getrennt, es steht im weiteren Sinn nur noch für eine bestimmte Haltung zur Umwelt, zur Religion, zur Politik usw., im besten Fall für eine bestimmte soziale oder seelische Befindlichkeit einer religiösen Gruppe. Daraus folgt, daß man in diesem allgemeinen Sinn eigentlich kein Fundamentalist sein kann, man kann lediglich seine Weltsicht – wie auch immer diese aussehen mag – fundamentalistisch vertreten. Man müßte daher korrekterweise von fundamentalistischen Protestanten, fundamentalistischen Schiiten, fundamentalistischen Hindus usw. sprechen. Aber wie immer ist auch hier die Umgangssprache nicht sehr konsequent. Zum Beispiel werden einige Gruppen, auf die das Wort passen würde, aus historischen Gründen nicht als fundamentalistisch bezeichnet. Das gilt sowohl für eine Sekte mit fundamentalistischer Lehre wie die Zeugen Jehovas, als auch für Gruppen im Bereich des katholischen Traditionalismus. Die Verwirrung wird noch größer, weil der engere Begriff Fundamentalismus als Bezeichnung für evangelikale, separatistische und militante Protestanten amerikanischen Typs weiterhin in Gebrauch ist – manchmal in sehr unangemessener Form. So wurde z. B. die Vereinigung der westdeutschen und ostdeutschen Evangelischen Allianz vom Berliner »Tagesspiegel« unter der Überschrift: »Fundamentalisten vereinigten sich« gemeldet. Und wenn ein evangelischer Pfarrer hierzulande von einer »fundamentalistischen Gruppierung« spricht, meint er weder einen türkischen Kulturverein radikaler Muslime noch Katholiken, die Anhänger des verstorbenen Bischofs Lefebvre sind. Er meint eine freikirchliche oder landeskirchliche Gemeinde konservativer Protestanten, die stark missionarisch aktiv sind und die gegenüber anders geprägten Christen (vor allem ihm selbst gegenüber) ein gewisses Maß an Unduldsamkeit zeigen. Und ein katholischer Pfarrer wird die ihm räumlich fernen »protestantischen Sekten« in Lateinamerika fundamentalistisch nennen, aber nicht das ihm viel nähere katholische Engelwerk. Dieser Sprachgebrauch, der nur auf den protestantischen Fundamentalismus zielt, läuft zu dem anderen Sprachgebrauch »Fundamentalismus als Haltung« parallel. Die Doppelbödigkeit des Begriffs kann nicht geändert, sie muß also immer mit bedacht werden.

Aber nun zum »Fundamentalismus als Haltung«: Lassen sich allgemeine Merkmale einer religiösen Gruppe, wie aggressive Kulturkritik und politische Radikalität, wirklich auf einen

Nenner bringen oder auf eine gemeinsame Disposition zurückführen? Die Antwort muß bei unserem eigenen, beim westlichen Fundamentalismus ansetzen. Erst danach wird sich zeigen, ob der Begriff auf andere Kulturen übertragbar ist. Einen Ansatzpunkt, den westlichen Fundamentalismus zu verstehen, liefert der Wahrheitsbegriff. Es gibt einen fundamentalistischen Umgang mit der religiösen Wahrheit, und eine fundamentalistische Weise, diese Wahrheit mit dem Leben und dem Alltag zu verbinden. Zur Erklärung muß ich weiter ausholen.

Sowohl die religiösen Antworten auf die Grundfragen des Lebens als auch die Antworten von Weltanschauungen und Ideologien werden von den Anhängern immer als absolute Wahrheiten erlebt. Das kann nicht anders sein, da es sich um Antworten handelt, auf die Menschen ihre Existenz bauen, an denen sie ihr Tun orientieren. »Glauben heißt: Dazu entschließe ich mich, darauf stelle ich meine Existenz«, schrieb der Physiker Werner Heisenberg. Das gilt, ob man an den Fortschritt, an die frohe Botschaft von Jesus Christus oder an den Hinduismus glaubt. Man kann die Wahrheit der anderen, die Existenzgrundlage anderer Menschen, dennoch respektieren, man kann sie aber nicht für sich selbst anerkennen. Echte religiöse Überzeugungen und die innerweltlichen, quasireligiösen Ideologien der Neuzeit sind daher immer fundamental – aber keineswegs immer »fundamentalistisch«.

Das gilt, nebenbei gesagt, auch für die neuzeitliche Liberalität mit ihrer Relativierung aller weltanschaulicher Bindungen. Die Überzeugung, daß es keine fundamentalen Wahrheiten im obigen Sinn gibt, ist für ihre Anhänger ebenfalls eine fundamentale Wahrheit, die nicht zur Disposition steht. Sie wird mit religiösem Eifer und nicht selten durch die moralische Verunglimpfung Andersdenkender (zum Beispiel andersdenkender Fundamentalisten) verteidigt. Diese Erfahrung kann jeder machen, der sich zum Beispiel in öffentlichen Vorträgen kritisch zum religiösen Pluralismus der New-Age-Bewegung äußert. Man entkommt dem existentiellen Zwang zu fundamentalen Antworten nicht dadurch, daß man ihn fundamental leugnet. Aber das Problem, die fundamentalen Antworten der eigenen Religion oder Ideologie in den Alltag und in die Politik umzusetzen, kann unterschiedlich gelöst werden. Auch das Problem des Zusammenlebens der Religionen und Ideologien kann höchst unterschiedlich gelöst werden. Und es gibt in der Tat, über die Weltanschauungen hinweg, im Westen eine typisch fundamentalistische Lösung für diese Probleme. Oder sollte man besser sagen, es gibt die typisch fundamentalistische Illusion einer einfachen Lösung?

Man kann diese Lösung, sei sie illusionär oder nicht, folgendermaßen charakterisieren: Der religiöse Fundamentalismus sucht auf die Fragen des Alltags, der Moral, der Politik und der Wissenschaft Antworten, die in der selben Weise fundamental und damit absolut wahr sein sollen wie die Antworten auf religiöse Grundfragen. Oder, umgekehrt ausgedrückt: Alle Fragen des Alltags, der Moral, der Politik und der Wissenschaft werden auf der Grundlage des selben »Fundaments« beantwortet, das auch die religiösen Grundüberzeugungen trägt. Die Spannung zwischen den fundamentalen Antworten auf Grundfragen und den immer nur relativ »wahren« Antworten auf Fragen der Wissenschaft, der Politik, des Alltagslebens soll verschwinden. Die Quelle der Religion muß dazu so verändert oder gedeutet werden, daß sie die nötigen Antworten für alle Lebensbereiche hergibt. Das ist bei den Hochreligionen keineswegs automatisch der Fall. Der Protestantismus zum Beispiel beruft sich insgesamt auf das Fundament von Bibel und Bekenntnis, aber fundamentalistisch wird er nur durch eine extrem biblizistische Interpretation der Heiligen Schrift und durch eine Herabstufung des gemeinsamen Bekenntnisses. Nur in der extrem biblizistischen Deutung gibt die Bibel die Antworten für alle Lebensbereiche, die der fundamentalistische Wahrheitsbegriff fordert.

Das Verlangen nach einem absolut gültigen Wissensgebäude,

das alle Lebensfragen beantwortet, gehört in die Tradition der Aufklärung und damit in die abendländische Neuzeit. Die großen neuzeitlichen Ideologien wie Nationalsozialismus oder Marxismus-Leninismus mit ihrem Wissenschaftsglauben waren und sind daher gleichzeitig Gegner und Modell für den religiösen Fundamentalismus. Der Fundamentalismus gibt den betroffenen Religionen auch immer Züge einer neuzeitlichen Ideologie. Es liegt nahe, solche Ideologien mit Absolutheitsanspruch ebenfalls als fundamentalistisch zu bezeichnen – aber das würde Verwirrung stiften. Der Begriff sollte sich auf den Rückgriff auf religiöse Fundamente beziehen, ohne die Nähe zur Ideologie zu vergessen. Die grünen Fundis müßte man von daher eher als »ideologische Grüne« bezeichnen – aber, wie gesagt, die Umgangssprache ist nicht logisch.

Es gilt nach alledem vorsichtig zu sein, wenn man auch in anderen Kulturen von »Fundamentalismus« sprechen will. Im Westen reagiert der Fundamentalismus auf innere Widersprüche der Neuzeit, zum Beispiel auf neuzeitliche Ideologien, auf quasireligiöse Ansprüche von Wissenschaft und wissenschaftlichem Weltbild – sei es durch die Ideologisierung des Christentums, sei es durch religiöse, fundamentalistische Neubildungen. Er ist ein westliches Phänomen und nicht Protest gegen den Westen, selbst wenn er sich auf eine ideale Frühzeit beruft, auf die Zeit der Pilgerväter in den USA oder auf die triumphierende Kirche des Hochmittelalters. Für den Islam, für Hindus und Buddhisten bricht die neuzeitliche Kultur von außen herein. Ihre religiösen Fundamente werden vom neuzeitlichen Säkularismus bedroht, aber gleichzeitig droht eine kulturelle Verwestlichung, es droht wirtschaftliche Abhängigkeit und politische Bevormundung. Dort stimmt die Gleichung »Fundamentalismus gleich religiöse Antimoderne« nicht mehr ohne weiteres. Oft ist der »Fundamentalismus« in Asien ebenso ein Versuch politisch-kultureller Selbstbehauptung wie ein religiöses Unternehmen, auch wenn er sich religiöser Leidenschaften bedient. Oft ist er auch mehr ein Tradi-

tionalismus, ein Versuch der Bewahrung eigener Traditionen, als eine neuzeitliche Ideologisierung dieser Traditionen.
Fundamentalistische Tendenzen im engeren Sinn liegen also nur vor, wenn die Ideen und Strukturen selbst der neuzeitlichen Kultur entstammen oder/und ideologisch gegen diese gerichtet sind. Damit wird das Mißverständnis abgewehrt, jede Einheit von Religion, Kultur und Alltag sei fundamentalistisch, wenn sie anders ist als der uns gewohnte Pluralismus.
Die fundamentalen Antworten, die ein katholischer Fundamentalist, ein fundamentalistischer Hindu oder ein Zeuge Jehovas auf politische und Alltagsfragen sucht, konkurrieren mit den Antworten des Sozialismus, des westlichen Pluralismus, der »Wissenschaft« oder mindestens des westlichen Lebensstils auf deren eigenem Terrain. Wo weder die Wissenschaft, noch neuzeitliche Ideologien, noch westliche Lebensformen in Frage stehen, kann man auf keinen Fall von Fundamentalismus sprechen. Daher darf der Begriff weder auf frühere Zeiten (das »fundamentalistische« Mittelalter) noch auf ursprüngliche Kulturen angewandt werden. Aber auch, wo es um Verwestlichung und Überfremdung geht, sollte man nicht jeden Widerstand als »fundamentalistisch« diffamieren, sondern sehr genau hinsehen.
Zurück in unsere Kultur: Interessant ist es, den zwiespältigen Charakter des katholischen Traditionalismus zu beobachten. Die Bindung an die Autorität von Papst und Bischöfen, die Bindung an die Tradition gehören zum »Fundament« einer spätmittelalterlichen Religionsverfassung. Dieses Fundament wird aber von manchen Gruppen ideologisiert und damit zur Grundlage fundamentalistischer Tendenzen gemacht. Das wird an der Gestalt des Bischofs Lefebvre deutlich, der eine Ideologie des Papsttums gegen das reale Papsttum verteidigte, das sich aus seiner Sicht selbst untreu wird.
Im Konfliktfall hat die Ideologie des Papsttums den Vorrang vor den Gehorsam gegen den Papst, wie das Schisma bewies. Darin zeigt sich das Wesen des westlichen Fundamentalismus,

der neuzeitliche Probleme mit neuzeitlichen Waffen bekämpft, nämlich durch Ideologisierung seiner alten Fundamente. Das hat praktische Folgen. Durch sein ideologisches Wahrheitsverständnis hat jeder echte Fundamentalismus die Tendenz, auf das ganze Leben des Einzelnen und der Gesellschaft zuzugreifen. Die unterschiedlichen Gestaltungsmöglichkeiten der selben Grundüberzeugungen werden eingeengt, und es entsteht eine nach außen abgeschlossene Welt. Das heißt nicht, daß der Fundamentalismus sektiererisch wäre.

Das »Fundament« der Wahrheit ist nicht unbedingt in der Verfügungsgewalt einer einzigen Gruppe oder einer einzigen Führungsfigur. Ein solcher »Wahrheitsbesitz« kennzeichnet extreme Sekten wie die Zeugen Jehovas, wo nur die Geschäftsleitung der Wachtturmgesellschaft darüber zu befinden hat, wie die fundamentale Wahrheit zu interpretieren sei. Bei den protestantischen Fundamentalisten in den USA gibt es nichts dergleichen, sie bieten das Bild einer breiten Kulturströmung. Ähnliches gilt für den Hindu-Fundamentalismus und für den fundamentalistischen Islam. Letzterer zeigt beispielhaft, daß durch fundamentalistisches Denken die praktische Politik einer Ideologisierung oder Religionifizierung verfällt. Es ist nicht mehr möglich, politische Fragen als begrenzte und vorläufige Fragen zu behandeln, deren Antworten nicht unmittelbar aus den Fundamenten des eigenen Glaubens ableitbar sind. Und wenn alle Antworten gleich fundamental sind, gibt es beim politischen Gegner auch keine Wahrheitselemente mehr, Kompromisse sind mit ihm nicht möglich. Die politische Geschichte fällt mit der Heilsgeschichte zusammen, so daß auch das politische Handeln fundamental religiös oder ideologisch begründet werden muß. Natürlich gilt dies nur, wenn eine fundamentalistische Strömung überhaupt politischen Einfluß auf die Gesellschaft ausüben kann. Bei kleinen Gruppen führt der Fundamentalismus zur Errichtung einer abgekapselten Eigenwelt, die als gute Alternative der wenigen zur bösen Welt der vielen verstanden wird.

Ähnlich wie in der Politik wird vom Fundamentalismus auch in der Wissenschaft versucht, quasireligiöse Eindeutigkeit herzustellen. Das wichtigste Beispiel dafür, der Kreationismus, wird in Kapitel 5 behandelt werden. Dieser Versuch protestantischer Fundamentalisten, sich mit der Kulturmacht »Naturwissenschaft« auf deren eigenem Terrain anzulegen, ist sehr schwierig und setzt die Kreationisten selbst großen Spannungen aus – noch mehr als auf dem Feld der Politik.
Gerade deshalb stellt sich die Frage, wodurch die fundamentalistische Haltung für heutige Menschen attraktiv wird. Darauf gibt es allerdings keine einheitliche Antwort. Die Attraktivität des Kreationismus für amerikanische Techniker wird anders aussehen als die des fundamentalistischen Islam für die armen Bevölkerungsschichten des Iran und als die Attraktivität des New-Age-Fundamentalismus für deutsche Alternative. In jedem Fall aber schafft der Fundamentalismus eine geistige und kulturelle Heimat: Einen Ort des unbefragt Guten und unbefragt Wahren in der Wirrnis der Zeit, in der bedrohlichen Lage der eigenen Kultur, oder in der Problematik der eigenen Lebensgeschichte. Diese Sicherheit wird aber nur durch Aus- und Abgrenzung möglich, nicht nur bei kleinen Gruppen, sondern auch bei großen Bewegungen. Der Fundamentalismus braucht die Gegner, er lebt vom Verwerfen des Fremden und Anderen. Jede fundamentalistische Tendenz bewirkt Dialogprobleme nach außen und Konformität nach innen; der Fundamentalismus ist vom Wesen her separatistisch. Daher stellt sich für die Kirchen und Gemeinden, aber auch für die gesamte Gesellschaft stets neu die Aufgabe darüber nachzudenken, wie der Dialog mit den Dialogunwilligen doch zustandekommen könnte.

Dazu muß man mit dem Begriff Fundamentalismus sicher vorsichtig umgehen. Es handelt sich eigentlich um einen abstrakten Begriff, es sei denn, er wird konkret auf die protestantischen Fundamentalisten Nordamerikas angewandt. Solche abstrakten Begriffe haben ihr Recht, aber man muß sie richtig benutzen. Niemand will in einem abstrakten Sinn »Fundamentalist« sein, man will ein verbindliches Christentum, einen starken Islam, eine ökologische Radikalreform in Europa usw. Daß diese Ziele im einen oder anderen Fall auf fundamentalistische Weise verfolgt werden, kann von außen, durch die Analyse der Phänomene aus der Distanz, durchaus festgestellt werden. Aber die mit Leben erfüllte Wirklichkeit ist nicht die des »Fundamentalismus«, sondern die einer weißen, amerikanischen Pfingstgemeinde, die der Hare-Krischna-Mönche oder die eines türkischen Kulturvereins. All diese Gruppen haben fundamentalistische Tendenzen, aber sie bilden nicht in erster Linie Gruppen von »Fundamentalisten«, sie sind im Gegenteil extrem verschieden. Eine sinnvolle Kritik an ihren fundamentalistischen Zügen setzt zwar die abstrahierende Distanz, aber auch Verständnis für ihre Situation und ihr Anliegen voraus. Wer als Christ nie vom Gespenst des »wissenschaftlichen Weltbildes« gequält wurde, wer nie erlebt hat, wie sein Glaube sich in der Arroganz des Wissenschaftsbetriebs als Aberglaube spiegelte, wird die Kreationisten und ihre verbissene Wissenschaftskritik kaum verstehen können. Das gilt selbst für Ideologien. Wer nie unter der Sinnlosigkeit der Umweltzerstörung gelitten hat, wer nie ohnmächtigen Zorn spürte, weil natürliche Schönheit von technischer Monstrosität vernichtet wurde, sollte sich mit der Kritik an den grünen Radikalreformern zurückhalten.

Aber Verständnis dieser Art wird durch persönliche Kontakte vermittelt und bildet sich anderweitig nur schwer. Deshalb wirkt sich der Separatismus fundamentalistischer Gruppen doppelt fatal aus: Er verhindert die Begegnung und schürt die Verständnislosigkeit der Außenwelt, und diese bestätigt wiederum das Schwarz-Weiß-Denken der Gruppe. Welcher gebildete Durchschnittsbürger kann sich schon in die Welt einer protestantischen, fundamentalistischen Gemeinde hineinversetzen, selbst wenn deren Versammlungsraum neben seinem Einfamilienhaus steht? Dort werden alle Werte mißachtet, die dem liberalen Bürgertum wichtig sind: Die soziale Kontrolle ist stark, die Sexualmoral restriktiv, die Gruppenstruktur geschlossen, die Mobilität gering, die Arbeitsethik pflichtorientiert, Bildung wird mit Mißtrauen betrachtet usw. Noch größere Fremdheitsgefühle ruft der fundamentalistische Islam oder der radikale Hinduismus hervor. Anders steht es mit den Ideologen, den grünen Fundis oder den »linken« Utopisten, die Medien und gebildete Bürger kaum irritieren, auch wenn sie keine Zustimmung finden. Beide haben eine sehr viel bessere Presse als zum Beispiel die »moral majority« in den USA. Das ist verständlich, denn im Grunde hat jedermann seine bösen Fundamentalisten und seine Lieblingsfundamentalisten. Letztere vertreten Positionen fundamentalistisch, mit denen man selbst sympathisiert, ohne in eine fundamentalistische Haltung zu verfallen. Und erstere machen ihre sowieso falsche Position durch ihren Fundamentalismus noch schlimmer. So wird etwa ein politisch konservativer Mensch mit den protestantischen Fundamentalisten in den USA sympathisieren und linke Ideologen verdammen; beim politisch progressiven Betrachter wird es umgekehrt sein. Auch von solchen Sympathien muß man bis zu einem gewissen Grad abstrahieren, um das Phänomen des Fundamentalismus in seiner ganzen Breite zu erfassen. Dazu sollen die folgenden Kapitel verhelfen:

- Der Theologe und Religionswissenschaftler Reinhart Hummel beschäftigt sich mit fundamentalistischen Tendenzen im Hinduismus und im Islam.
- Der katholische Theologe Alois Schifferle untersucht den katholischen Traditionalismus auf fundamentalistische Aspekte hin,
- und der evangelische Theologe Peter Zimmerling befaßt sich mit dem gelebten Glauben des protestantischen Fundamentalismus.
- Der evangelische Theologe Werner Thiede vergleicht das Verständnis der Bibel im modernen Protestantismus und im Fundamentalismus.

- Ich selbst als Naturwissenschaftler führe das Thema »protestantischer Fundamentalismus« am Beispiel des Kreationismus weiter,
- und zum Schluß faßt der Theologe und Kultursoziologe Gottfried Küenzlen seine Erkenntnisse zum Thema zusammen.

Die theologischen Grundfragen, die der Fundamentalismus auch abgesehen vom Verständnis der Bibel allgemein aufwirft, werden nicht in einem eigenen Kapitel behandelt, sie tauchen hier und da in verschiedenen Zusammenhängen auf. Zunächst geht es um das Phänomen des Fundamentalismus, um das Beschreiben und Verstehen. Daß die theologische Wissenschaft dann gefordert sein wird, weitergehende Antworten zu geben, steht allerdings außer Frage.

Die Anmerkungen stehen im Anhang; in einem Glossar werden Fachausdrücke erklärt.

REINHART HUMMEL

Fundamentalismus in Indien und im Islam

Gefährdeter Religionsfriede in Indien

Die Ermordung Rajiv Gandhis im Mai 1991 hat einmal mehr deutlich gemacht, wie gefährdet der innere Friede Indiens ist. Sieben Jahre zuvor hatte das tödliche Attentat auf seine Mutter Indira unübersehbar demonstriert, daß es religiösen Fundamentalismus auch in diesem großen Land gibt. Indien kann bei einer vergleichenden Analyse dieses Phänomens also nicht ausgespart werden. Es hat überdies auch methodische Vorteile, das Thema Fundamentalismus zuerst am Beispiel Indiens abzuhandeln und sich erst danach dem islamischen Fundamentalismus zuzuwenden. Der Hinduismus, die kulturgestaltende Mehrheitsreligion des Subkontinents, ist von Hause aus eher tolerant als militant. Indien hat eine jahrhundertelange Erfahrung im Zusammenleben unterschiedlicher Religionen und in der Bewältigung religiöser Konflikte. Es besaß schon immer eine große »Kapazität für Zweideutigkeit«, wie Rajani Kothari festgestellt hat[1], eine Fähigkeit, mit unausgetragenen Konflikten zu leben. Hindu-Fundamentalismus und Hindu-Nationalismus lassen sich von der Hindu-Religion leichter unterscheiden als das im Fall des Islam möglich ist. Auch Islam und islamischer Fundamentalismus sind keineswegs gleichzusetzen. Aber aus verschiedenen Gründen liegen beide näher beieinander als im Fall des Hinduismus.

Außerdem ist der moderne Hindu-Fundamentalismus zwar immer noch virulent – in den letzten Jahren virulenter als zuvor – aber doch so alt, daß er sich aus einigem zeitlichen Abstand analysieren läßt. Seine Anfänge lassen sich auf das

Stichjahr 1875 datieren, wie noch zu zeigen sein wird. Hindu-Fundamentalismus, Hindu-Traditionalismus und Hindu-Nationalismus sind zwar miteinander verflochten, lassen sich aber doch unterscheiden und mit bestimmten Persönlichkeiten und Organisationen identifizieren.

Zudem hat das moderne Indien eine anerkannte, politisch immer noch machtvolle säkulare Tradition und bietet deshalb einen aufschlußreichen Anschauungsunterricht über das Verhältnis zwischen Säkularismus und Fundamentalismus auf dem Boden einer bestimmten Kultur.

Der Prozeß der Säkularisierung verläuft ja nicht überall uniform, sondern entwickelt jeweils spezifische Formen und Verhältnisbestimmungen zum Bereich des Religiösen. Säkularisierung in Indien gestaltet sich anders als diejenige in Europa, Japan oder anderswo, obgleich wir uns daran gewöhnt haben, Säkularisierung in der sogenannten dritten Welt mit Verwestlichung gleichzusetzen. Das ist eine grobe Vereinfachung.

So vorteilhaft sich die religiöse Situation Indiens von der derjenigen in einigen islamischen Ländern abheben mag – Indiens religiöse Probleme sind beunruhigend genug. Ist es dabei, sich von einem multireligiösen zu einem multifundamentalistischen Land zu entwickeln? Die Spannung zwischen Hindus und Moslems ist ein Geburtsfehler Indiens seit seiner Entstehung als moderner Staat, genauer: seit der traumatischen Erfahrung der Teilung in die mehrheitlich von Hindus bewohnte, aber doch multireligiös und säkular geprägte Indische Union und das islamische Pakistan, das wiederum die Abspaltung von Bangla Desh hinnehmen mußte. Das politisch ungelöste Kaschmir-Problem läßt die Fieberkurve im Verhältnis zwischen Indien und Pakistan immer wieder hochschnellen und damit auch die Fieberkurve im Zusammenleben zwischen Hindus und Moslems innerhalb Indiens.

Die Sikhs haben eine lange Leidenszeit unter islamischer Moghulherrschaft hinter sich, an die das Museum in Amritsar die heranwachsende Generation mit einer fast endlosen Reihe bluttriefender Bilder erinnert. Die Sikhs haben in der indischen Armee gegen Pakistan mitgekämpft. Dann aber wuchsen die Spannungen im Verhältnis zu den Hindus in dem Maß, wie die Sikhs ihren wirtschaftlichen Vorsprung im Punjab ausbauen konnten, ohne der Erfüllung ihrer politischen Autonomiebestrebungen näherzukommen. Anders als im Fall Pakistans ließ sich die Sehnsucht nach einem eigenen Staat »Khalistan« (nach dem Motto »cuius religio eius regio«) nicht verwirklichen.

Zugleich drohte die Sikh-Identität im Meer hinduistischer Vielfalt unterzugehen. Schon vor Jahrzehnten hatte Kushwant Singh, der prominente Sikh-Schriftsteller, eine zunehmende Einebnung der Unterschiede zwischen Hindus und Sikhs konstatiert. Wie man sieht, weckt das Identitätsängste, zumal wenn andere trennende Faktoren hinzukommen. Die Krise zwischen den Sikhs und der Zentralregierung entlud sich in der dramatischen Erstürmung des Goldenen Tempels in Amritsar und in der schrecklichen Ermordung Indira Gandhis durch sikhistische Leibwächter.

Man hat der Regierung Indira Gandhis, wohl mit Recht, vorgeworfen, sie habe zwischen den religiösen Gegensätzen nicht nur nicht vermittelt, sondern sie aus parteipolitischem Eigennutz geschürt und ausgenutzt, bis sie die Geister des Sikh-Radikalismus, die sie selbst gerufen hatte, nicht mehr los wurde. Wichtiger ist, daß unter ihrer und Rajiv Gandhis Führung die von Nehru überzeugend vertretene säkulare und sozialistische Staatsideologie Indiens zunehmend verfiel und die ihr verpflichtete Kongreßpartei schließlich in die Opposition gehen mußte. Heute ist die hindu-nationalistische Indische Volkspartei, die Bharatiya Janata Party, ein unübersehbarer Machtfaktor in Indien, und in großen Städten wie Neu Delhi und Bombay läuft ohne die hindu-nationalistischen Organisationen nichts mehr. Wenn säkulare Ideologien verblassen, schlägt die Stunde der religiösen Radikalen.

Rama-Tempel gegen Babri-Moschee in Ayodhya

Das Zentrum der Auseinandersetzungen zwischen Hindus und Moslems liegt seit Mitte der achtziger Jahre im nordindischen Ayodhya. Ähnlich wie auf dem Tempelberg in Jerusalem geht es darum, daß eine Moschee nachträglich auf einer heiligen Stätte des Hinduismus errichtet wurde. Im 16. Jahrhundert habe, so klagen die Hindus, der Moslem-Eroberer Babar dort die Babri Moschee genau über der Geburtsstätte des Gottes Rama errichten lassen. Die wechselvolle Geschichte des Tempels ist etwas undurchsichtig. Der tolerante Kaiser Akbar soll ihn zur Benutzung freigegeben, sein Nachfolger Aurangzeb wieder geschlossen haben. Eine weitere Schließung wird aus der britischen Kolonialzeit berichtet, in der die Moslems bevorzugt wurden. Neuere Untersuchungen haben erwiesen, daß es den Rama-Tempel an dieser Stelle nie gegeben hat. In der Mitte der achtziger Jahre begann die Kampagne um die Erlaubnis zur Wiedererrichtung des Rama-Tempels, um die »Beleidigung« der Hindus durch die moslemischen Eroberer zu vergelten. Angestiftet und organisiert wurde die Kampagne von der Vishva Hindu Parishad, dem Welt-Hindu-Rat, einem Sammelbecken hindu-nationalistischer und -fundamentalistischer Kreise. Nach einer moslemischen Gegenoffensive brachen 1987 in Delhi-Meerut kommunale Unruhen aus, die über 500 Menschenleben kosteten.

Die Auseinandersetzung wird nur verständlich, wenn man ihren symbolischen Charakter durchschaut. Tempel und Moschee sind Herrschaftssymbole, mit deren Hilfe die Hindu-Mehrheit und die ihrer einstigen Überlegenheit beraubte Moslem-Minderheit um Macht und Ansehen kämpfen. Die pragmatische Lösung, Tempel und Moschee Seite an Seite stehen zu lassen, würde keine Seite befriedigen, weil sie ein Unentschieden in der symbolischen Auseinandersetzung signalisieren würde.

Wer ist nun die Vishva Hindu Parishad (VHP)? Seit ihrer

Gründung im Jahr 1964 arbeiten in ihr verschiedene ältere Hindu-Organisationen zusammen. Die VHP agitiert vor allem, indem sie gemeinsame Hindu-Feste und -Wallfahrten veranstaltet. Gegenwärtig, 1990/91, organisiert sie sorgfältig geplante und quotierte Busfahrten nach Ayodhya. Jeder Demonstrant bringt einen Ziegelstein mit, der zur Zeit noch nicht verbaut werden darf, und man demonstriert mit Hilfe gandhianischer Methoden der Gewaltlosigkeit (solange die sich durchhalten lassen) für ein ganz ungandhianisches Ziel, den hindu-kommunalistischen Triumph über die Moslems. In jüngster Zeit sind beide Seiten freilich vorsichtiger geworden und bemühen sich, Gewalttätigkeiten zu vermeiden. Keine kann es sich leisten, allzusehr in den Geruch des ungehemmten Kommunalismus zu kommen, und überhaupt arten solche Streitigkeiten in Indien nur selten in einen manichäischen Dualismus und zu einem apokalyptischen Endkampf aus.

Betrachtet man die verwendete religiöse Symbolik, so fällt auf, wie sehr sich gerade die Gestalt Ramas für die Erweckung hindu-nationalistischer Emotionen eignet. Rama ist der Gott, mit dem sich am deutlichsten politische Hoffnungen und Utopien verbinden. Gandhi hat sein Ideal indischer »Selbstherrschaft« als Ram Rajya, als Reich oder Herrschaft Ramas charakterisiert. (Er ist übrigens auch mit dem Namen Ramas auf den Lippen gestorben, als er sein Leben unter den Kugeln eines hindu-nationalistischen Fanatikers aushauchte, der über Gandhis Versöhnungspolitik gegenüber den Moslems erbittert war.) »Herrschaft Ramas« war das hinduistische Gegenkonzept zur islamischen Theokratie. Als die Moghulherrschaft zur Zeit Aurangzebs zu wanken begann, triumphierte der berühmte religiöse Dichter Ramdas (»Knecht Ramas«):

»Siehe, ein Traum wird wahr. Hindusthan hat jene, die es haßten und gegen Gott gesündigt haben, mit starker Hand niedergeschlagen ... Jetzt, da der Dharma (die ewige Ordnung) gestützt wird durch den Rajdharma (die politische Königsordnung), das Recht gestützt wird durch die Macht, sind die Gewässer Indiens nicht mehr verunreinigt, und wir können unsere Waschungen und Kasteiungen wieder vollziehen. Komme was mag, Rama hat dieses Land heilig und glücklich gemacht«[2].

In diesen Worten aus dem 17. Jahrhundert sind wesentliche Elemente des späteren Hindu-Nationalismus vorgebildet: Die Moslems gelten als Gottesfeinde; ihre Herrschaft über die Hindus raubt dem Land die rituelle Reinheit und macht damit auch die Wirkung der vorgeschriebenen Riten zunichte oder beeinträchtigt sie; die religiöse Ordnung bedarf zu ihrer Durchsetzung der politischen Gewalt: Wie der Rauch dem Winde, so folgt die Rechtschaffenheit der Macht, die sich für die rechte Lebensordnung einsetzt. Rama gilt als der politische und religiöse Befreier.

Hindu-Nationalismus und der RSS

Nach dem 1. Weltkrieg, als der Stern der britischen Kolonialherrschaft über Indien zu sinken begann, sind diese Worte des Dichters Ramdas von V. D. Savarkar (1883–1966) zitiert worden, dem Vordenker des modernen Hindu-Nationalismus. In seinem einflußreichen Buch von 1923 »Essentials of Hindutva« hat er die Hindu-Religion zu einer hinduistischen Kampfideologie des Hindutums (= Hindutva) umgeformt. Sie kreist um die Parole: »Ein Land, ein Volk, eine Kultur«. Dabei gehört zur einheimischen Kultur auch die einheimische Sprache, nämlich die »Göttersprache« Sanskrit, von der die meisten indischen Sprachen herkommen, vor allem das Hindi, das später auch zum Symbol des Kampfes gegen Überfremdung werden und die Sprachen der Eroberer, nämlich Urdu und Englisch, verdrängen sollte. Die von Savarkar entworfene Flagge zeigt zwei Symbole der Macht: Schwert und Kundalini, die aufgerollte Schlangenkraft, die im tantrischen Yoga (heute auch im Westen) eine zentrale Rolle spielt.

»Hinduisiert die gesamte Politik und militarisiert alle Hindus« – dieser Kampfruf Savarkars sollte den moslemischen und christlichen Minderheiten in Indien noch lange das Leben schwer machen. Die Buddhisten und Jainas waren damit nicht gemeint. Savarkars nationalistische Definition des Hindu-Seins umfaßt alle bodenständigen Religionen Indiens. Hindu war für ihn jeder, »der das Land Indien als sein Vaterland betrachtet, als ein heiliges Land, das die Wiege seiner Religion ist«.

Diese Definition schließt alle religiösen und weltanschaulichen Importe aus, vor allem Islam, Christentum und Kommunismus. Savarkar gesteht Moslems und Christen zu, daß Indien ihr Vaterland ist, sofern sie in Indien geboren sind. »Heiliges Land« (Punyabhumi) dagegen kann Indien nur für die Anhänger einheimischer Religionen sein. Die Toleranz des neovedantischen Hinduismus schließt zwar alle Religionen als mögliche Wege zu Gott ein. Im gesellschaftlichen und politischen Leben Indiens, vor allem Nordindiens, gilt jedoch weithin die hindu-nationalistische Unterscheidung zwischen einheimischen und fremden Religionen. Die in Indien vorherrschende Abneigung gegen die Konversion, die sich auch in mehreren bundesstaatlichen Gesetzen niedergeschlagen hat, wird in der Regel erst bei einem Glaubenswechsel zum Islam oder Christentum virulent.

Der Hindu-Nationalismus Savarkars macht Moslems und Christen faktisch zu Bürgern zweiter Klasse, schließt die unterschiedlichen Hindu-Traditionen und die auf indischem Boden neu entstandenen Religionen aber um so fester zusammen. Bei den VHP-Demonstrationen wird nicht gefragt, ob einer Vishnu, Shiva oder Buddha verehrt. Wenn heutzutage der Hinduismus in Indien als »Regenschirm-Religion« bezeichnet wird, ja wenn er sich überhaupt als eine einzige Religion betrachtet und nicht als eine Vielheit von ihnen, so ist das auch eine Wirkung der Ideologie des Hindutums. Freilich hat die neovedantische All-Einheitsphilosophie, die Swami

Vivekananda 1893 auf dem »Weltparlament der Religionen« in Chicago verkündete, auch einen wesentlichen Anteil daran. Andererseits schwingt auch in Vivekanandas Ruf »Auf, indische Spiritualität, erobere die Welt«, der triumphierende Klang des Hindu-Nationalismus mit.

Das Jahr 1925 (zwei Jahre nach Erscheinen von Savarkars Buch über das Hindutum) gilt in konservativen Hindu-Kreisen als der Beginn der Gemeinschaft aller Hindus. Damals nämlich wurde der umstrittene RSS gegründet. RSS ist die Abkürzung für Rashtriya Svayamsevak Sangh, die »Nationale Freiwilligen-Vereinigung«.

Der von K. B. Hegdewar gegründete und von »Guruji« M. S. Golwalkar jahrzehntelang geführte RSS ist ein autoritär geleiteter, hierarchisch strukturierter Kampfbund, eine kulturrevolutionäre Minderheit mit anti-islamischer, antichristlicher und antisäkularistischer Ausrichtung. Der Schwerpunkt seiner Aktivitäten liegt in Gebieten mit starkem Moslem-Anteil, im Punjab (früher auch im heutigen Pakistan), im ehemaligen Fürstentum Hyderabad usw. Gerade in diesen Gebieten ist es in jüngster Zeit zu kommunalen Unruhen um den Tempelbau von Ayodhya gekommen. Zu den 1949 definierten Zielen des RSS gehört:

»Die divergierenden Tendenzen unter den Hindus, die sich aus der Unterschiedlichkeit der Sekten, Glaubensformen, Kasten und Dogmen ergeben, überwinden ... Eine allgemeine Erneuerung der Hindu-Gemeinschaft herbeiführen«.

Auch für Golwalkar (1906–73) und den RSS ist Indien das Land der ewigen Ordnung (Dharmabhumi), des Heils (Mokshabhumi), das Heiligste vom Heiligen. Der Vergöttlichung des Landes entspricht diejenige des Volkes: »Unser Volk ist unser Gott.« Golwalkar beruft sich dafür auf die vedantische Lehre von der Einheit des individuellen Personenkerns, des Atman, mit dem Grund des Seins, dem Brahman: Wie der Atman mit dem Brahman identisch ist und in ihm aufgeht, so auch der einzelne im Volk. Streng genommen müßte diese

Analogie zur Identifizierung mit der gesamten Menschheit führen, wie Golwalkar sehr wohl wußte. Aber im Zeitalter eines übersteigerten Nationalismus war es leicht, diese logische Konsequenz zu vergessen.
Auch an die Abschaffung der Kaste als weitere Konsequenz hat Golwalkar nicht gedacht. Das sozialistische Ideal einer klassenlosen Gesellschaft lehnte er ausdrücklich ab und forderte eine Rückkehr zur altindischen Ordnung der kastenmäßigen Viergliederung, der vier »Varnas«, in der es weder Armut noch Unberührbarkeit gegeben habe. Dienst an der Gesellschaft war in seinen Augen Dienst am »Virat Purusha«, am mythischen Urmenschen, an dem nach dem berühmten Lied aus Rigveda 10, 90 die Brahmanen den Kopf bilden, die Kriegerkaste die Arme, die Bauern und Händler die Schenkel und die Shudras, die Dienenden, die Füße.
Der Hinduismus war immer mehr als das, was der Westen heute an ihm wahrnehmen möchte, mehr als eine Religion der Yogawege, der individuellen Suche nach spiritueller Befreiung und der religiösen Toleranz. Die meisten Hindu-Traditionen haben immer geglaubt, daß Leben nur dort gedeihen kann, wo der Varnashrama Dharma, die unwandelbare Ordnung der Kasten und Lebensstadien heilig gehalten wird. Die periodische Herabkunft der großen Heilsgestalten, der Avataras, in die Welt wurde stets in den Krisenzeiten des Dharma und zum Zweck seiner Wiederaufrichtung erwartet. Der hindu-nationalistische Ethnozentrismus kann an alte Vorstellungen anknüpfen, die in Indien den Mittelpunkt der Welt und ein heiliges Land erblickten. Die Vergötzung der Hindu-Nation und des indischen Volkstums im Hindu-Nationalismus des 20. Jahrhunderts muß aber als ein modernes Phänomen, als eine politische Ideologisierung verstanden werden. Sie ist, historisch gesehen, eine Antwort auf die Demütigung durch die Moghulherrschaft und die britische Kolonialzeit, beeinflußt vom westlichen Nationalismus, der damals bereits als eine politische Sackgasse erkennbar wurde.

Die Ideale des Hindu-Nationalismus haben sich nur mit Abstrichen in die politische Wirklichkeit umsetzen lassen. In dem Maße, wie die hindu-nationalistischen Parteien – die 1951 gegründete Bharatiya Jana Sangh und ihre Nachfolgeorganisation Bharatiya Janata Party – politische Verantwortung übernehmen mußten, waren sie gezwungen, innen- und außenpolitische Kompromisse einzugehen.

Hindu-Fundamentalismus und der Arya Samaj

Man muß ins 19. Jahrhundert zurückgehen, wenn man die Entwicklung verstehen will, die zu den Auseinandersetzungen in Ayodhya geführt hat. In indischen Zeitungsberichten darüber werden in der Regel drei Strömungen genannt, die, in unterschiedliche Organisationen aufgesplittert und in anderen wieder zusammengefaßt, sich in den kommunalen Streitigkeiten betätigen. Das sind erstens die typischen Hindu-Nationalisten mit dem RSS als Rückgrat, zweitens die Orthodoxen, die man auch als Traditionalisten bezeichnen könnte, nämlich die Anhänger des Sanatana Dharma (der ewigen Ordnung), deshalb gern Sanatana Dharmis oder kurz Sanatanisten genannt. Sie verteidigen traditionelle Hindu-Bräuche wie die 1829 verbotene Witwenverbrennung (Sati). Als Sprecher treten die vier Shankaracharyas hervor, besonders der von Puri. Dazu kommt drittens der Arya Samaj und der von ihm vertretene Hindu-Fundamentalismus. In der schon erwähnten Vishva Hindu Parishad haben sich diese drei Strömungen neuerdings wieder zusammengefunden, freilich mit deutlichen Vorbehalten, vor allem gegenüber traditionalistischen Positionen.

Der Arya Samaj, die »Gemeinde der Arier«, 1875 von Dayananda Sarasvati (1824–83) gegründet, läßt sich als eine fundamentalistische Reformbewegung charakterisieren. Die religiösen Zweifel des jungen Dayananda waren geweckt worden, als er im Tempel eine Maus erblickte, die unbehelligt über ein Götterbild lief und die Opferspeisen verzehrte. Er lehnte es ab, sich von seinen Eltern verheiraten zu lassen, wurde Mönch des Sarasvati-Ordens und durchwanderte ganz Nordindien als Prediger gegen Ritualismus, Bilderverehrung (im islamisch beeinflußten Nordindien wichtige Themen) und gegen soziale Mißstände der Hindu-Gesellschaft. Seine ersten erbitterten Gegner waren die »Sanatanisten«, die Orthodoxen, und auch später wäre es fast zum Bruch des Arya Samaj mit ihnen gekommen. Dayanandas Anhängerschaft rekrutierte sich überwiegend nicht aus traditionell-hinduistischen Kreisen, sondern aus der neuen, englischsprechenden Intelligentsia der Beamten und Studenten, die von kultureller Entwurzelung bedroht waren und die Last der Überfremdung am deutlichsten spürten.

Der Hebel, mit dem Dayananda weite Teile der als stagnierend und undynamisch empfundenen Tradition aus den Angeln zu heben gedachte, war die Parole »Zurück zu den Veden«. Dabei spielte es keine Rolle, daß Dayanandas Kenntnisse der Veden (wie diejenigen vieler Zeitgenossen) höchst unvollständig waren. Was er ihnen zu entnehmen glaubte, war ein bilderloser Monotheismus. So machte er die Veden, genauer: ihre älteste Schicht, nämlich die vier »Sammlungen«, zu dem, was die Bibel für die Christen und der Koran für die Moslems ist. Die Veden galten ihm als geoffenbarte Schriften, irrtumsfrei, und als höchste Autorität, wie es in seinem Glaubensbekenntnis heißt. Zentrale Lehren des Hinduismus wie Karma und Reinkarnation teilte er, anderes deutete er um. Aus der Vielzahl der Rituale ließ er nur die vedischen Opferzeremonien gelten. Kastenzugehörigkeit akzeptierte er nur aufgrund individuellen Verdienstes, nicht aufgrund von Geburt. Lajpat Rai, ein maßgeblicher Sprecher des Arya Samaj aus späterer Zeit, beklagte 1914, daß in nachvedischer Zeit ein »Apartheidsystem« mit »wasserdichten Abteilungen« in In-

dien entstanden sei und dadurch viele Menschen von der Hindu-Gemeinschaft ausgeschlossen worden seien[3].
Die »vedische Kirche«, wie sich der Arya Samaj damals in Analogie zur christlichen Kirche nennen konnte, ging in einer Zeit, in der sich der Hinduismus allgemein in der Defensive befand, zur Offensive über und eröffnete, in Rais Worten, eine neue Ära der Propaganda und Bekehrung und verschrieb sich einer universalen Mission. Heute klingt es wie eine Selbstverständlichkeit, wenn in den Grundsätzen des Arya Samaj als Pflicht aller Arier gefordert wird, die Veden zu lesen und zu lehren und die Wahrheit zu verbreiten. Aber zu einer Zeit, als die Veden vor allem als heilige Mantras angesehen wurden, die nur vor den Ohren der »Zweimalgeborenen« rezitiert werden durften, nicht aber vor denen der Shudras und Kastenlosen, war das ein revolutionärer Schritt.
Revolutionär war auch die Bereitschaft, Kastenlose, ehemalige Muslime und Christen, schließlich auch Ausländer mit Hilfe einer rituellen Reinigungszeremonie (Shuddhi) in den Arya Samaj, in die Gemeinschaft der Hindus aufzunehmen. Dayananda rief so die Shuddhi-Bewegung ins Leben, die 1896 in der All India Shuddhi Sabha eine eigenständige Organisation erhielt. Ganze Kastengruppen wurden auf diese Weise dem Hinduismus zugeführt. Solche »Rückbekehrungen« fanden freilich oft unter starkem Druck statt und riefen kommunale Bitterkeit hervor. 1926 wurde ein prominenter Schüler Dayanandas und Vorkämpfer der Shuddhi-Bewegung, Swami Shraddhananda, von einem fanatischen Moslem erschossen. (Übrigens erlag auch Dayananda offensichtlich einem Mordanschlag, möglicherweise angezettelt von der Moslem-Geliebten des Hindu-Raja von Jodhpur, wegen der Dayananda den Fürsten angegriffen hatte.)
Hindu-Nationalisten und -Traditionalisten haben sich viele Gedanken und Praktiken Dayanandas angeeignet. Dennoch ist sein eigenes Profil unverkennbar. H.-J. Klimkeit[4] hat mit Recht auf die Verwandtschaft Dayanandas mit anderen nativi-

stischen Propheten hingewiesen, wie man sie in den Cargo-Kulten Melanesiens und in anderen Krisenkulten findet. W. E. Mühlmann hat als Nativismus Versuche bezeichnet, »ein durch überlegene Fremdkultur erschüttertes Gruppen-Selbstgefühl wiederherzustellen durch massives Demonstrieren eines ›eigenen Beitrages‹«, wobei der eigene Beitrag oft darin besteht, fremde Kulturelemente als eigene zu deuten und in Anspruch zu nehmen.

Genau das hat Dayananda mit den technischen Errungenschaften des Westens getan. Mit Hilfe phantastischer Interpretationen fand er Hinweise auf sie bereits in den vedischen Schriften. Die Veden gelten als der Ursprung alles technischen Wissens und Fortschritts; von Indien sei er durch die arischen Eroberer in die Kulturen des alten Orients und in den Westen gebracht worden. Man mag über solche Interpretationen lächeln. Es gibt sie in vielen Kulturen, auch in islamischen Traditionen. Sie signalisieren die faktische Bereitschaft, sich auf unvermeidliche Modernisierungsprozesse einzulassen, freilich zu selbstdiktierten Bedingungen und innerhalb selbstgesteckter Grenzen.

Dayanandas Modernität erweist sich auch im Gebrauch der Volkssprache. Sein Hauptwerk schrieb er nicht in der Gelehrtensprache Sanskrit, sondern in Hindi, obgleich er es nur mäßig beherrschte. Nur so konnte er die Massen und jene Gebildeten erreichen, deren Bildungssprache Englisch war. Der Sprachenfrage wegen ist der Arya Samaj schließlich in zwei Richtungen auseinandergefallen. Die »College-Partei« oder »Kultur-Partei« widmete sich seit 1884 der Gründung von englischsprachigen D.A.V.-Colleges (Dayananda Anglo Vedic Colleges), ohne die kämpferischen Ideale des Gründers zu verraten. Die »Mahatma Partei« oder »Gurukula Partei« dagegen räumte der traditionellen Ausbildung in Gurukula-Schulen und der Sanskritbildung den Vorrang ein. Modernisierung ja, Verwestlichung nein – die Tücken dieses Konzepts kann man in der Geschichte des Arya Samaj verfolgen.

Die ambivalente Haltung Dayanandas zeigt sich auch in der Nachahmung des Gegners. Sein Konzept einer vedischen Kirche, eines vedischen Kanons, eines bilderlosen Urmonotheismus, einer vedischen Urgesellschaft ohne rituelle Kastenschranken sind ebenso wie die von ihm organisierte Hilfstätigkeit eine aus nativistischem Geist gespeiste Nachahmung von christlicher Kirche und islamischer Umma, von Bibel und Koran.

Hinduismus zwischen Traditionalismus und Fundamentalismus

Seit Dayananda gibt es innerhalb des konservativen Hinduismus eine Spannung zwischen der traditionalistischen und der fundamentalistischen Option: Soll er sich als eine auf Indien beschränkte Geburtsreligion mit einer Vielfalt gewachsener Traditionen und einem kastenmäßig strukturierten Sozialsystem verstehen oder, in Konkurrenz mit anderen Weltreligionen und im Rückgriff auf die Veden, sich einem Prozeß der »Semitisierung« (Veena Das)[5] unterziehen, das heißt nach dem Vorbild von Christentum und Islam eine dogmatische (»creedal«), missionierende und Konvertiten aus aller Welt aufnehmende Religion werden? Der Hindu-Nationalismus kann sich mit beiden Optionen verbinden, für die Stärkung der traditionellen Bräuche eintreten und zugleich missionierend die »Arianisierung der Welt« betreiben, beides zum Ruhme Indiens.
Im Lauf der Zeit haben sich die Spannungen zwischen dem Arya Samaj und seinen orthodoxen Gegnern gemildert. Die Orthodoxen konnten nicht übersehen, daß Dayananda wichtige Schwachstellen der Hindu-Gesellschaft und Einfallstore für deren Gegner entdeckt hatte. Die rigorose Ausgrenzung der Kastenlosen, Bergvölker und abtrünnigen Konvertiten schadete der Hindu-Sache und nützte der islamischen und

christlichen Missionstätigkeit. Umgekehrt widerlegte die fortschreitende Erforschung der vedischen Literatur die abenteuerlichen Deutungen Dayanandas. Schließlich fanden beide Seiten sich im Interesse an der »Rückbekehrung« und im Kampf gegen »Proselytismus«. Die Nachwirkungen dieses Anliegens findet man gegenwärtig im emphatischen Bekenntnis der VHP, kein Hindu soll jemals mehr ausgestoßen werden.

Weit über den Arya Samaj hinaus hat die Betonung der vedischen Offenbarung, der »Shruti« (wörtlich: des Gehörten), eine traditionskritische Funktion gegenüber der später entstandenen »Smriti« (dem »Erinnerten«) gewonnen. Die Autorität der Shruti bleibt unangetastet, aber die Forderung nach einer neuen, zeitgemäßen Smriti, die die alten Gesetzbücher ablösen soll, wird von vielen Seiten erhoben. Die Kritik gilt vor allem den in der Smriti verankerten rituellen Kasten- und Reinheitsvorschriften, der »Religion im Kochtopf«, wie Swami Vivekananda höhnte. Selbst da, wo man an der Kaste festhalten möchte, weiß man, daß die panische Furcht vor ritueller Verunreinigung die Kastentrennung zu einem unerträglichen Hindernis für das Zusammenleben der Menschen macht. Will man das Ideal der viergegliederten Kastengesellschaft retten, so muß man die Realität der Unberührbarkeit beseitigen oder zumindest mildern, und das erfordert eine neue »Smriti«.

Mary Douglas hat in ihrem Buch »Reinheit und Gefährdung« auf die soziologische Funktion von Reinheitsvorschriften und -ritualen in primitiven Gesellschaften hingewiesen. »Ohne Formulare in dreifacher Ausführung, ohne Führerschein, Pässe und Polizeifunkwagen müssen sie es irgendwie zuwege bringen, eine Gesellschaft zu schaffen und Männer und Frauen auf ihre Normen zu verpflichten.«[6] Diesem Zweck dienen nicht nur moralische, sondern auch rituelle Vorschriften. Auch die rituelle Kastentrennung ist aus dieser Sicht ein Versuch, Barrieren gegen die drohende Strukturlosigkeit zu er-

richten, und zwar stets Barrieren nach unten. Daß viele Reinheitsvorschriften um körperliche Vorgänge kreisen, hat nach M. Douglas darin seinen guten Sinn, daß die Kastentrennung, wie rituelle Abgrenzungen überhaupt, ein symbolisches System darstellt, »das auf dem Bild des Körpers beruht und dessen Hauptanliegen es ist, eine soziale Hierarchie zu ordnen«.
In der Tat versteht sich die traditionelle Hindu-Gesellschaft als ein organisches System in Analogie zum menschlichen Körper und seinen unterschiedlichen Tätigkeiten. Das belegt der bereits erwähnte Urmenschen-Hymnus aus dem Rigveda. Diese heilige Ordnung ist im traditionellen Hinduismus rituell verstärkt und wird durch Reinheitsvorschriften ständig internalisiert. Indem der Einbruch der modernen Gesellschaft die traditionellen Strukturen in Frage stellt, provoziert er eine doppelte Reaktion: Ängstliche Verteidigung oder Reform und Anpassung. Die Analyse des konservativen Hindu-Spektrums hat ergeben, daß man die konservative Reaktion besser nicht als fundamentalistisch bezeichnet, sondern als orthodox-traditionalistisch. Als fundamentalistisch sollte der Rückgriff auf wirkliche oder vermeintliche Glaubensgrundlagen wie die Veden oder andere Urdokumente charakterisiert werden, und der öffnet Wege zur Anpassung und Reform bzw. zur Modernisierung. Die Shuddhi-Zeremonie demonstriert freilich, daß die vom Arya Samaj geplante Reform auf halbem Wege stekken geblieben ist: Kastenlose und Ausländer werden nicht als von Haus aus Reine, sondern als rituell Gereinigte im Schoß des Hinduismus willkommen geheißen. Die Shuddhi-Zeremonie bekräftigt die Furcht vor Verunreinigung statt sie zu überwinden.
Auch der Hindu-Nationalismus weiß sich dieser Furcht zu bedienen, wie das oben zitierte Wort des Dichters Ramdas beweist. In diesen Kreisen wurde die Teilung von 1947 als »Vivisektion von Mutter Indien« beklagt, Pakistans Zugriff auf Kaschmir als »Entkleiden Draupadis« empfunden. (Draupadi ist eine der großen Frauengestalten des indischen Epos. Ihre

frevelhafte Entkleidung wird im Mahabharata geschildert.) Wer heute in Indien kommunale Unruhen schüren will, braucht sich nur der rituellen Empfindlichkeiten der anderen Seite zu bedienen. Ein totes Schwein in eine Moschee geworfen oder eine getötete Kuh in einen Tempel – schon beginnt der Aufruhr, weil eine heilige Weltordnung mutwillig beschädigt worden ist.

Hindus, Moslems und Christen nach der Unabhängigkeit: Die Rolle der Vishva Hindu Parishad

Der Hindu-Nationalismus dürfte selbst die Hauptverantwortung für die »Vivisektion von Mutter Indien« tragen. Er hatte kein Konzept für ein Zusammenleben von Hindus und Moslems in einem einheitlichen indischen Staat. Vielmehr entdeckten die indischen Moslems in der Auseinandersetzung mit dem Hindu-Nationalismus ihr eigenes Nationsein. Die 1906 gegründete Moslem-Liga unter der Führung von Ali Jinna (1876–1948) orientierte ihre Politik an der Theorie, daß Islam und Hinduismus eigentlich nicht zwei Religionen, sondern zwei Nationen, Sozialordnungen, Weltanschauungen und Lebensformen seien. Gandhis Politik der Versöhnung scheiterte auf tragische Weise, und die unvermeidlich gewordene Teilung schuf neue, bis heute ungelöste Spannungen. Die Moslems begannen, das defensive Verhalten einer diskriminierten Minderheit an den Tag zu legen.
Aus diesem religionspolitischen Klima vor der Teilung Indiens erwuchs einer der frühen Väter dessen, was heute islamischer Fundamentalismus[7] genannt wird: S. A. A. Maududi, Autor des Buches »Fundamentals of Islam« und 1941 Gründer der Jama'at-i-Islami (Islamische Partei, seit 1956: Jama'at-i-Islami Hind). Maududi kämpfte für eine islamische Wiedergeburt in einem islamischen Staat. Dieser war für ihn notwendigerweise ein »totalitärer Staat«, in dem Andersgläu-

bige, wie es dem traditionell-islamischen Dhimmi-System entspricht, nur als Untertanen mit inferiorem Rechtsstatus leben sollten. Maulana Afzal Hussain, seit 1972 Generalsekretär dieser Partei, hat noch in jüngster Zeit offen bekannt: »Wir sind Fundamentalisten in dem Sinne, daß wir uns auf die Grundlagen des Islam beziehen. Früher wurden wir als Kommunalisten bezeichnet, heute als Fundamentalisten (!) ... Wir können uns niemals eine Trennung von Religion und Politik vorstellen.« Hindus betrachten natürlich den Hindu-Fundamentalismus umgekehrt als eine Reaktion auf den islamischen Fundamentalismus. Historisch betrachtet haben die indischen Moslems wohl die besseren Argumente auf ihrer Seite und können überdies ihren Minderheitenstatus für sich geltend machen. An der Entwicklung der letzten Jahrzehnte, die zu einer »Eskalation der Fundamentalismen«[8] geführt hat, sind aber alle Seiten mitverantwortlich.

Der geschichtliche Rückblick läßt die Unterschiede und Schattierungen innerhalb des hindu-konservativen Spektrums, besonders in der VHP, deutlicher hervortreten. Die Vishva Hindu Parishad (in der Regel mit »World Hindu Convention« auf Englisch wiedergegeben) wurde 1964 nach dem Eucharistischen Kongreß in Bombay und dem aus diesem Anlaß erfolgten Papstbesuch (wahrscheinlich auch als Reaktion darauf) gegründet. Die Inspiration dafür wird von VHP-Sprechern »Guruji« Golwalkar zugeschrieben, dem RSS-Führer. Eine wichtige Rolle spielte der Sivananda-Schüler Swami Chinmayananda. In den Leitungsgremien ist alles vertreten, was im konservativen Hindu-Spektrum Rang und Namen hat: Führende Männer aus RSS, Arya Samaj und Hindu Mahasabha, die vier Shankaracharyas, auch einzelne Vertreter der Sikhs und Jains. Die VHP gibt eine Zeitschrift »Hindu Vishva« (Hindu-Welt, als Gegenstück zur bekannten »Muslim World«) heraus, der die hier vorgelegten Details entnommen sind.

Die VHP geht von der hindu-nationalistischen Definition aus: Hindu ist jeder, »der an die ewigen ethischen und spiritu-

ellen Werte des Lebens, die in Indien entstanden sind, glaubt, ihnen folgt oder (!) sie respektiert. Das schließt jede Person ein, die sich selbst als Hindu bezeichnet.« Die Satzung der VHP nennt ausdrücklich »Buddhisten, Jains, Sikhs, Lingayats etc.« Diese »Werte« sollen geschützt, weiterentwickelt und ausgebreitet werden. Die »Prinzipien und Praktiken« des so verstandenen Hinduismus bzw. des »Hindu-Dharma und der Hindu-Kultur« sollen in zeitgemäßer Form in allen Teilen der Welt verbreitet werden. Ein »Orden von Missionaren« soll diesen »dynamischen Hinduismus« samt seinen Werten propagieren. Die Hindu-Gesellschaft soll gestärkt, im Ausland lebenden Hindus soll geholfen werden.«
Der Gründer – Generalsekretär S. S. Apte, auch er ein RSS-Mann – hat das Wort »Hindu« ausdrücklich als territorialen und geographischen Begriff bezeichnet und den Religionswechsel als Nationalitätswechsel definiert. Das ist die typisch hindu-nationalistische Definition, auch wenn die VHP nicht von der »Regenschirm-Religion« spricht, sondern lieber das schöne Bild von Banyanbaum gebraucht, unter dessen ausladenden Ästen alle Platz haben.
Auch die typischen Positionen des Arya-Samaj und der Shuddhi-Bewegung werden in der VHP vertreten: Kein Hindu werde verunreinigt durch die Aufnahme eines »Abtrünnigen« mit Hilfe des Reinigungsrituals. Dieses wird als »Sühneritus« (Prajaschitta) definiert und soll fünf Elemente enthalten: Heiliges Bad und neue Kleidung, Trinken heiligen Wassers, Verpflichtung zur täglichen Mantra-Rezitation, Verleihung eines Hindu-Namens sowie eine eidesstattliche Erklärung über den Willen zum Beitritt. Wer keinen angemessenen Platz in einer der vielen Kasten findet, soll sich einfach »Vishva Hindu« nennen, Welt-Hindu.
Die Hindu-Religion selbst wird auf einige einfache Grundlagen reduziert: Ganga, Gayatri und Gita. Ganga ist der Ganges als Symbol der Reinheit und der Liebe zum heiligen Vaterland, Gayatri ein allgemein akzeptiertes Mantra, das Männer

und Frauen gleichermaßen in »sakramentaler Weise« zu geben ist, und Gita ist die Bhagavadgita als Essenz der Veden und allgemein anerkannte Heilige Schrift aller Hindus. Diese drei bilden eine Art Gegenstück zu Taufe, Vaterunser und Bibel der Christen und sind deshalb auch ein Beleg für die »Semitisierung« der Hindu-Religion, wie sie vom Arya Samaj zum Zweck der Vereinheitlichung und Vereinfachung empfohlen wird.

Die alten Gegensätze zwischen Traditionalisten und fundamentalistischen Arya Samajisten leben aber auch in der VHP weiter. In jüngster Zeit wurden sie wieder sichtbar in der Auseinandersetzung über die Witwenverbrennung. Wie so häufig, entzündete sich der Streit an einem Gerichtsurteil, in diesem Fall eine gerichtliche Bestätigung des alten Verbots aus der britischen Kolonialzeit mit der Begründung, die Witwenverbrennung habe keine Grundlage in den autoritativen Hindu-Texten. Der Shankaracharya von Puri forderte daraufhin die Aufhebung aller Gesetze gegen Witwenverbrennung und Kinderheirat und derjenigen zugunsten einer Öffnung der Tempel für Kastenlose. Er klagte die VHP, den RSS und die Bharatiya Janata Party an, nicht ausreichend für die »Rechte der Hindus« – natürlich im traditionalistischen Verständnis – einzutreten.

Gegen den Shankaracharya trat ein Mann mit Arya Samaj-Hintergrund an, der umstrittene Swami Agnivesh, ein sozialreformerischer kastenkritischer Mönch. Mit über hundert Prominenten begann er einen Protestmarsch von Neu Delhi nach Rajasthan, um gegen Witwenverbrennung, Tötung weiblicher Babys und weiblicher Leibesfrucht sowie gegen die Mißhandlung von Frauen zu protestieren. Swami Agnivesh arbeitet dabei auch mit Gesinnungsgenossen aus anderen Religionen zusammen.

Die Spannungen im konservativen Lager halten also trotz aller Annäherung an und illustrieren den Unterschied zwischen Traditionalisten und fundamentalistischen Reformern. Was beide untereinander und mit den Hindu-Nationalisten gemeinsam haben, ist das Interesse an einer Hindu-Revival, einer Erweckung und Revitalisierung des Hinduismus nach innen und außen. Aber auch das ist keine allgemein akzeptierte Sprachregelung in Indien. Denn aufmerksame Beobachter bemerken nicht zu Unrecht, »Revivalismus« sei eine Ideologie der Bewahrung, des status quo, während der Fundamentalist an der Erhaltung der Religion nur als einem Mittel zur Verbesserung seines sozialen Status und zur Veränderung von Strukturen interessiert sei. In den Worten eines »linken« Journalisten: »Ein Fundamentalist ist ein offenes Buch, denn er ist ein Subjekt sich wandelnder sozialer Realitäten. Ein Revivalist ist einer, der im Dreck steckt und versucht, seinen kleinen Zeh hochzuheben, wenn es zu ungemütlich wird.«

Kritik an den Integrations- und Arianisierungsbemühungen der VHP und ihrer Verbündeten kommt vor allem aus den Reihen der Kastenlosen und Bergstämme. Aus ihrer Mitte hat sich, beginnend in Maharashtra, die Dalit-Bewegung[9] gebildet, die das soziale und kulturelle Anliegen der Kastenlosen mit handfester Religionskritik am Hinduismus verbindet. Die Dalits betrachten die Integrationsbemühungen der Hindu-Gesellschaft als gescheitert und erklären sich emphatisch als Nichthindus. Sie wehren sich gegen die Arianisierungskampagnen, weil sie die noch verbliebenen Reste ihrer angestammten Kultur dadurch bedroht und von der brahmanisch dominierten Hindu-Kultur absorbiert sehen. Die gleiche Art des nativistischen Protestes, mit dem der Arya Samaj sich gegen islamische und westlich-christliche Überfremdung wehrte, richtete sich nun aus den Reihen der Kastenlosen und Bergstämme gegen ihn selbst und seine Hinduisierungsbestrebungen.

Zugleich dokumentiert die Dalit-Bewegung die Enttäuschung dieser fast 20% der Gesamtbevölkerung umfassenden Gruppen über die mangelnde Kraft und Bereitschaft der Minderheitenreligionen, sich mit ihnen zu solidarisieren. Diese Kritik richtet sich gleichermaßen gegen Buddhisten, Moslems und Christen. Zu allen drei Religionen sind Kastenlose und Bergstämme übergetreten in der Hoffnung, dadurch nicht nur das eigene Los zu verbessern, sondern der Überwindung der Unberührtheit überhaupt näherzukommen. Solche Hoffnungen haben sich bestenfalls partiell erfüllt. Auch die Kirchen tun sich mit der Überwindung des Kastendenkens schwer. Die heftigen Auseinandersetzungen um die Quotierung von Regierungsjobs für Kastenlose, die zum Sturz der Regierung von Premierminister V. P. Singh führten, sind ein trauriger Beweis für die völlige Stagnation im Kampf gegen die Benachteiligung der scheduled castes, wie der offizielle Sammelbegriff für die Kastenlosen und die sogenannten Ureinwohner lautet.

Arianisierungs-Mission im Westen: Die Hare Krischna-Bewegung

Unter den im Westen missionierenden Guru-Bewegungen treibt die 1966 in New York gegründete »Internationale Gesellschaft für Krischna-Bewußtsein« (ISKCON) am deutlichsten jene Art von Kulturmission, die den Idealen der VHP entspricht und unter dem Stichwort »Arianisierung der Welt«[10] läuft. Dieses Konzept der VHP beruft sich auf einen »Missionsbefehl« der vedischen Seher: »Geht und macht die ganze Welt arisch«. Sie zielt auf eine »Verbreitung des wahren Dharma« unter allen Völkern, auf eine »Alchemie der sozialen und spirituellen Verbesserung«, auf eine Gesellschaftsstruktur, die am Ideal der kastenmäßigen Viergliederung orientiert ist. Nur in solch einer Gesellschaft könne der Mensch das höchste Ziel seines Lebens erreichen, ein wahrhaft »universaler Mensch frei von Bindung und Haß« werden – eine Umschreibung für die mönchische Existenz.
Die ISKCON verfolgt genau dieses Ziel, freilich verbunden mit der Ausbreitung der Krishna-Verehrung und ohne das

Stichwort »Arianisierung«. Aus der westlichen Shudra-Gesellschaft (Shudras bilden die vierte und unterste Hauptkaste und gehören nicht zu den »Zweimalgeborenen«) will sie durch die brahmanische Initiation und durch Verleihung der Kastenschnur eine Oberschicht von Brahmanen schaffen, die Anspruch auf Gehör bei den Mächtigen hat. Die ISKCON glaubt daran, daß jeder Mensch aufgrund seiner spirituellen Qualifikation, nicht aufgrund seiner Geburt, zu einer der vier Hauptkasten gehört und dementsprechende Pflichten zu erfüllen hat. Diese Viergliederung möchte sie in der ganzen Weltgesellschaft durchsetzen, um alle Völker in die ewige Ordnung des Dharma einzubeziehen.

Die ISKCON bildet den westlichen Ausläufer der Gaudiya Vaishnavas, einer Bewegung, die um 1500 von dem Krishna-Verehrer Chaitanya im islamisch dominierten Bengalen gegründet wurde und bis heute ihr militantes Sendungsbewußtsein behalten hat. Gemäß dem »Missionsbefehl« Chaitanyas »Verkündet überall die Geschichte von Krishna« verbreitet die ISKCON seit 1966 das Krishna-Bewußtsein nicht nur im Westen, sondern auch im Osten und in Afrika und Lateinamerika. Schon um die Jahrhundertwende war die Aufnahme Kastenloser und Ausländer in der indischen Mutterorganisation der Gaudiya Vaishnavas durchgesetzt worden. Alles das sind Anzeichen der »Semitisierung« einer Hindu-Tradition in der Begegnung mit Islam und Christentum.

Das Schriftverständnis der ISKCON, wie es ihr Gründer A. C. Bhaktivedanta Swami Prabhupada formuliert hat, schwankt zwischen Traditionalismus und Fundamentalismus. Es ist nicht fundamentalistisch im Sinne des traditionskritischen Rückgriffs auf die frühen Schichten der vedischen Literatur wie beim Arya Samaj. Denn die Krishna-Verehrung der ISKCON hat ihre Wurzeln in einer späteren Phase des Hinduismus. So liest sie die Veden im Licht der später entstandenen Bhagavadgita und diese wiederum im Licht des noch späteren Bhagavata Purana. Dies enthält »die Essenz des vedischen

Wissens«. Die so gedeuteten heiligen Schriften werden in einem Sinn verstanden, der im Westen als fundamentalistisch gilt: Sie sind so zu lesen, »wie sie sind«, sie sind »unfehlbar« und bedürfen keiner Interpretation. Auch die Smriti, die Gesetzbücher, gelten im Prinzip nach wie vor, obwohl veränderte Umstände nicht gänzlich unberücksichtigt bleiben.
Der Kern des ISKCON-Glaubens ist der Dharma der Kasten und Lebensstadien sowie dessen universale Gültigkeit. Auf dieser Grundlage ist kulturelle Anpassung an den Westen faktisch unmöglich. Vielmehr liegen zentrale Glaubensinhalte, zeitbedingte Vorstellungen und kulturelle Eigentümlichkeiten Indiens auf ein- und derselben Ebene und werden für den Krishna-Gläubigen ohne Differenzierung für verbindlich erklärt. Wie man der christlich-fundamentalistischen Mission der USA nachsagt, sie predige zusammen mit dem Evangelium zugleich den american way of life, so verkündet die ISKCON zugleich Krishna und den Hindu way of life und ist in diesem Sinn ebenso fundamentalistisch.
Abweichende Auslegungen der heiligen Schriften hat der ISKCON-Gründer Prabhupada mit einem eifernden Dogmatismus bekämpft, der mit dem üblichen Bild hinduistischer Toleranz nicht übereinstimmt. Die Anhänger der vedantischen All-Einheitslehre waren für ihn einfach »Halunken«. Schriftauslegung galt ihm als Monopol der »Gottgeweihten«, konkret, der Krishna-Anhänger. »Die Worte Gottes sind immer erhaben, aber sobald sie von einer Schlange in Form eines Nicht-Geweihten berührt werden, muß man sich vor dem Hören hüten.« Als Garant der Tradition gilt der »Spirituelle Meister«, der Guru.
Unter allen im Westen tätigen Gurubewegungen ist die ISKCON das Lieblingskind des konservativen Hindu-Spektrums, das in der VHP repräsentiert ist. Die anderen missionierenden Gurus haben durchweg den Hindu-Dharma in Indien zurückgelassen und lehren ihre westlichen Anhänger Moksha, d. h. spirituelle Befreiung und ihren besonderen Weg dahin. Sie

betreiben sozusagen Moksha-Mission. Die Mission der ISKCON dagegen ist Dharma-Mission und darum Kultur-Mission, Arianisierungs-Mission. Darum nimmt die VHP lebhaften Anteil an ihrem Erfolg. Als 1989 das Oberste Gericht der USA ein für die ISKCON ungünstiges Urteil fällte, organisierte die VHP prompt Demonstrationen in Indien. Die ISKCON wiederum beteiligt sich an der Rückgewinnungs- und Shuddhi-Bewegung in Indien und rühmt sich, der christlichen Missionstätigkeit unter den Bergstämmen entgegenzutreten.

Der Islam und die fundamentalistische Versuchung

Der Golfkrieg hat einmal mehr die politische Bedeutung des Islam, insbesondere des islamischen Fundamentalismus demonstriert. Aus einem doppelten Grund ist der Islam besonders anfällig für die fundamentalistische Versuchung[11], ohne daß man ihn deshalb selbst als fundamentalistisch charakterisieren könnte.

Er ist erstens eine korporative, öffentliche Religion. Die Trennung zwischen Geistlichem und Weltlichem, Religiösem und Politischem, wie sie sich in der abendländischen Geschichte entwickelt hat, ist ihm fremd. Der Rückzug in die private Sphäre ist für ihn keine Lösung der Probleme, die er mit den modernen Säkularisierungsprozessen hat. Ihm geht es vor allem um die Verwirklichung der göttlichen Einheit (tauhid). Damit ist nicht nur der Glaube an den einen Gott gemeint, sondern der konkrete Anspruch des Islam auf alle Lebensbereiche im Namen Gottes. Wirtschaft, Kultur usw. sollen kein Selbstzweck, sondern seinem Willen unterworfen sein.

Im sunnitischen Islam kann es auch keine Parallele zur Trennung zwischen Staat und Kirche geben, weil er keine kirchenähnlichen Strukturen und keinen besonderen geistlichen Stand ausgebildet hat. So kann es auch keine Säkularisierung im abendländischen Sinne geben. Nur im schiitischen Islam hat sich ein geistlicher Stand entwickelt, der einen politischen Führungs- und Kontrollanspruch erheben könnte. Es macht die besondere Eigenart der iranischen Revolution unter der Führung des Ayatollah Khomeini aus, daß sich in ihr zum ersten Mal eine islamische Geistlichkeit als politisch führende Macht durchgesetzt hat.

Zweitens orientiert sich der Islam besonders stark an seinen Anfängen. Er ist, stärker als das Christentum, eine Buchreligion. Nicht der Prophet Mohammed, sondern der Koran als geoffenbartes göttliches Wort steht in seinem Zentrum. Auch haben die erste Gemeinde in Medina und ihre Gemeindeordnung normative Bedeutung. In Medina wirkte Mohammed als Prophet und gleichzeitig als Führer der moslemischen Gemeinschaft, der Umma. Angehörige anderer Religionen hatten von Anfang an in ihr einen Platz, aber die Umma war der im Koran offenbarten Ordnung verpflichtet. Gott, wie er vom Islam geglaubt wird, galt als das eigentliche Oberhaupt des Gemeinwesens.

Darüber hinaus betrachtet der sunnitische Islam die islamische Frühzeit, die Zeit Mohammeds und der ersten vier, der »rechtgeleiteten« Kalifen als Ideal. Die Kalifen gelten als Nachfolger Mohammeds, nicht in seiner Eigenschaft als Übermittler der göttlichen Offenbarung, wohl aber als Leiter der Gemeinde, die für die Wahrung und Durchsetzung des göttlichen Rechts in ihr verantwortlich waren. Moderne Bemühungen um Reform oder Re-Islamisierung streben eine Rückkehr zu dieser idealen Anfangszeit an.

Der schiitische Islam betrachtet jene fünf Jahre, in denen der Kalif Ali bis zu seiner Ermordnung im Jahr 661 die Gemeinde von Kufa leitete, als ideale Anfangszeit. (Der schiitische Islam, genauer: die »Schia« bzw. »Schiat Ali«, d. h. die »Partei Alis«, entstand dadurch, daß eine Minderheit nach dem Tod Mohammeds dessen Schwiegersohn Ali zum Nachfolger bestimmte und später seine Wahl zum allgemein anerkannten vierten Kalifen durchsetzte. Die Ermordnung Alis 661 und seines Sohnes Hussein 680 in Kerbela werden in den Muharram-Prozessionen und »Passionsspielen« mit blutigen Selbstkasteiungen begangen.)

Die klassische Formel lautet: Der Islam ist din wa daula, Religion und Staat. Die fünf »Säulen«, die als Grundpflichten das Leben der Moslems bestimmen, sind nicht zuletzt öffentliche, gemeinschaftliche Bekenntnishandlungen: Das Sprechen des Glaubensbekenntnisses, das fünfmalige tägliche rituelle Gebet, das Fasten im Monat Ramadan usw.

Außerdem ist der Islam eine stark vom Recht geprägte Religion. »Ihr gebietet, was recht ist, verbietet, was verwerflich ist, und glaubt an Gott«, heißt es in Sure 3, 110. Ein Regierungssystem wird darum nur so lange als islamisch anerkannt, wie sich das staatliche Recht an Koran und Sunna (der Überlieferung von Mohammeds vorbildlichem Verhalten) orientiert. Ungeachtet aller Unterschiede innerhalb des Islam gilt der allgemein akzeptierte Grundsatz, daß die Lebensordnung der Schari'a die Grundlage des staatlichen Rechts zu sein hat einschließlich der gottesdienstlichen Vorschriften. Das islamische Verständnis von Familie, Ehe und Sexualität zum Beispiel lebt nicht nur als theologisches Idealbild, sondern auch in Gestalt gesetzlicher Kodifizierungen, die ohne eine grundlegend neue Interpretation des Islam in ihrer Substanz nicht verändert werden können.

Die Parolen »Zurück zum Koran«, »zurück zur idealen Gemeinde von Medina« oder »zurück zur Epoche der rechtgeleiteten Kalifen« (bzw. des Kalifen Ali) sind also keine Spezialität fundamentalistischer Kreise, sondern demonstrieren die Tatsache, daß der Islam über allgemein anerkannte Grundlagen, »Fundamente«, verfügt, auf die er jederzeit zurückgreifen und an denen er die Gegenwart messen kann.

Eine Eigentümlichkeit aller islamischen Fundamentalisten der Gegenwart besteht darin, daß sie den Gegensatz zwischen dem Idealbild der Frühzeit und der gegenwärtigen Realität als unerträglich groß und seine Überwindung als eine heilige

Sprache empfinden, als eine Sache des Jihad. Jihad bedeutet nicht eigentlich Krieg, schon gar nicht »heiliger Krieg«, sondern Anstrengung um Gottes willen. Diese kann aber durchaus die Gestalt des Krieges und der Revolution annehmen. Die revolutionäre Dynamik innerhalb des gegenwärtigen Islam stammt nicht zuletzt von der Radikalität, mit der das ideale Urbild gegen die Realität der Gegenwart gestellt wird.

In der iranischen Revolution kam eine starke endzeitliche Ausrichtung hinzu, nämlich der Glaube der sogenannten Zwölfer-Schiiten, daß der zwölfte Imam (der Nachfolger Alis, des Schwiegersohnes Mohammeds) in die Verborgenheit entrückt wurde, aber am Ende als der Imam Mahdi wiederkehren und ein goldenes Zeitalter der Gerechtigkeit herbeiführen wird. Dieser Glaube ist sogar in die iranische Verfassung von 1979 eingegangen. Nach ihr basiert die Islamische Republik Iran auf den Prinzipien des schiitischen Islam. Dazu gehört die alleinige Souveränität Gott, das Weiterleben nach dem Tod und die Führungsbefugnis des verborgenen Imam, die von einem Rechtsgelehrten wahrgenommen wird, der das Vertrauen des Volkes besitzt. Das ist eine theologische Beschreibung der charismatischen Machtausübung, mit der Khomeini die iranische Revolution lenkte.

Fundamentalismus und Re-Islamisierung im arabischen Islam

Der saudiarabische Wahhabismus, der bereits im 18. Jahrhundert entstand, richtete sich noch nicht gegen Einflüsse aus dem Westen, sondern gegen den Wildwuchs der Volksfrömmigkeit, vor allem gegen die Verehrung von Heiligen und Heiligengräbern. Mohammed Abdul Wahhab (1703–87), von dem der Wahhabismus seinen Namen hat, forderte die Rückkehr zum reinen Islam und den Kampf gegen alle fragwürdigen »Neuerungen« (bid'a), die die Anbetung des einen, transzendenten Gottes überlagerten.

Damit ist eine allgemeine Tendenz des modernen islamischen Fundamentalismus genannt. Dieser bezeichnet nach Rudolph Peters[12] Strömungen, »deren Gottesbegriff eher transzendent als immanent ist, die der Einheit des Islam große Bedeutung beimessen und dessen (heutige) Vielgestaltigkeit verurteilen, die um die Authentizität des Islam bemüht sind und von außen kommenden Einflüssen Widerstand leisten, und die schließlich alle Gläubigen als vor Gott gleich ansehen und daher der Hierarchie abgeneigt sind.«

Der Wahhabismus ist auch insofern typisch für spätere Entwicklungen, als er eine eigenständige Auslegung von Koran und Sunna fordert, die die Grundlage der islamischen Rechtsschulen bilden. Nach sunnitischer Auffassung ist das »Tor der Auslegung« (genau: das Tor des ijtihad, der eigenen »Bemühung« um die rechte Auslegung) seit dem 9. Jahrhundert christlicher Zeitrechnung geschlossen. Seitdem ist die Rechtsentwicklung erstarrt; die Tätigkeit der Rechtsgelehrten erschöpft sich weitgehend in der kasuistischen Anwendung der Tradition der betreffenden Rechtsschule. Die Forderung, das Tor der Auslegung wieder zu öffnen, hat also antitraditionalistische, erneuernde Tendenz. Im heutigen Saudi-Arabien hat der Wahhabismus allerdings eine konservative Gestalt angenommen.

Der Zusammenstoß des arabischen Islam mit der europäischen Moderne begann 1798 mit Napoleons Ägyptenfeldzug. Er erfolgte zu einer Zeit, als die arabischen Länder, nach Jahrhunderten türkischer Oberhoheit, unter die Herrschaft westlicher Kolonialmächte oder zumindest in Abhängigkeit von ihnen geraten waren. Um so mehr wurde der aus dem Westen kommende, säkularisierende Einfluß der Moderne als bedrohlich, kulturell entfremdend und moralisch zersetzend empfunden. Es ist vor allem die individualistisch und emanzipatorisch geprägte moderne Ethik, die als Gefahr für die traditio-

nellen Normen im Bereich von Sexualität, Ehe und Familie beurteilt wurde und wird. Ihr möchte man mit den harten Strafbestimmungen der Schari'a entgegentreten, deren Einführung in vielen islamischen Ländern durchgesetzt worden ist.
Die liberale und kapitalistische Wirtschaftsordnung mußte mit dem koranischen Zinsverbot in Konflikt geraten. Die Alternative eines islamischen Wirtschaftssystems ist bis heute ein unbewältigtes Problem. Auch das naturwissenschaftlich-technische Denken warf erneut Fragen auf, die in der Glanzzeit islamischen Philosophierens diskutiert worden waren: Wie verhalten sich göttliche Offenbarung und menschliche Vernunft zueinander, oder Gottes souveräne Allwirksamkeit und die unwandelbaren Naturgesetze? In Auseinandersetzung mit Kapitalismus und Kommunismus lernte man, nach einem eigenständigen »dritten Weg« zu suchen. Der Widerstand des Islam gegen die Moderne ist auch im Zusammenhang des Nord-Süd-Konfliktes zu sehen, der noch zusätzlich durch das Israel-Problem verstärkt wird.
Ähnlich wie in Indien, aber doch von der eigenen Situation geprägt, entwickelte sich ein Ringen zwischen Liberalen und Konservativen, zwischen Modernisten und Fundamentalisten. Alle diese Begriffe werden von vielen Moslems allerdings als zu stark westlich geprägt kritisiert. Mosleme neigen dazu, alle diese Strömungen als Spielarten der Reform (islah) zu betrachten[13]. In der Tat sind sie vom traditionellen Islam deutlich zu unterscheiden und stellen, an ihm gemessen, etwas Neues dar. Übereinstimmung herrscht auch darüber, daß die Überfremdung nicht fatalistisch hingenommen werden darf. Seit dem 19. Jahrhundert appellieren beide Richtungen gleichermaßen an die freie Verantwortung der Moslems und zitieren gern Sure 13,11: »Gott verändert nicht den Zustand eines Volkes, bis sie selbst ihren Zustand verändern.« Viele Moslems tragen den Streit zwischen beiden Positionen in ihrem eigenen Inneren aus.

Die Existenz dieser Positionen läßt sich aber nicht leugnen: Die liberale Position möchte wissenschaftlichen Fortschritt und Tradition miteinander versöhnen, neue Elemente in den Islam integrieren und ihm eine zeitgemäße Gestalt geben. Dabei kann sie auf die großen kulturellen Leistungen ihrer Religion in früheren Jahrhunderten verweisen. Die andere Position zielt dagegen auf Bewahrung des Islam vor fremden Einflüssen und ist geneigt, Hassan Al-Banna (1906–49), dem Gründer der radikalen Moslem-Brüder zuzustimmen, der die vieldiskutierten »Ursachen des Niedergangs der Moslems« darin sah, daß sie sich von ihrer Religion entfernt haben. Grundlage aller Reformen muß aus dieser Sicht die Rückkehr zum Islam sein. Insofern ist der Begriff der Re-Islamisierung durchaus zutreffend. Als »Fundamentalist« wird gegenwärtig leider jeder Araber bezeichnet, der mit einer Maschinenpistole unter dem Arm herumläuft. Es wäre sachgerechter, dieses Wort nur dort zu verwenden, wo die Rückkehr zum Islam als Rückkehr zu Koran und Sunna bzw. zur Idealgemeinde von Medina verstanden und kritisch gegen die spätere Tradition gewendet wird. Oft ist es auch einfach die Rückkehr zum Koran, wie beim libyschen Revolutionsführer Muammar al-Gaddafi: »Wir brauchen keine Vermittlung zwischen Koran und Muslim.«[14] Wird der Islam vor allem als politische Kampfideologie gegen Kommunismus und Kapitalismus interpretiert, so bietet sich der Begriff des »Islamismus« (islamiya) an, der seit den siebziger Jahren unter Moslems zunehmend in Gebrauch kommt.

Islamismus und Nationalismus

Vergleicht man die Entwicklung im arabischen Raum mit Indien, so zeigen sich ähnliche Phänomene. Dschamal ad-Din al-Afghani (1839–97), der wahrscheinlich aus Persien stammende Vater des »Panislamismus«, war nur etwas jünger als

Dayananda Sarasvati und wie dieser ein Künder eigener Stärke. Er war der erste große Propagandist eines nativistischen Islam. Er wandte sich schon damals energisch gegen den westlichen Kolonialismus und appellierte an die traditionelle Stärke und Überlegenheiten des Islam. Mit der gleichen Unbefangenheit pries er den Islam als eine vernunftgemäße und wissenschaftsfreundliche Religion. Er wollte die zerstrittenen islamischen Kräfte veranlassen, den weltweiten Islam als Bruderschaft aller Moslems zu verstehen und sich mit ihren Anliegen zu identifizieren. Dieses Programm aus dem vorigen Jahrhundert hat sich bis heute nicht wesentlich verändert.

Das Joch der Kolonialherrschaft und der dominierende Einfluß des Westens in der nachkolonialen Epoche wurden in einem langen, schmerzlichen Prozeß mit dramatischen Höhepunkten abgeschüttelt: Die Suezkrise 1956, der Algerienkrieg, der 1962 mit der Unabhängigkeit des Landes endete, die Machtübernahme in Libyen durch Muammar al-Gaddafi 1969 und schließlich die Iranische Revolution, die 1979 zum Sturz des Schah führte und Ayatollah Khomeini an die Macht brachte. Zunächst dominierten die Ideologien des arabischen Nationalismus und des Sozialismus, zum Beispiel beim ägyptischen Staatspräsidenten Gamal Abdel Nasser (1918–70). Die säkular und sozialistisch geprägte Baath-Ideologie herrscht seit 1963 in Syrien und im Irak.

Die »weiße Revolution«, mit der der Schah 1962 die Modernisierung des Iran von oben durchsetzen wollte, mußte vom dortigen schiitischen Islam als Angriff auf die islamische Identität des Landes empfunden werden: Den islamischen Kalender, der die Zeitrechnung mit der Hidschra, der Flucht Mohammeds aus Mekka nach Medina beginnen läßt, ließ der Schah durch den achämenidischen Kalender ersetzen, und die vorislamische achämenidische Identität (Kyros z. B. war ein Achämenidenfürst) des Iran ließ er 1971 durch die 2500-Jahrfeier in Persepolis feiern. Die von oben verordnete Frauenemanzipation setzte traditionell-islamische Gesetze außer

Kraft. Die Landreform bedrohte überdies die Stellung der schiitischen Geistlichkeit. Diese doppelte Infragestellung islamischer Identität durch das vorislamische »Heidentum« und durch westliche Emanzipationsvorstellungen hat als Reaktion die Iranische Revolution provoziert. Diese hat den Iran zur »Islamischen Republik« gemacht, die traditionelle Rolle und Kleidung der Frau in der Öffentlichkeit massiv durchgesetzt und die politische Dominanz der schiitischen Rechtsgelehrten in der Verfassung verankert.

Im Unterschied zum islamkritischen Nationalismus des persischen Schah hat sich der arabische Nationalismus klüger verhalten. Er hat sich die Religion nicht entfremdet, sondern sich ihrer bedient, ebenso wie es früher der Hindu-Nationalismus Savarkars und Golwalkars getan hatte. Arabischer Nationalismus und Islam haben sich auf eine Weise verbündet, daß auch Christen lange Zeit sich der gemeinsamen Sache anschließen konnten. Michel Aflaq, der 1912 geborene Gründer der Baath-Partei, war ein Christ. Wie viele christliche arabische Denker aus der Tradition der orthodoxen Kirchen hielt Aflaq das kulturelle Erbe des Islam für einen integralen Bestandteil der arabischen Identität. Der christliche Araber ist für ihn, zumindest kulturell, ein Moslem. Wie es im konservativen Hindu-Spektrum eine enge Verflechtung von Hindu-Religion, Hindu-Kultur und politischem Hindutum gibt, so zeigen sich, trotz aller Unterschiede, enge Beziehungen zwischen der Religion des Propheten, der arabischen Kultur und der politischen Ideologie des Islamismus.

Die Leichtigkeit, mit der Saddam Hussein den ursprünglichen Säkularismus der syrisch-irakischen Baath-Ideologie preisgeben und sich zum Vorkämpfer des Islamismus stilisieren konnte, beweist die innere Nähe von Arabismus und Islamismus. Daß der irakische Außenminister Aziz als Christ offensichtlich keine Schwierigkeiten hatte, sich mit dem von Saddam Hussein (widerrechtlich!) erklärten »heiligen Krieg« des Islam gegen die Ungläubigen zu identifizieren, ist ein weiterer

Beleg dafür. Es ist mit Recht darauf hingewiesen worden[15], daß die Kombination des Islam mit arabischer Identität (Arabness) und arabischer Kultur (Arabicness) gerade im Irak eine lange Geschichte hat. Dort war das Zentrum jenes goldenen Zeitalters der islamischen Zivilisation, in dem der Islam eine enge Synthese mit den alten Kulturen des Vorderen Orient einging.

Saddam Husseins, zumindest taktisches, Abrücken vom Säkularismus der Baath-Ideologie signalisiert freilich auch den Wandel, der sich in den achtziger Jahren, nach der iranischen Revolution, in der islamischen Welt vollzogen hat. Die säkularen bzw. stärker säkular geprägten politischen Ideologien sind in eine Krise geraten. Sie haben die Armut der Massen nicht überwinden und den sozialen Sprengstoff nicht entschärfen können. Die Fundamentalisten und Re-Islamisierer bieten sich als einzige politische Alternative an. Das algerische FLN-Regime wird, nachdem der Glanz des Befreiungskrieges verblaßt ist, von der fundamentalistischen »Islamischen Heilsfront« bedroht. Der Einfluß der Moslembruderschaft und anderer Gruppen, die sogar für Gaddafi zu radikal sind, nimmt zu. Dazu gehören die Jihad-Gruppen (Al-Jihad, Tanzim al-Jihad usw.), die Takfir-Gruppen (Takfir wal-Hidjra, d. h. Bezichtigung anderer des Unglaubens und Abwendung von ihm), die Dawah-Bewegung (Da'wah ist die islamische Entsprechung des christlichen Missionsbegriffs, wörtlich: Einladung oder Ruf) und andere. Re-Islamisierungstendenzen nehmen im gesamten Weltislam zu, in Pakistan und Bangla Desh, Malaysia und Indonesien, im Maghreb und in Schwarzafrika. Die Lage nichtislamischer, speziell christlicher Minderheiten wird zusehends schwieriger.

Gegenüber der Leidenschaft, mit der die Kräfte der Re-Islamisierung gegenwärtig ihre Ziele verfolgen, haben andersdenkende Moslems einen schweren Stand. Kritiker wie Bassam Tibi[16], der die Entstellung des Islam zu einer defensiven Ideologie beklagt und dahinter nur schleichenden Glaubensverfall

wahrnimmt, werden als Abtrünnige verdächtigt. Der Islam ist zur Zeit nicht bereit, seine Fundamente in Frage stellen zu lassen. Würde er sich der Moderne, wie sie sich nun einmal im Westen entwickelt hat, öffnen, so würde er die Relativierung seiner ethischen Normen, die Historisierung seiner Fundamente, vor allem des Koran, und damit auch die religiös-kulturelle Identität der islamischen Gemeinschaft riskieren.
Daß es auch andere Optionen gibt, zumindest in Afrika, die freilich nur unter Lebensgefahr vertreten werden können, wird sichtbar an dem Sudanesen Mahmud Muhammad Taha[17]. Als Anführer der »Republikanischen Brüder« (Dschumhuriun) widersetzte er sich in den frühen achtziger Jahren den Re-Islamisierungsbestrebungen der damaligen sudanesischen Regierung und der hinter ihr stehenden fundamentalistischen Kräfte, bis er 1985 hingerichtet wurde. Wie in Indien die Smriti, die Überlieferung mit ihren unendlich vielen alten Gesetzesvorschriften ins Feuer der Kritik geraten war und über eine neue Smriti nachgedacht werden mußte, so setzte sich Taha für eine neue, auf die modernen Verhältnisse einer pluralistischen Gesellschaft bezogene Schari'a ein. Er wollte die Schari'a nicht abschaffen, sondern sie an den frühen Teilen des Koran orientieren, an den mekkanischen Suren. In ihnen sind die religiösen Inhalte stärker und die gesetzlichen Bestimmungen weniger vertreten als in den späteren Suren, die vor allem die Tätigkeit Mohammeds als Politiker und Gesetzgeber in Medina widerspiegeln. Die Zeit für solch einen radikalen, wahrhaft fundamentalen Rückgriff auf die älteste Schicht der koranischen Überlieferung ist offensichtlich nicht gekommen und wird wohl noch lange auf sich warten lassen.
Oder bildet der westliche Islam, wie er sich in Amerika und Westeuropa entwickelt hat, ein geeignetes Laboratorium für eine Synthese von Islam, Humanismus und Aufklärung, die von Vertretern eines modernen Islam ersehnt wird? Der Islam der Immigranten und ethnischen Minderheiten neigt aller-

dings zu einer Verbindung von kultureller Identitätsbewahrung und religiösem Fundamentalismus, die sich auch in wichtigen Islamischen Zentren der Bundesrepublik etabliert hat. Hier nimmt der Islam subkulturelle Gestalt, im Fall der Black Muslims der USA geradezu gegenkulturelle Gestalt an. Es gibt freilich auch Anzeichen für eine größere Bereitschaft, sich auf wichtige Elemente der Moderne, wie sie sich im Westen entwickelt haben, einzulassen. Jedenfalls bieten sich in der freien Gesellschaft des Westens Chancen einer Begegnung mit der Moderne, die dem Weltislam insgesamt auf längere Sicht zugute kommen können.

Die neue islamische Missionsbewegung

Wie im Hinduismus, freilich erheblich später als dort, haben die fundamentalistischen Entwicklungen und Re-Islamisierungsprozesse auch im Islam zu einem neuen Sendungsbewußtsein und Missionswillen geführt. Auch im Islam richtet sich die Mission (da'wah = Aufforderung bzw. Einladung, nämlich zum Islam) nach innen und außen. Bereits in den siebziger Jahren entstand in Libyen[18] eine Reihe von Da'wah-Organisationen, unter ihnen ein »Weltrat für die islamische Mission«. Zu ihren Zielen, die weitgehend mit denen der Re-Islamisierung identisch sind, gehört die Ermutigung islamischer Regierungen zu einer einheitlichen Politik auf der Basis islamischer Prinzipien, zur Ausbreitung des Islam und zur Ausbildung von Religionsgelehrten zu Missionaren (du'at, vom gleichen Wortstamm wie da'wah).

Das Jahr 1990 brachte einen breiten Durchbruch zur islamischen Missionstätigkeit. Die Konferenz islamischer Religionsminister in Dschidda empfahl eine »weltweite Kampagne zur Ausbreitung des Islam«, sowie die Ausbildung islamischer Prediger und Missionare speziell für den Dienst in der islamischen »Diaspora«. Besondere Aufmerksamkeit wird

der Auseinandersetzung mit »islamfeindlichen und destruktiven Ideologien« in der westlichen Welt zugewendet.
Die von Saudi-Arabien getragene einflußreiche Islamische Welt-Liga beschloß im gleichen Jahr eine »missionarische Gegenoffensive« mit besonderer Zielrichtung auf Indonesien und Afrika. Auch die »Internationale Gesellschaft zur Verkündigung und Ausbreitung des Islam« beschloß im libyschen Tripolis, daß Afrika der Schwerpunkt islamischer Verkündigung bleiben soll.
Diese politisch gestützte und geförderte Missionsbewegung ist dabei, den Islam in seiner ganzen Breite zu erfassen, nicht zuletzt deswegen, weil die unterschiedlichen Weltorganisationen (Islamische Welt-Liga, Islamischer Weltkongreß, Islamische Bewegung) miteinander um weltweiten Einfluß ringen. Der Islamische Weltkongreß mit Sitz in Karachi hält als einziger noch an einer primär dialogorientierten Politik fest. Sonst nimmt die früher emphatisch ausgedrückte Abneigung des Islam gegen Missionstätigkeit in dem Maße ab, in dem er sich selbst dabei engagiert.
Die Breite der islamischen Missionsbewegung, weit über die Kreise eines militanten Islam hinaus, erinnert daran, daß nicht alle Lebensäußerungen islamischer Erneuerung in einen Topf geworfen und mit dem Vorzeichen der Militanz versehen werden dürfen. Wurde eingangs auf die Anfälligkeit des Islam für die »fundamentalistische Versuchung« hingewiesen, so muß zum Abschluß um so deutlicher zwischen dem Islam selbst und seiner Entstellung zu einer nativistischen und nationalistischen Kampfideologie unterschieden werden. Zugleich müssen sich die früheren Kolonialmächte und heutigen Industrie-Staaten des Westens ihres eigenen Anteils an dieser dramatischen Entwicklung bewußt sein.

Fazit: Die fundamentalistischen Konfliktpotentiale

Es hat sich gezeigt, daß mehrere Faktoren zusammenwirken müssen, um jene Art von Konfliktpotential zu schaffen, das heutzutage pauschal und vereinfachend mit dem Wort »Fundamentalismus« bezeichnet wird. Die meisten fundamentalistischen Aufbrüche der Gegenwart sind Teile des Nord-Süd-Konflikts und dokumentieren das Streben der Völker der sogenannten dritten Welt, in der kolonialen und nachkolonialen Epoche ihre religiös-kulturelle Selbstbestimmung zurückzugewinnen und zu behaupten. Was in der Kolonialzeit als nativistischer Protest begann, hat sich zu einem prekären Bündnis zwischen Religion und Nationalismus ausgeweitet, das auch nach Erlangung der politischen Unabhängigkeit weiterwirkt. Es gehört zur Widersprüchlichkeit dieser Entwicklung, daß der Nationalismus ein Import aus dem Westen ist und nun als Waffe gegen ihn verwendet wird.

Fundamentalismus kann nicht einfach als Furcht vor dem Denken und Widerstand gegen die aus dem Westen kommende Aufklärung gedeutet werden. Vielmehr ist der Widerstand überwiegend ein Akkulturationsproblem, genauer: ein Prozeß der Gegenakkulturation. Das heißt, er ist vor allem ein nativistischer Protest gegen die fremde Kultur insgesamt, gegen die tödliche Pest der »Okzidentose«, wie ein iranischer Moslem das genannt hat[19]. Gemeint ist vor allem die liberale Gesellschaftsordnung des Westens und seine autonome Individualethik, speziell im Bereich von Sexualität, Ehe und Familie.

Der Widerstand richtet sich freilich nicht nur gegen westliche Überfremdung. Der erste Gegner des Hindu-Fundamentalismus war die Religion und Kultur der islamischen Eroberer. Überall wächst das Aufbegehren einheimischer Kulturen und bedrohter Völker gegen jene anhaltenden Überlagerungs- und Verdrängungsprozesse, die mit dem Zusammenwachsen zu einer Welt verbunden sind. Das gilt für den moslemischen Süden der Sowjetunion, die Kurden im Grenzgebiet zwischen

Iran, Irak und der Türkei, die Indianer im brasilianischen Urwald und in der weiß dominierten Zivilisation der USA, die indischen Kastenlosen usw.

Diese kulturellen Selbstbehauptungsbestrebungen müssen sich nicht notwendig in religiösem Fundamentalismus äußern. Voraussetzung für dessen Entstehung ist eine hinreichend tragfähige, religiös begründete Kultur, die eine Basis für eine gemeinsame Identität bildet, ferner eine kommunale Lebensform in einem überschaubaren Raum. Wichtig sind auch eindeutige Merkmale der religiösen Zugehörigkeit. In den Wirren der Teilung Indiens war ein Sikh an seinem Haarwuchs und den anderen unverzichtbaren Kennzeichen des Sikhseins leicht zu erkennen. Moslemische Männer waren zu identifizieren, indem man ihnen die Hosen herunterzog. Beschnitten- oder Unbeschnittensein konnte über Leben oder Tod entscheiden. Weit über die iranische Revolution hinaus ist das Tragen des Kopftuchs zum Bekenntniszeichen islamischer Frauen geworden. Auch die Kämpfe im Libanon, in Irland usw. sind nur als kommunalistische Auseinandersetzungen zu begreifen. Fundamentalismus hat nicht von ungefähr den alten Begriff des Kommunalismus abgelöst. Angst vor Überfremdung und Kampf um kulturelle Selbstbehauptung müssen nicht notwendig die Gestalt des religiösen Fundamentalismus annehmen, bilden aber seinen Mutterboden und verleihen ihm politische Dynamik. Der indonesische Islam in seiner relativen Unangefochtenheit hat es nicht nötig, sich fundamentalistisch zu gebärden. Damit religiöse Identität überhaupt wichtig werden kann, müssen andere politische und kulturelle Identitäten zurücktreten. In dem Maße, wie säkulare Ideologien verblassen und ihre Identität stiftende Kraft verlieren, treten die alten Identitäten wieder hervor, und dazu gehört auch die religiöse.

Die hochschlagenden Wellen des Fundamentalismus sollten nicht als Anlaß zur Entrüstung, sondern als Aufforderung zum Nachdenken über das Wesen der Religion verstanden werden. Sie erinnern an zwei grundlegende Tatsachen: Weltreligionen haben Fundamente, und sie haben politische Ordnungskonzeptionen. Fundamente sind Leben und Lehre des Gründers und der jeweilige Kanon heiliger Schriften. Beim Islam ist das heilige Buch, der ungeschaffene Koran, wichtiger als die Gründergestalt, im Christentum ist es umgekehrt. Zuallererst ist Christus das Fundament, dann auch die »Apostel und Propheten«, die biblischen Schriften. Der Buddhist nimmt seine dreifache Zuflucht zum Buddha, der den Weg zuerst gegangen ist, zur Lehre, die in kanonischen Schriften niedergelegt ist, und zur Mönchsgemeinde, die auf ihren Konzilien den Kanon festgelegt hat. Es handelt sich hier nicht um eine Eigentümlichkeit des Christentums. Am Anfang stehen immer die Urerfahrungen der Gründer bzw. ihres ersten Anhängerkreises sowie die Urdokumente, in denen sie festgehalten und gedeutet sind, die Ur-Kunden.

Das fundamentalistische Mißverständnis der religiösen Fundamente

Der Fundamentalist beruft sich auf die Fundamente. Seine Botschaft ist immer der Ruf zurück zu den Veden, zum Koran, zur Bibel usw. Ob dieser Ruf nun primär aufklärerischen und modernisierenden, ja revolutionären Zielen dient oder konservativen bzw. reaktionären Zwecken, stets hat der Rückgriff auf die Fundamente eine traditionskritische Funktion und kann darum tiefgreifende Umwälzungen herbeiführen. Es ist nicht von ungefähr, daß fundamentalistische Reformer wie al-Afghani und Dayananda ihren Anhängern als islamischer bzw. hinduistischer Luther erschienen sind, natürlich in der heroischen Lutherpose, in der das 19. Jahrhundert den Reformator gesehen hat.

Der Fundamentalismus will die eigene Religion, wie er sie versteht, von den Quellen her erneuern. Einer seiner Schwächen besteht darin, daß er sich oft ein falsches Bild von diesen Quellen macht. Der Fundamentalismus kämpft immer an zwei Fronten: gegen den Säkularismus oder andere Gefährdungen der eigenen religiösen Identität, und gegen den Traditionalismus, der das in Jahrhunderten gewachsene Geflecht zwischen Religion und Kultur, zwischen Geistlichkeit und Volk bewahren möchte. Sein erster Gegner ist die Volksfrömmigkeit. Gegen ihren Wildwuchs macht er die Reinheit des Anfangs geltend. Volksfrömmigkeit, magische Praktiken, mystische Wege und esoterische Einsichten ähneln einander in allen Religionen, mit denen sie synkretistische Verbindungen eingehen. Der Fundamentalismus bringt das Profil der eigenen Religion zur Geltung mit seinen Ecken und Kanten: die Erwählung des jüdischen Volkes und dessen Anspruch auf das heilige Land gegenüber kabbalistischem Geheimwissen, den reinen Monotheismus des Koran gegenüber Wallfahrten zu Heiligengräbern, die Philosophie der Upanischaden gegenüber dem »Aberglauben« der Massen usw. Insofern sind fundamentalistische Aufbrüche auch Versuche der »Hochreligionen«, die primären bzw. »primitiven« Religionsformen unter Kontrolle zu bringen. Fundamentalismus ist antisynkretistisch.

Er ist auch antitraditionalistisch. Dafür gibt es verschiedene Gründe. Traditionen sind das Ergebnis von Inkulturation in einer Vielfalt von Kontexten: Christentum in Nordeuropa und Lateinamerika, Islam in Persien und bei den Black Muslims der USA, Buddhismus in Vietnam und Tibet. Gegenüber der unvermeidlichen Partikularität von Traditionen drängt der Fundamentalismus auf Vereinheitlichung. Er ist reduktionistisch.

Lebendige Traditionen enthalten immer auch Kompromisse zwischen der Reinheit der ursprünglichen Botschaft und dem Alltagsleben in einer bestimmten Kultur. Der Fundamentalismus kündigt die gewachsenen Kompromisse zwischen Religion und Kultur auf und stellt die Spannung zwischen beiden wieder her. Das geschieht nicht von selbst, sondern ist das Ergebnis von Erweckungskampagnen, die die Massen der lau gewordenen Gläubigen vor neue Entscheidungen stellen. Nicht selten werden dabei auch Formen von Zwang und Gewalt angewendet.

Traditionen können zu Schutthalden werden, auf denen sich die Ablagerungen von Jahrhunderten sammeln. Indem der Fundamentalismus damit aufräumt, ist er trotz seiner Rückwärtsorientierung faktisch ein modernisierender Faktor, ein »reaktionärer Modernismus«[20]. Er schlägt unzeitgemäße Schnörkel und bröckelnde Mauern herunter, um die Fundamente zu retten und neu auf ihnen aufzubauen. Der Kampf der Fundamentalisten richtet sich meistens auch gegen die Hüter der Tradition, gegen alte Institutionen und alte Männer. So erhalten neue Eliten die Möglichkeit, alte Autoritäten abzulösen oder zurückzudrängen. Zeiten sozialen Umbruchs sind ein guter Boden für fundamentalistische Aufbrüche.

Der Fundamentalismus ist meistens missionarisch. Er hat das alte Gefühl der Unterlegenheit abgeschüttelt und tritt der Welt mit einem neuen Sendungsbewußtsein entgegen. Die Energie, die nach innen auf Revitalisierung zielt, richtet sich nach außen als Missionierung, auch wenn das nicht so genannt wird. Die Begegnung mit einer universalen Tradition läßt die betroffene Religion selbst universal werden. So hat eine Universalisierung von Hindu-Traditionen als Antwort auf die Begegnung mit Islam und Christentum stattgefunden. Alte Missionsreligionen wie Islam und Buddhismus entdekken und formulieren ihren universalen Anspruch neu. Einschränkend muß festgestellt werden, daß auch nichtfundamentalistische Strömungen dieser Religionen an diesem Prozeß der Universalisierung und des missionarischen Aufbruchs teilgenommen haben.

Häufig erkennt man missionarische Bewegungen fundamentalistischer Prägung daran, daß sie, wie die hinduistische Hare Krishna-Bewegung, mit einem religiös-politischen Anspruch

auftreten. Der Fundamentalismus hat es nämlich auch mit politischen Ordnungskonzeptionen zu tun, wie noch zu zeigen sein wird. Die Hindu-Mission im Westen ist also nicht, wie gelegentlich behauptet wird, ein Teil des Hindu-Fundamentalismus. Wohl aber gibt es Überschneidungen und Allianzen zwischen beiden.
Die »Einladung zum Islam« (da'wah) richtet sich ebenfalls nach außen und innen und entspricht insoweit dem Zusammenhang zwischen innerer und äußerer Mission, wie er sich im evangelischen Christentum des 19. Jahrhunderts in der Auseinandersetzung mit der zunehmenden Entkirchlichung und Proletarisierung breiter Bevölkerungsschichten entwikkelt hat. Jedenfalls gehört der Fundamentalismus in den Weltreligionen heute zu den Kräften, die die religiöse Landkarte nicht als endgültig betrachten, sondern energisch auf ihre Veränderung hin arbeiten. Er beteiligt sich an dem Wettstreit zwischen Jerusalem und Benares, von dem Peter L. Berger 1979 gesprochen hat[21] und der sich inzwischen zu einem Wettstreit zwischen Jerusalem, Mekka und Benares ausgeweitet hat.
Religiöse Minderheiten sind oft die ersten Opfer dieses Sendungsbewußtseins. Im Bereich des islamischen Fundamentalismus schrumpfen die christlichen Minderheiten, manchmal in dramatischer Weise. In dieser Situation geht es nicht mehr primär um das friedliche Zusammenleben der christlichen Kirchen mit Andersgläubigen, sondern um Gründe für das Christsein und Christ-Bleiben in einer feindseligen Umgebung.
Man muß dem Fundamentalismus zugestehen, daß er mit Recht auf die Bedeutung und die normative Kraft der Fundamente hinweist. Wenn eine Religion ihren Anhängern nicht mehr sagen kann, was Christsein, Hindusein oder Moslemsein bedeutet, braucht man sich über fundamentalistische Gegenreaktionen nicht zu wundern. In dem Maße, wie das Bild Jesu im Christentum an Konturen verliert, so daß er sogar

zum Lehrer der Reinkarnation gemacht werden kann, gewinnt die Frage nach den Fundamenten neue Bedeutung. Diese Frage ist allerdings so wichtig, daß man sie nicht den Fundamentalisten überlassen darf.

Die Schwäche des Fundamentalismus im Umgang mit den eigenen Glaubensfundamenten besteht darin, daß er das hermeneutische Problem als nichtexistent betrachtet. Er leugnet alle Auslegungsprobleme, die sich aus der zeitlichen Distanz zu den heiligen Schriften, aus dem seitherigen geschichtlichen Wandel und überhaupt aus der geschichtlichen Bedingtheit der Anfangsoffenbarung ergeben. Christliche und islamische Fundamentalisten meinen gleichermaßen, die als ideal vorgestellten Verhältnisse der Urgemeinde in Jerusalem bzw. Medina ließen sich bruchlos auf die Gegenwart übertragen. Die Hare Krishna-Mönche nehmen die Bhagavadgita, »wie sie ist«, und lehnen jedwede Interpretation (und Interpretationsbedürftigkeit) ab. Im Rahmen eines zyklischen Weltbildes, in dem sich alle Dinge wiederholen können, mag das eine vertretbare Auffassung sein. Die Wandlungen der Moderne sind jedoch so tiefgreifend, daß diese hermeneutische Naivität gekünstelt wirkt. Faktisch praktizieren fundamentalistische Kreise eine uneingestandene modernisierende Umdeutung, um an der Leugnung des hermeneutischen Problems festhalten zu können. Der Islam als ganzer widersetzt sich bis heute der Anwendung der historisch-kritischen Methode auf den Koran und deren relativierender Wirkung.

Auch sonst ist die Position des Fundamentalisten zwiespältiger, als ihm bewußt ist. Oft beklagt er die Abhängigkeit seiner Gegner vom Zeitgeist und übersieht, daß er selbst nur auf der anderen Seite jener Front steht, die der Zeitgeist gezogen hat. Wenn er die Kompromisse mit der gegenwärtigen Kultur beklagt, so nimmt er schnell den Kompromißsplitter im Auge des Gegners wahr und übersieht den Balken im eigenen Auge. Der Fundamentalist ist in der Regel kein guter, aufmerksam auf den Text lauschender Ausleger, weil er viel zu sehr von jener reduzierten, vereinheitlichten Botschaft erfüllt ist, die er für den Inhalt seiner heiligen Schrift hält.

Politische Ordnungskonzeptionen und ihre fundamentalistische Ideologisierung

Der Fundamentalismus erinnert nicht nur an die Fundamente der Weltreligionen, sondern auch daran, daß diese ohne Ausnahme politische Ordnungsvorstellungen hervorgebracht haben. Deren Stellenwert und Wandelbarkeit ist von Religion zu Religion verschieden. Christentum und Buddhismus haben im Verlauf ihrer Geschichte wechselnde Ordnungsvorstellungen entwickelt, während diese im Fall des Islam auf den Koran selbst zurückgehen. Aus der Perspektive der westlichen Gesellschaft, die Religion weitgehend in den privaten Bereich abgedrängt hat, erscheint der politische Islam mittelalterlich, weil er die moderne Trennung von Religion, Staat und Gesellschaft nicht nachvollzogen hat und – bisher jedenfalls – nicht nachvollziehen kann. An den östlichen Religionen kommen aus moderner westlicher Sicht fast nur die individuellen Befreiungswege und ihre Praktiken in den Blick. In der Tat ist es für den Hinduismus und Buddhismus leichter als für den Islam, sich auf die moderne Privatisierung von Religion einzulassen.

Hindus behaupten gern, ihre Religion habe mit der Säkularisierung keine Probleme, weil sie sich vor allem an den einzelnen richte[22]. Die Tätigkeit hindu-nationalistischer und hindufundamentalistischer Organisationen verrät, daß das eine Vereinfachung ist. Der Buddhismus wiederum hat bewiesen, daß er sich sogar einer kommunistischen Herrschaft anzupassen vermag.

Aber auch die östlichen Religionen haben politische Ordnungskonzeptionen entwickelt, auf die die Fundamentalisten zurückgreifen können. Im Hinduismus hat es immer ein prekäres Gleichgewicht zwischen moksha und dharma, zwischen individuellem Heilsstreben und den religiösen Pflichten gegenüber der Gesellschaft gegeben. Der Buddhismus hat schon früh das Ideal des Weltherrschers, des »Chakravartin« hervorgebracht, der »durch Dharma und Friedfertigkeit« herrscht. Kaiser Ashoka gilt bis heute als Verkörperung dieses Ideals. Gute Herrschaft hat auch in dieser Religion religiöse Bedeutung. Der neuzeitliche Buddhismus hat neue Ordnungsvorstellungen entwickelt und übrigens auch revolutionäre Bewegungen hervorgebracht. Sri Lanka ist ein Beispiel dafür, daß der Buddhismus keineswegs auf seine religiös-kulturelle Dominanz zu verzichten bereit ist. Das Beispiel Japans demonstriert, daß fortschreitende Industrialisierung und Modernisierung unter den religiös-kulturellen Bedingungen Asiens andere Formen der Säkularisierung entstehen läßt als im Abendland. Hier wiederum wachsen Zweifel daran, daß Christsein unter den Bedingungen der westlichen Gesellschaft überhaupt möglich ist. Die Privatisierung von Religion ist zwar eine bequeme Lösung des Problems, weil sie Religion als Störfaktor aus den gesellschaftlichen Prozessen heraushält. Es zeigt sich aber immer deutlicher, daß diese säuberliche Trennung zwischen Religion und Gesellschaft weder dem Menschen noch dem Wesen der Religion gerecht wird.

Der Islam ist am wenigsten in der Lage, sich darauf einzulassen. Seine politischen Ordnungsvorstellungen sind bereits im Koran angelegt, besonders in den medinensischen Suren. Daraus hat sich in der islamischen Theologie die Zweiteilung der Welt in das »Haus des Islam« und das »Haus des Krieges« entwickelt, später ergänzt durch das »Haus des Vertrags«. Dieser religiöse Anspruch auf den politischen Bereich macht den Islam besonders geeignet, mit politischen Ideologien in Konkurrenz zu treten, wie es heute zunehmend geschieht.

Gefährlich wird die fundamentalistische Inanspruchnahme religiöser Ordnungsvorstellungen vor allem dann, wenn sie sich mit Nationalismus und Faschismus verbindet. Die politische Ideologisierung des Islam zum Islamismus und des Hinduismus zum Hindutum gefährdet, auch in der Sicht nachdenklicher Moslems und Hindus, genau jene religiöse Substanz, die sie vor der »Okzidentose« retten zu müssen vorgibt oder glaubt. Wo es nur noch um die Größe und Überlegenheit des eigenen religiös-kulturellen Erbes geht, wird die Religion für Mißbrauch und Manipulation anfällig. Irreligiöse politische Führer wie Saddam Hussein können dann in den Augen fanatisierter Massen zu messianischen Gestalten werden.

Der Hindu-Nationalismus wird in Indien ungeniert als Hindu-Faschismus angeprangert, mit Recht. Die treibende Kraft des Fundamentalismus ist die Angst vor Überfremdung, und die ist ein wichtiges Element des faschistischen Gesamtsyndroms. Auch wo der Fundamentalismus sich nicht, wie die deutschen Nationalsozialisten, rassistischer Theorien bedient, spielt die Gefährdung der eigenen »Reinheit« durch von außen kommende Befleckung und Entweihung häufig eine große Rolle. Viele Fundamentalisten leben in einem sakralen Weltbild und beschreiben den Kampf gegen ihre Gegner in der Sprache ritueller Verunreinigung und des Sakrilegs. Die Abschaffung des islamischen Kalenders war in Khomeinis Augen eine schlimmere Sünde des Schah als die von ihm veranlaßten Massaker[23]. Vor allem im Hinduismus, der einen metaphysischen Dualismus zwischen Gut und Böse durchweg ablehnt, bietet der rituelle Dualismus von Rein und Unrein ein ungemein wirksames Mittel der Ausgrenzung. Entweihung des heiligen Landes und der heiligen Stätten ist ein beliebtes Argument im Arsenal fundamentalistischer Polemik. Hier zeigt sich, wie viel friedenstiftende Kraft davon ausgeht, daß im Neuen Testament das Ritualgesetz aufgehoben und die von ihm ausgehende, die Menschen voneinander trennende Furcht vor Verunreinigung gegenstandslos gemacht worden ist.

Die Heftigkeit, mit der fast der gesamte Islam auf Salman Rushdies »Satanische Verse« reagiert hat, ist nur durch die

Überzeugung zu erklären, daß dieses Buch nicht nur religiöse Gefühle verletzt, sondern Gott selbst beleidigt. Dieses alte, weit verbreitete Gefühl lebt heute nur noch, jedenfalls im Westen, in fundamentalistischen Kreisen fort. Den Gott der Fundamentalisten kann man beleidigen und kränken, und es ist deren Pflicht, ihn davor zu schützen.

Was also ist Fundamentalismus? Skepsis ist angebracht gegenüber allen Erklärungen, die, unter Absehung von den geschichtlichen Umständen, Fundamentalismus simplifizierend als Aufstand gegen die Vernunft oder als Versuch Ewig-Gestriger definieren, der Religion wieder öffentliche Geltung zu verschaffen. Das gewaltige Konfliktpotential fundamentalistischer Bewegungen, das sich in immer neuen Ausbrüchen manifestiert, hat andere Quellen als den Rückgriff auf die eigenen religiösen Fundamente. Gefragt werden muß auch nach dem Warum und Wie dieses Rückgriffs. Die Dynamik fundamentalistischer Aufbrüche entstammt einer Situation, die als identitätsgefährdend empfunden wird. In solchen Situationen kommen typisch nativistische Reaktionen zum Zuge: Angst und Haß gegenüber dem als überlegen empfundenen Fremden, der Versuch, in den eigenen Fundamenten Antworten auf die brennenden Fragen der Gegenwart zu finden, ein dualistisches Weltbild von Gut und Böse, Rein und Unrein sowie ein missionarisches Überlegenheits- und Sendungsbewußtsein. Das alles führt die Fundamentalisten in die Nähe von Nationalismus und Faschismus, ohne daß man sie mit diesen identifizieren könnte.

Bei diesem Versuch der Identitätsbewahrung kommt Religion überall dort ins Spiel, wo sie die Grundlage der traditionellen Kultur und das beste Mittel zur Verteidigung ihrer Werte ist. Fundamentalistische Bewegungen bekämpfen die säkularisierende Tendenz zur Privatisierung von Religion und greifen vor allem auf deren politische Ordnungsvorstellungen zurück. Auf den ersten Blick scheint es ihnen um die Geltung des Koran, der Veden oder der fundamentalen Glaubensaussagen der Bibel zu gehen. Aber indem diese Geltung verteidigt wird, geht es vor allem um das traditionelle Verständnis von Ehe, Familie und Gesellschaft, um die Weltsendung der USA, um Indien als Hindu-Staat oder darum, daß die Blütezeit der islamischen Welt wiederkehrt.

Fehlt dieser politische Aspekt, so kann es zur Entstehung bibelgläubiger bzw. korangläubiger Refugien und zu Strategien kommen, diese auszuweiten, nicht aber zu fundamentalistischen Aufbrüchen und Bewegungen. Der Übertragung des amerikanischen Fundamentalismus auf mitteleuropäische Verhältnisse sind enge Grenzen gesetzt, weil die hiesige Kultur sich stärker in der Befreiung von kirchlichen Einflüssen herausgebildet hat. Bei den muslimischen Minderheiten im Westen kommen beide Elemente zur Geltung: Der islamische Fundamentalismus schafft eine Schutzzone für die Bewahrung der kulturellen Identität in der säkular geprägten Umgebung; zugleich schenkt er Anteil an dem neu erwachten Selbstbewußtsein der islamischen Heimatländer.

Weil die fundamentalistischen Aufbrüche Religion instrumentalisieren und sie zur Ideologie des »Islamismus«, des »Hindutums« oder des »american way of life« pervertieren, gefährden sie genau die Religion, die sie zu retten beanspruchen. Fremdenhaß, Schwarz-Weiß-Denken und religiöse Herrschaftsansprüche bedrohen nicht nur die religiösen Minderheiten und den ohnchin gefährdeten Religionsfrieden, sie höhlen auch die dominierende Religion von innen her aus. Deshalb kann man dem Islam und allen anderen vom Bazillus des Fundamentalismus befallenen Religionen um ihrer selbst und um der anderen willen nur wünschen, daß sie möglichst bald diese Krankheit überwinden und sich ihrer eigentlichen Aufgabe zuwenden.

ALOIS SCHIFFERLE

Katholischer Traditionalismus und Fundamentalismus

Zum Begriff »Fundamentalismus« bemerkt der Frankfurter Philosoph und Soziologe Alfred Schmidt: »Das Wort, das die unanfechtbare Gewißheit bestimmter rechthaberischer Gruppen ausdrückt, wird heute gleichermaßen auf Khomeinis Revolutionswächter, biblizistische oder pietistische Protestanten, aber auch auf Anhänger Lefebvres oder linksorthodoxe Grüne angewandt.«[1] Und Józef Niewiadomski spricht von der »katholischen, fundamentalistischen Versuchung« des ausgehenden 19. Jahrhunderts, wobei er hervorhebt: »Diese betrifft nicht nur die Einstellung des Lehramtes zur Bibel und das Verdrängen der Herausforderung der biblischen Urgeschichtsforschung und der Archäologie, vielmehr war es die gesamte katholische Kirche, die sich auf einen ›Abwehrkurs‹ gegen die Moderne einläßt (Katholische Restauration, Integralismus und Kampf gegen den Modernismus)«.[2]

Heute umspannt der Begriff »Fundamentalismus« also unterschiedliche, oft diffuse politische, gesellschaftliche und religiöse Haltungen. Er gilt in der Öffentlichkeit als eine Bewegung, die im Gegensatz zum zeitgenössischen Prozeß eines offenen Denkens und Handelns, einer zeitgenössischen Lebensform und Gemeinwesens, absolute Gewißheit, Halt und behütende Geborgenheit sowie konsequente Orientierungshilfen zu bieten versucht.

In der Durchsetzung ihrer Ziele erscheinen Fundamentalisten und Traditionalisten gleichermaßen militant, moralisch, rigoristisch und intolerant gegenüber Andersdenkenden zu sein. Im Rahmen dieses Beitrags soll daher geprüft werden, ob auch der katholische Traditionalismus Elemente des Fundamentalismus im weiteren Sinn enthält. Die Frage soll an der Bedeutung der Tradition für die Traditionalisten diskutiert werden und an einem Beispiel, dem Ringen um den »rechten Glauben« durch die Liturgie, weiter verdeutlicht werden. Außerdem sollen die Wurzeln des Traditionalismus im 19. Jahrhundert aufgedeckt und die Haltung der Leitfigur Marcel Lefebvre beschrieben werden. Die Überlegungen schließen mit Gedanken zum prozeßhaften Umgang mit Tradition innerhalb der katholischen Kirche.

Zum religiösen Fundamentalismus im Katholizismus des 20. Jahrhunderts

Den Nährboden für den Fundamentalismus liefert vor allem das »Verdunsten« traditioneller Deutungsmuster, das viele Menschen als generelle Verunsicherung erleben. Der fundamentalistisch geprägte Mensch verurteilt das moderne, weltliche Denken und sucht – analog zum traditionalistisch verankerten Menschen – jede Annäherung an die »weltliche« Welt zu vermeiden. Das schließt auch jeglichen Dialog aus. Diese Denkstruktur entspricht einem Verhalten, das die Menschen in Anhänger des »wahren« Glaubens, der »wahren« Politik, der »wahren« Wertvorstellungen einteilt und Anhänger anderer Vorstellungen etwa eines »falschen« Glaubens bezichtigt. Im Rahmen dieses »Schwarz-weiß-Schemas« sehen sich die Fundamentalisten wie die Traditionalisten als letzten Hort des wahren Glaubens im Kampf gegen eine sündhafte (moderne) Welt. Solche Tendenzen lassen sich heute sowohl in christlichen wie in nichtchristlichen Bereichen ausmachen (etwa im Judentum im Zusammenhang mit territorialen Ansprüchen des Staates Israel, oder beim islamischen Fundamentalismus). Daß dieser Totalitätsanspruch zu Feindseligkeiten gegen alles Nicht-Fundamentalistische führt, liegt auf der Hand.

Wie stellt sich dieses Problem im Katholizismus dar? Eine Öffnung der katholischen Kirche zur modernen Welt geschah durch die auf die Quellen der Hl. Schrift und der Väter zurückgreifende Erneuerung der katholischen Kirche durch das jüngste Konzil (1962–1965). Es führt dazu, daß sich aber auch im Bereich der katholischen Kirche Kräfte mit buchstabengetreuem Wahrheitsanspruch formierten, verbunden mit einer absoluten Gehorsamsforderung an die Gläubigen. Toleranz in Glaubensfragen wird von ihnen als »modernistisch« eingestuft und bekämpft. Getragen wird diese Abwehrhaltung besonders von Menschen, die in einer Zeit der Auflösung traditioneller Werte nach festen Orientierungspunkten suchen. Sie behaupten, daß sowohl in bezug auf religiöse Fragen als auch auf politische Optionen Verwirrung herrscht, da offenbar niemand mehr die Richtung klar und kompetent bestimmen könne. Eine Rückkehr in scheinbare Sicherheiten ist für sie unerläßlich.
Das Zweite Vatikanische Konzil rief durch seine Beschlüsse mehr und mehr fundamentalistische Gruppierungen in diesem Sinn auf den Plan. Insbesondere erregten die neuen Werte der Religionsfreiheit, des Ökumenismus und der Toleranz Anstoß. War es doch grade das jüngste Konzil, das den Menschen das Recht auf Religionsfreiheit zugestand: »Diese Freiheit besteht darin, daß alle Menschen von jedem Zwang frei sein müssen, sowohl von seiten einzelner wie von Gruppen in der Gesellschaft, wie von jeglicher menschlicher Gewalt, und zwar in der Weise, daß in religiösen Dingen niemals jemand gezwungen wird, gegen sein Gewissen zu handeln und nicht daran gehindert wird, privat und öffentlich, als einzelner oder in Verbindung mit anderen nach seinem Gewissen zu handeln, innerhalb der gebührenden Grenzen.«
Ferner erklärt das Konzil, das Recht auf Religionsfreiheit sei in Wahrheit auf der Würde der menschlichen Person selbst gegründet, so wie sie durch das Wort Gottes und auch durch die Vernunft erkannt wird. Dieses Recht auf Religionsfreiheit

muß, so das Konzil, in der rechtlichen Ordnung der Gesellschaft so anerkannt werden, daß es zum bürgerlichen Recht wird. Weil die Menschen Vernunft und freien Willen besitzen und dadurch auch persönliche Verantwortung tragen, werden alle von ihrem eigenen Wesen und zugleich durch eine moralische Pflicht dazu gedrängt, die Wahrheit zu suchen, vor allem jene Wahrheit, die die Religion betrifft. Sie sind auch dazu verpflichtet, an der erkannten Wahrheit festzuhalten und ihr ganzes Leben nach den Forderungen dieser Wahrheit zu richten.

Das Konzil fährt fort: Der Mensch kann dieser Verpflichtung zur Wahrheit auf eine seinem eigenen Wesen entsprechenden Weise nicht nachkommen, wenn er dazu nicht die innere, psychologische Freiheit und zugleich die Freiheit von äußerem Zwang hat. Also ist das Recht auf religiöse Freiheit nicht in einer subjektiven Verfassung der Person, sondern im Wesen der Religion selbst gegründet. Daher bleibt das Recht auf diese Freiheit auch bei denjenigen erhalten, die ihrer Pflicht, die Wahrheit zu suchen und daran festzuhalten, nicht nachkommen. Auch ihre religiöse Praxis darf nicht unterdrückt werden, solange die gerechte Ordnung gewahrt bleibt.

Diese Überlegungen zur Religionsfreiheit werden noch klarer, wenn man bedenkt, daß die höchste Norm des menschlichen Lebens das göttliche Gesetz selber ist, das ewige, objektive und universale Gesetz, durch das Gott nach dem Ratschluß seiner Weisheit und Liebe die ganze Welt und die Wege der Menschengemeinschaft ordnet, leitet und regiert. Gott hat den Menschen seine Gesetze gegeben, so daß der Mensch unter der sanften Führung der göttlichen Vorsehung die unveränderliche Wahrheit mehr und mehr erkennen kann. Deshalb hat ein jeder die Pflicht und also auch das Recht, die Wahrheit im Bereich der Religion zu suchen, um sich unter Anwendung geeigneter Mittel und Wege rechte und wahre Gewissensurteile zu bilden.[3]

Diese Überlegungen machen deutlich, warum andersdenken-

de Gruppierungen, die z. T. schon vor dem Zweiten Vatikanischen Konzil ins Leben gerufen wurden[4], sich auch heute noch durch eine »vorkonziliare« Spiritualität auszeichnen. Sie befürchten gerade aufgrund neuer Freiheiten im katholischen Raum einen »Ausverkauf« der Kirche und damit verbunden einen »Ausverkauf« des Glaubenslebens und der Glaubensfeier, der Liturgie. Wenn diese Haltung zum »katholischen Fundamentalismus« wird, gehört dieser in das breite Phänomen des »Traditionalismus« hinein. Letzterer reicht entstehungsgeschichtlich ins letzte Jahrhundert zurück und wurde von Marcel Lefebvre, Alt-Erzbischof von Dakar und Begründer der Priesterbruderschaft St. Pius X., in diesem Jahrhundert neu belebt. Es ist daher zu fragen: Gibt es bei den traditionalistischen Gruppierungen, in ihrer religiösen, kulturellen und politischen Orientierung fundamentalistische Tendenzen? Wo findet dieser zeitgenössische Traditionalismus heute noch Nahrung in Gemeinde und Kirche?
Ein gemeinsames Kriterium fundamentalistischer und traditionalistischer Gruppierung scheint die Notwendigkeit von Leitfiguren zu sein, die Berufung auf ein Amt (etwa den Papst) oder auf einen Sachzusammenhang (etwa auf eine gewisse Traditionsauffassung). Dieser dient als Fundament für einen unumstößlichen Glauben. Angewandt auf die gegenwärtige Situation der katholischen Kirche hieße dies: Fundamentalisten sagen im Namen der katholischen Wahrheit dem Irrtum den Kampf an. Sie sind überzeugt – ähnlich wie der Traditionalismus –, den real existierenden Katholizismus besser zu verstehen, als er sich selbst begreift! Von daher erscheint der eigene Glaube privilegiert, der als umfassende Wahrheit nicht nur die Theologie, sondern auch die Vorstellung von der Kirche prägt und ebenso die gesamte ethische Position umfaßt.

Marcel Lefebvre: fundamentalistische Verengung?

In jüngerer Vergangenheit orientierten sich viele traditionalistische Gruppierungen an der Person von Marcel Lefebvre[5], dem früheren Erzbischof von Dakar. Sie folgten ihm in seinen Anschauungen und Lehren, einige sogar über den 30. Juni 1988 hinaus, ein Datum, das im Geschichtskalender der römisch-katholischen Kirche den kirchenrechtlichen Bruch mit Lefebvre markiert. Dieser weihte ohne Erlaubnis des Papstes Bischöfe, was die Exkommunikation der Beteiligten als »Tatstrafe« nach sich zog.[6] Marcel Lefebvre ist ein beredtes Beispiel dafür, daß die Autoritäten, auf die man sich beruft, im Traditionalismus selektiv ausgewählt werden, so etwa bei den Päpsten, und besonders auch im Aufnehmen von Traditionen. Denk-, Verhaltens- und religiöse Muster der Vergangenheit werden betont mit dem Ziel, die komplexen Probleme der Gegenwart und Zukunft zu meistern, neue Muster dagegen werden kategorisch abgelehnt. Der Grund dafür ist im Streben nach Sicherheit in einer undurchschaubar gewordenen, pluralistischen Welt zu sehen. Daraus resultiert eine Bindung an die Lehre der Kirche und an ihre Struktur bis zum Zweiten Vatikanum, ein Verharren in Theologumenen des Vatikanums I und des Tridentinums.
Das Vatikanum II wird von den Traditionalisten mit der Französischen Revolution verglichen, die Furcht vor dem Modernismus[7] wird wieder belebt und bekämpft. Hinzu kommt eine uneinsichtige Kritik an den Beschlüssen des Zweiten Vatikanischen Konzils. Lefebvre bezeugte im berühmt gewordenen Manifest vom 21. 11. 1974[8]: »Wir halten mit ganzem Herzen und ganzer Seele fest an der katholischen Kirche Roms, der Hüterin des katholischen Glaubens und der Traditionen, die zu deren Bestand unerläßlich sind, an der ewigen Kirche Roms, der Lehrerin der Weisheit und Wahrheit.«[9] Die nachkonziliare Epoche nennt er neomodernistisch: »Wir lehnen es ab und haben es immer abgelehnt, der neomodernistischen

und neoprotestantischen Richtung zu folgen, die sich in Rom ganz klar im II. Vatikanum und in den daraus hervorgehenden Reformen gezeigt hat.«[10] Diese Grundthese Lefebvres umfaßt nach dem Wortlaut der Erklärung folgende wesentliche Einzel-Aussagen:

1. Zunächst betont er die Notwendigkeit der Treue zur Kirche, nämlich zu »der katholischen Kirche Roms«, die für ihn Hüterin des Glaubens und Garant der Weisheit und Wahrheit ist. Hier unterscheidet er offensichtlich zwischen dem »katholischen« Rom, das er die »Hüterin des katholischen Glaubens« nennt, und »dem Rom der neomodernistischen und neoprotestantischen Tendenz«[11], das er ablehnt. Dabei reduziert Lefebvre die theologische Sichtweise von Kirche, indem er aufgrund einer dogmatischen Kirchenkonzeption die Offenheit des Zweiten Vatikanischen Konzils ablehnt.[12] Aus seiner Sicht wird am Erscheinungsbild der Kirche dauernd »herumgebastelt«, weshalb viele Gläubige die Geborgenheit in der Kirche vermissen. Für Lefebvre hat die Kirche dagegen »Bollwerk gegen die Böse Welt« zu sein und nicht ihrerseits noch Unsicherheiten zu schaffen. Die Kirche faßt er als eine »geschlossene« und perfekte Gesellschaft auf; und er greift auf 400 Jahre alte päpstliche und kirchenamtliche Verlautbarungen zurück, um deren dogmatische und ethische Richtlinien apologetisch zu verteidigen.[13]

2. Weiter meint Lefebvre, der in den 70er Jahren der katholischen Kirche offiziell zugelassene und wirksam gewordene Geist könnte nicht als absolut neu und unvergleichbar betrachtet werden. Er habe vielmehr seine Vorbilder und Vorläufer in geschichtlich faßbaren Erscheinungen des Protestantismus und des Modernismus. So lasse sich der Geist der Veränderung in der Kirche, der als Werk der Reform bezeichnet und vorangetrieben werde, als neomodernistisch und neoprotestantisch charakterisieren. Dem jüngsten Konzil und dessen Reformmaßnahmen gilt daher vor allem Lefebvres Kritik. Er kritisiert, daß ein allgemeines pastorales Konzil und nicht ein

dogmatisches Konzil einberufen worden sei, was die Autorität dieses Konzils wesentlich gemindert habe. In Wirklichkeit hatte nach katholischer Auffassung jedoch dieses Zweite Vatikanische Konzil, wie ein dogmatisches Konzil, in Einheit mit dem Papst höchste Autorität in der Kirche. In seinen Impulsen und Reformen sieht Lefebvre aber den Verrat an der katholischen Kirche, so etwa in der Veränderung der Liturgie, in der Priesterausbildung und in der theologischen Ausrichtung der Universitäten.

3. In seiner »Glaubenserklärung« findet sich zudem ein Hinweis Lefebvres, daß man sich verderblichen Einflüssen des Liberalismus und des Protestantismus geöffnet habe, die vom Lehramt der Kirche im 19. Jahrhundert feierlich verurteilt worden seien. An dieser Stelle fragt er, ob denn die Kirche heute nicht im Widerspruch zu sich selber stünde, wenn sie Tendenzen billigt, die früher nicht erlaubt waren.[14]

4. Zudem vermutet Lefebvre einen Widerspruch zwischen den Worten und Taten Roms beim Papst und den obersten Behörden, wenn zwar ein Festhalten an der katholischen Tradition verbal behauptet wird, die Taten jedoch einen anderen Eindruck hinterlassen. Er fragt noch im Jahre 1976: »Wiederholt der Hl. Vater heute nicht dasselbe? Und wenn ein gewisser Widerspruch sich zeigen sollte in seinen Worten oder seinem Handeln, sowie in denjenigen seiner Ämter, so wählen wir immer, was von jeher gelehrt worden ist, und schenken den Neuerungen, die die Kirche zerstören, keinerlei Gehör.«[15] Hier verteidigt Lefebvre eine Ideologie des Papsttums gegen das reale Papsttum, das sich aus seiner Sicht selbst untreu geworden ist. So hat auch seine ideologische Auffassung vom Papsttum den Vorrang vor dem Gehorsam gegen den Papst.

Seine Kriterien erlauben es Lefebvre, nicht nur die Lehre, sondern auch die Praxis der nachkonziliaren Kirche zu verwerfen. Er ist der Meinung, daß die »Lex orandi (das Gesetz des Betens) nicht tiefgehend abgeändert werden kann, ohne die Lex credendi (das Gesetz des Glaubens) in Mitleidenschaft zu zie-

hen.« Und scharf wird seine Kritik, wenn er weiter ausführt: »Diese Reform ist als Ergebnis des Liberalismus und des Protestantismus ganz und gar vergiftet. Sie kommt von der Irrlehre und führt zur Irrlehre.«[16] Lefebvre sieht aufgrund der erneuerten Liturgie in der katholischen Kirche eine neue Theologie verwirklicht und gibt unzweideutig zu verstehen, daß der streng geordnete, von alters her überlieferte Kult der Kirche für ihn lebendiger Ausdruck seines Glaubens und Garant für dessen bleibende Integrität ist. Er beklagt den Wandel des Kultes als eine Veränderung der Tradition.
Lefebvre betont demgegenüber seine anti-protestantische Haltung, indem er den Schluß zieht, die Messe sei »protestantisch« geworden. Gerade umgekehrt haben evangelische Forscher, so bleibt hier anzumerken, die Quellen aus dem 16. Jahrhundert neu entdeckt und sehen das gemeinsame Erbe heute mit anderen Augen![17] Mit seiner These zur »Lex orandi/Lex credendi« verwirft Lefebvre alle Reformen der katholischen Kirche, die mit der Inkraftsetzung des neuen »Ordo missae« im Jahre 1969[18] eingeleitet worden sind. Wir wollen daher auf das »Ringen um den rechten Glauben« am Beispiel der Liturgie näher eingehen.

Ringen um den »rechten Glauben« am Beispiel der Liturgie

Die grundsätzliche Position Lefebvres wird am deutlichsten im Streit um die Form der Meßfeier: Die konziliare Form der Meßfeier vernachlässigt ihm zufolge den Opfercharakter der Messe und die Gottesverehrung, statt dessen habe die Kirche die Liturgie zu einer Mahlfeier degradiert. Für die Traditionalisten um Lefebvre findet das eucharistische Opfer dagegen nur im lateinischen Ritus, wie ihn das Konzil von Trient festgelegt hat, seinen angemessenen Ausdruck. Viele Mitchristinnen und Mitchristen folgten Lefebvre in seinem beharrlichen Festhalten an der tridentinischen Messe oder wurden zumindest verunsichert. Dabei wurde in der Vergangenheit von den Medien überwiegend die Sprache, in der die Messe gefeiert werden sollte, in den Mittelpunkt gestellt. Hierbei wurde der Sprache in ganz untheologischer Weise eine viel zu große Bedeutung beigemessen. Jesus Christus selbst feierte das Abendmahl aller Wahrscheinlichkeit nach in seiner Muttersprache, dem Aramäischen. Der Bericht über diese erste Eucharistie ist uns nur in griechischer Sprache erhalten. In der römischen Gemeinde blieb das Griechische bis in die Mitte des 4. Jahrhunderts die Sprache der Meßliturgie. Vor der Trennung der griechischen von der abendländischen Kirche im 11. Jahrhundert gab es mindestens sieben (!) Sprachen, in denen im Einvernehmen mit Rom die Messe gefeiert wurde. Bei der Missionierung des Abendlandes festigte sich, wohl um der allgemeinen Ordnung willen, der Brauch, die Eucharistie in lateinischer Sprache zu feiern. Dadurch wurde aber die Vorstellung gefördert, daß die Feier der Eucharistie in erster Linie eine Angelegenheit des Klerus sei, der lange Zeit als einzige gesellschaftliche Gruppe die lateinische Sprache lernen und verstehen konnte. Für das Volk wurde es als Mindestmaß festgesetzt, an jedem Sonn- und Festtag eine heilige Messe zu »hören«.

Das Konzil von Trient (1545–1563) nahm eine Neuordnung der Liturgie vor. Im Jahre 1570 wurde die einheitliche Form der sogenannten »tridentinischen« Messe eingeführt. Sie bildete eine Antwort auf die vielen, das Wesen der Messe zum Teil verwischenden Formen der spätmittelalterlichen Meßfeier und auf das Anliegen der Reformatoren, das Abendmahl in der Landessprache zu feiern. Aber auch während der ganzen Periode, in der die tridentinische Messe als verbindlich galt, gab es mit römischer Erlaubnis Sonderformen, so etwa in Mailand oder Toledo.[19] Warum änderte das Konzil nun den bewährten tridentinischen Ritus?

Das Zweite Vatikanum bezeichnet die Liturgie als Ausdruck

und Feier des Glaubens und als »Gipfel und Quelle« allen kirchlichen Tuns. Durch die Erneuerung sollte erreicht werden, daß der Gottesdienst zum Ausdruck des Glaubens heutiger Menschen aus allen Gruppen in allen Regionen werden kann, allen verständlich und gefeiert in tätigem Mitvollzug und innerer Anteilnahme der ganzen gottesdienstlichen Gemeinde.[20] Tatsächlich ist der Mensch angewiesen auf traditionelle Riten, Zeichen und Bräuche. Es ist aber zu unterscheiden, welche Traditionen unaufgebbar sind, weil sie den Kern der Liturgie betreffen, die von Christus eingesetzt wurde, und welche sekundäre Ausdrucksformen sind, die zum besseren Verständnis des liturgischen Geschehens und einer uns heutigen Menschen angemessenen Ausdrucksweise modifiziert werden müssen oder gar entbehrlich sind.

Das jüngste Konzil betont statt des einseitig kultischen Verständnisses (Liturgie als Gott geschuldeter Kult)[21] den heilshaften dialogischen Aspekt (Liturgie als Dialog zwischen Gott und Mensch)[22]. Auf die Initiative Gottes, auf seinen Anruf hin, erfolgt die Antwort des Menschen in Lob, Dank und Bitte. Liturgie erneuert die Gegenwart des Ursprungs und soll selbst Erneuerung des Menschen in Gemeinschaft mit Gott und untereinander bewirken. Somit steht die Liturgie auch in der Wechselbeziehung zwischen Vergangenheit, Gegenwart und Zukunft.

Unveränderte tridentinische Messe?

Den ursprünglichen Reformbemühungen um eine Vereinheitlichung der Meßordnung auf dem Tridentinum folgte erst einige Jahre später, nämlich 1570, die Einführung der tridentinischen Messe durch Papst Pius V. Diese »tridentinische Messe« war für die gesamte lateinische Kirche verbindlich. Sehr oft wurde in der Auseinandersetzung um die Wiedereinführung des tridentinischen Ritus nicht berücksichtigt, daß dieser Ritus schon unmittelbar durch den Nachfolger von Papst Pius V. Änderungen erfuhr. Wir wissen auch, daß Reformbemühungen des Ersten Vatikanischen Konzils zuvor scheiterten, daß es aber doch Reformen gab, so unter den Päpsten Pius X., Pius XII. und Johannes XXIII.

Aus der jüngeren Vergangenheit, aus der Zeit vor dem Zweiten Vatikanischen Konzil, sei hier hingewiesen auf die Erneuerung der Osternachtliturgie im Jahre 1951 oder etwa die Liturgie der Karwoche im Jahre 1955. In diesem Zusammenhang wurde auch die liturgische Bewegung bedeutsam, die durch Papst Pius X. (1903!) ins Leben gerufen wurde und sich um eine tätige Teilnahme aller Gläubigen an der Eucharistie bemühte! Unter dem Patronat mehrerer Benediktinerabteien erschienen zunächst die liturgischen Texte und entsprechenden Erklärungen für die einfachen Gläubigen; so soll 1918 in Maria Laach/BRD die erste »Gemeinschaftsmesse« als »Missa dialogata« gefeiert worden sein. Die deutsche Jugendbewegung griff die neue Art, Gottesdienst als Gemeinschaft zu feiern, begeistert auf.

Von Anfang an wurde die neue liturgische Praxis begleitet durch Theologen wie Ildefons Herwegen, Odo Casel, Josef Andreas Jungmann und Romano Guardini. So war der Boden bereitet für die Liturgiereform des Konzils. Das Konzil wünschte (unter Wahrung der Einheit des römischen Ritus) eine Anpassung der Liturgie an die Notwendigkeiten der Zeit. Die Konzilsväter bemühten sich, von einer starren, zentralistischen Uniformität wegzukommen zu einer Vielfalt der Formen. So versteht sich das Missale Romanum, das von Papst Paul VI. auch erst vier Jahre nach Konzilsende, nämlich im Jahre 1969, approbiert wurde, als eine Ordnung, die die Liturgie nicht erneut legalistisch, rubrizistisch und zentralistisch festlegen wollte.[23] Es bleibt festzuhalten, daß die Einführung der Erneuerung ohne Erläuterungen der tiefgreifenden Änderung des Liturgieverständnisses bei Priestern und Gläubigen oft zu Irritationen und Unsicherheiten geführt hat.

Für Marcel Lefebvre, der letztlich das ganze Konzil verwirft, bleibt die Form der Liturgie Inbegriff der Rechtgläubigkeit und Einheit. Für ihn ist diese nur in der Meßfeier nach dem »tridentinischen« Ritus von 1570 gegeben. Daher kommt er auch zu folgender Aussage: »Eine Änderung der Liturgie (lex orandi = Gesetz des Betens), bewirkt eine Änderung des Glaubens (lex credendi).«[24]
In diesem Zusammenhang muß er das neue Meßformular von 1969 als eine Verfälschung der Tradition verstehen. Nach Lefebvre und den Traditionalisten ist der Ritus Pius' V. der bisher unerreichte Ausdruck der katholischen Meßopfertheologie. Nicht das Gemeinschaft begründende Wort Christi: »Wo zwei oder drei in meinem Namen versammelt sind, da bin ich mitten unter ihnen« steht für ihn im Mittelpunkt, sondern das vom Priester dargebrachte Opfer. An der lateinischen Sprache soll deshalb festgehalten werden, weil sie zur Tradition der Kirche gehöre und ein Zeichen für das Sakrale sei, denn eine nicht mehr gesprochene, tote Sprache bringe das Mysterium vollendeter zum Ausdruck als die profane Alltagssprache. Für Lefebvre ist das Missale Pauls VI. sogar sakrilegisch, und »wahre« Katholiken haben sich seiner Meinung nach von einer solchen Meßfeier fernzuhalten.[25]

Das Traditionsverständnis von Lefebvre

Zusammenfassend ist zu sagen, daß bei Lefebvre das Festhalten am Bekenntnis vergangener Jahrhunderte im Vordergrund steht, wobei er sich in Inhalt und Zielsetzung am Traditionsverständnis der Kirche des 19. Jahrhunderts orientiert. Nach ihm gilt folgende Erkenntnistheorie: Ohne göttliche Offenbarung ist keine subjektive, also menschliche Erkenntnis möglich, etwa in Dingen der Moral oder der Politik. Die menschliche Vernunft ist von sich aus (da durch Erbsünde belastet) nicht in der Lage, Wahrheit zu finden. Wahrheiten können den Menschen letztlich nur in einer Uroffenbarung von Gott vermittelt werden. Träger von Wahrheiten ist auch nicht der einzelne, sondern die menschliche Gesellschaft. Die Gesellschaft vermittelt den »vollständig offenbarten« Schatz der Wahrheiten durch die Tradition und deren getreue Weitergabe von Generation zu Generation. Der einzelne Mensch erhält Anteil an der Wahrheit nicht durch eigenes Forschen oder Erkennen, sondern durch sozialen Unterricht und, zumindest zunächst, durch die gläubige Annahme der traditionellen Wahrheiten, die ihm die Autorität, sprich die Kirche und die Gesellschaft, vermittelt. Nur durch diese Autorität findet der einzelne zur Wahrheit, die auch in Zukunft unverändert bestehen wird.

In bezug auf die Staatstheorie gilt in ähnlicher Weise: Auch die richtige staatliche Ordnung ist göttliche Offenbarung, und zwar in Form einer hierarchischen Ordnung. Die richtige Staatsordnung analog zur kirchlichen Ordnung ist die Monarchie. Diese traditionalistische Erkenntnistheorie mit ihrer besonderen Betonung der Autorität als Grund für die Weitergabe von Wahrheiten führte in der geschichtlichen Situation einer Konsolidierung nach den Wirren der Französischen Revolution und der napoleonischen Kriege zu einer ganz bestimmten Gesellschaftstheorie, nämlich zum »ancien regime«, der hierarchisch geordneten Gesellschaft in der Monarchie. Diese angeblich einzige Gesellschaftsordnung verwirklicht sich auch in dem Glauben der hierarchisch gegliederten katholischen Kirche mit dem Papst als maßgeblicher Autorität. Die katholische Kirche allein ist damit auch Urbild der notwendigen (gottgewollten und in der Uroffenbarung mitgeteilten) menschlichen Gesellschaftsordnung.

Sozialpsychologisch verrät die fundamentalistisch-traditionalistische Beibehaltung dieser Sichtweise durch Lefebvre ein Anliegen, das er mit vielen anderen teilt: Der zeitgenössische, in eine komplexe Realität verstrickte Mensch will Handlungsmaximen, mit denen er die komplexe Wirklichkeit auf überschaubare Muster und Alternativen reduzieren kann. Dies zeigt die Art der traditionalistischen Anhängerschaft Lefebvres, unter der sich auch viele hochspezialisierte Wirtschaftsfachleute befinden, die im religiösen Bereich extrem fundamentalistisch denken: »Die Simplizität ihrer Glaubensbilder stellt den Preis für die Komplexität ihrer Weltbilder dar.«[26] Es verwundert daher nicht, daß es Parallelen zwischen römisch-katholischem Traditionalismus, protestantischem Evangelikalismus und deren jeweiliger, extremer fundamentalistischer Ausprägung gibt.[27]

Um die Motive eines fundamentalistischen Protestes weiter herauszuarbeiten, sei noch auf die Biographie Lefebvres verwiesen. Marcel Lefebvre, früherer Erzbischof von Dakar, wurde in ein geistig-kirchliches Klima hineingeboren, das von großen Spannungen geprägt war. Durch die Trennung von Staat und Kirche in Frankreich (1905) sowie die weitgehende Ablehnung der neuen wissenschaftlichen Erkenntnisse und Erkenntnismethoden geriet die Kirche in eine Ghettosituation. Um die Sicherung ihres Erbes bemüht, verteidigte sie sich durch eine straffe Orientierung nach Rom und durch den Versuch, alle Bereiche des Lebens kirchlich zu vereinnahmen (Integralismus). So sollte mittels Strafandrohung das Eindringen der neuen wissenschaftlichen Methoden verhindert werden. Hier zeigt sich die Gegnerschaft zwischen Integralismus und Modernismus[28]: Zur Abwehr des Modernismus reagierte Pius X. 1907 mit einem Dekret des Hl. Offiziums »Lamentabilili« mit einer Liste der »Irrtümer der Modernisten«. Im selben Jahr erschien die Enzyklika »Pascendi dominici gregis«, und 1910 schrieb er mit dem Motu proprio »Sanctorum antistitum« den Antimodernisteneid vor[29]. Diese Haltung der katholischen Kirche versucht, aus einer Verteidigungssituation heraus, die Angriffe der »Welt« abzuwehren. Diese Verteidigungsanstrengung hat Marcel Lefebvre geprägt.

Er wurde 1905 in Tourcing (Bistum Lille) als Sohn eines streng katholischen Textilfabrikdirektors geboren. Er studierte in den Jahren 1923–1930 in Rom an der päpstlichen Universität Gregoriana Philosophie und Theologie, wo er 1925 in Philosophie und 1929 in Theologie (mündliche Prüfungen) promoviert wurde. Am 21. 11. 1929 für seine Heimatdiözese Lille (Frankreich) zum Priester geweiht, ging er nach einem kurzen Vikariat als Mitglied der Kongregation der »Väter vom Heiligen Geist« 1931 in die Mission nach Westafrika. Zunächst war er Missionar in Gabun (1932–1947), dann ab 1948 Apostolischer Delegierter für alle französisch sprechenden Gebiete Afrikas. Zuletzt wirkte er ab 1955 als Erzbischof von Dakar/Senegal durch sein ausgezeichnetes Organisationstalent tatkräftig für die Ausbreitung des Glaubens. Den afrikanischen Unabhängigkeitsbestrebungen stand er jedoch skeptisch bis ablehnend gegenüber. 1959 warnte er vor einem »afrikanischen 1789« und vor einem »Mythos der liberalen Demokratie«, wobei er die Unabhängigkeitsbewegungen in Afrika mit dem Ausbruch der Französischen Revolution verglich. Gegen die afrikanische Unabhängigkeitsbestrebungen rief Lefebvre die Staatsmänner auf, sich zwischen Kreuz und Stern, zwischen der Botschaft von Fatima und der Hölle auf Erden zu entscheiden[30]. In Anerkennung und Würdigung seiner großen Leistungen und seines Engagements wurde Marcel Lefebvre 1960 von Papst Johannes XXIII. in die Zentralkommission für die Vorbereitung des Zweiten Vatikanischen Konzils berufen. Im Jahre 1962 kehrte Lefebvre ganz nach Europa zurück und übernahm für kurze Zeit die kleine Diözese Tulle. Nach dem Verzicht auf die Bistumsleitung wurde er zum Generaloberen seiner Kongregation der »Väter vom Heiligen Geist« gewählt. Die Stellung an der Spitze dieser weitverzweigten Kongregation ermöglichte ihm gute Beziehungen zu vielen Ländern der Welt. Ein Grund für die Rückkehr aus Afrika bestand aber neben der Übernahme neuer Aufgaben auch darin, daß Lefebvre der Afrikanisierung der Ortskirche und der politischen Befreiung der afrikanischen Staaten von der europäischen Kolonialherrschaft ablehnend gegenüberstand.

Priesterbruderschaft St. Pius X. – katholischer Fundamentalismus

Als Generaloberer seiner Kongregation nahm Lefebvre 1962–1965 am Zweiten Vatikanischen Konzil teil und gründete aus Enttäuschung über dessen Verlauf mit weiteren 300 konservativen Konzilsvätern den »Coetus Internationalis Patrum«.[31] Dies war ein Kreis von Konzilsvätern, denen es um die Verteidigung der »wahren« römisch-katholischen Lehre ging, gegen die Anfechtungen angeblich progressistischer und protestantischer Neuerungsversuche. Als aktives Mitglied dieses Kreises intervenierte Lefebvre dreimal im Konzil, 1963 gegen die Aussagen zur Kollegialität der Bischöfe und 1964 und 1965 gegen das Dekret der Religionsfreiheit.[32] Trotzdem beschloß die Generalversammlung der »Väter vom Heiligen Geist« nach dem Konzil weitreichende Reformen, denen Lefebvre selbst nicht zustimmen konnte, so daß er im Jahre 1968 von seinem Amt als Generaloberer zurücktrat.[33]
Aus seiner Enttäuschung heraus gründete Lefebvre im Jahre 1969 die Priesterbruderschaft Hl. Pius X. in Fribourg/Schweiz mit dem Ziel, eine »vorkonziliare« Studienmöglichkeit zu schaffen. Die kirchenrechtliche Anerkennung dieser Gemeinschaft erhielt er noch 1970 vom damals zuständigen Ortsbischof Mgr. Charière zunächst auf Probe. Sie wurde ihm allerdings 1975 entzogen. Zudem errichtete er 1970 in Ecône, im Unterwallis, ein »traditionalistisches« Priesterseminar. Trotz eines Verbots vom Vatikan weihte Lefebvre alljährlich bis zum Jahre 1988 Kandidaten zu Diakonen und Priestern[34] und erweiterte sein »Werk« weltweit auf über 80 Häuser und Filialen. Im Jahre 1988, am 30. 6., kam es zum gänzlichen Bruch Lefebvres mit Rom, als er vier seiner Priester widerrechtlich zu Bischöfen weihte.[35] Doch blieb es Ziel seiner Priesterbruderschaft Hl. Pius X., eine Gesellschaft von Weltpriestern zu sein, die überall dort eingesetzt werden konnten, wo es den Verantwortlichen der Kongregation zur Bewahrung und zur

Weitergabe des »wahren katholischen« Glaubens notwendig erschien. Zudem sollte die Priesterbruderschaft Hl. Pius X. wahrhaft katholische Priester nach vorkonziliaren Richtlinien ausbilden und formen[36], da nach Auffassung Lefebvres ein wahres Priestertum nach der erneuerten nachkonziliaren Ausbildungsordnung nicht mehr gewährleistet war. Dazu dienten die Priesterseminare mit ihrem gemeinsamen Leben, Kontemplation und täglicher tridentinischer Messe und ihrer wissenschaftlich-theologischen Ausbildung nach vorkonziliarischen Richtlinien. Zudem war die Wahl des Namens Hl. Pius X. ein Programm. Handelt es sich doch um jenen Papst, der während seines Pontifikates (1903–1914) durch den sogenannten Antimodernisteneid (wir haben oben darüber berichtet) und durch scharfe Sanktionen gegen das Eindringen neuer wissenschaftlicher Erkenntnisse und Methoden in die Theologie vehement gegen jede »modernistische« Neuerung ankämpfte. In seine Nachfolge stellte sich Lefebvre, wenn er gegen den angeblich modernistischen Geist des jüngsten Konzils zu Felde zog. Die Bemühungen des Vatikans, die Priesterbruderschaft kirchenrechtlich in die katholische Kirche einzugliedern, fanden ein Ende durch das von Lefebvre 1988 vollzogene Schisma.[37]

Es sei festgehalten, daß Lefebvre noch kurz vor seinem Bruch mit dem Vatikan auch Sympathien für rechtsextreme Bewegungen wie etwa die »Front National« von Jean-Maric le Pen in Frankreich zeigte, ebenso wie er früher lateinamerikanischen Rechtsdiktaturen wie den Regimen der Diktatoren Stroessner in Paraguay und Pinochet in Chile positiv gegenüberstand.

Gibt es also auch aus politischer Sicht Elemente »fundamentalistischen« Protests bei Lefebvre? Wenn ja, woher stammen diese Impulse? Und welche Gemeinsamkeiten gibt es dann zwischen ihm und anderen fundamentalistischen Protestbewegungen? Es scheint nämlich, daß Lefebvre keinen einsamen Kampf führte, sondern vielmehr verschiedene Strömungen

der Unzufriedenheit (nach 1968) zusammenführen konnte. Tatsächlich gab es viele Verbindungen zur extremen Rechten in Frankreich, wo die Traditionalisten mehrfach rechtsradikale Demonstrationen unterstützten. In den frühen 80er Jahren schienen sie gemeinsam auf einer politischen Erfolgswelle zu schwimmen. Offenbar aber gab es zwischen den kirchlichen Traditionalisten um Marcel Lefebvre, den Neofaschisten und den Sympathisanten von le Pen auch immer ein gewisses Mißtrauen. Es handelte sich eher um ein vorübergehendes Zweckbündnis. Heute ist augenscheinlich, daß die Anhänger Lefebvres nicht wirklich eine spirituelle Stütze der Bewegung um le Pen geworden sind. Die äußerst konservative Haltung Lefebvres ließ ihn aber dennoch als Bewunderer des spanischen Generals Francisco Franco erscheinen, und in dem ehemaligen chilenischen Diktator Pinochet, dessen Regime sich schwerster Menschenrechtsverletzungen schuldig machte, sah Lefebvre einen Vorkämpfer des Katholizismus. Nicht umsonst hat sich kurz nach Lefebvres Tod[38] auch die rechtsextreme »Front National« mit ihrem Generalsekretär Carl Lang in Paris zur Erklärung hinreißen lassen: »Der exkommunizierte Erzbischof habe das Erbe der heiligsten abendländischen Werte gegen den atheistischen Kommunismus und den dekadenten Materialismus verteidigt«.[39]
Die Anklagen der Traditionalisten gegen das jüngste Konzil sind tatsächlich auch auf dem Hintergrund ideologischer Strömungen des 19. Jahrhunderts zu verstehen. Nach Meinung Lefebvres hat das vergangene Konzil die »Irrtümer« der Französischen Revolution in die kirchliche Theologie und Praxis eingebracht. Der Gedanke der Freiheit hat die Irrlehre der »Religionsfreiheit« hervorgerufen, der Appell an die »Brüderlichkeit« führte zum Begriff der »getrennten Brüder« für Christen anderer Konfessionen, wobei eine klare Trennung zwischen dem wahren Glauben und der Häresie unterblieb. Die Idee der »Gleichheit« ermöglichte die Einführung des demokratisierenden Begriffs der »Kollegialität« zwischen den

Bischöfen und dem Papst. Meinungsfreiheit und demokratische Reformen innerhalb der Kirche und des Staates müßten nach Lefebvre rückgängig gemacht werden. Die Grenzen zwischen Wahrheit und Irrtum seien deutlich zu ziehen und praktische Experimente zu unterlassen.[40]
Anklagen ähnlicher Art gegenüber Erneuerungen in der römisch-katholischen Kirche sind aber nicht neu! Sie richten sich nicht primär gegen außerkirchliche, revolutionäre, laizistische oder antiklerikale Kräfte, sondern gegen den Reformwillen der Kirche selbst, wie er im jüngsten Konzil hervorgetreten ist.[41] Die konservativen Kritiker sprechen vom Verrat an hohen kulturellen Werten, von der Verfälschung des Glaubens, von Rationalismus.[42] Alle zeichnen sich durch zwei Grundelemente aus, durch politischen Konservatismus und durch einen kirchlichen Integralismus in der Art eines konsequenten Antimodernismus. Beide Elemente sind aber seit der Französischen Revolution bekannt. Von daher ist auch die geistesgeschichtliche und politische Herkunft Lefebvres zu verstehen.

»Traditionalismus« als theologische Bewegung vergangener Epochen

Im 19. Jahrhundert wechselten revolutionäre Änderungen mit Reaktionen ab, die politisch darauf zielten, die in der ideologischen, revolutionären Krise verlorenen Werte zurückzugewinnen. In der Kirche vollzog sich gleichzeitig eine Transformation, die eine Wende zur Innerlichkeit, eine Straffung kirchlicher Strukturen, eine Radikalisierung dogmatischer Positionen und eine Wiederbelebung der Frömmigkeit hervorbrachte. Das Festhalten am Althergebrachten wurde begleitet von einem starren Wahrheitsbegriff, der ein historisches, lebendiges Traditionsverständnis ausschließt.
Eine große Wirkung hatte dabei die Bewegung des französi-

schen Traditionalismus im 19. Jahrhundert. Erst in jüngster Zeit gibt es Bemühungen, seine vielfältige Geschichte aufzudecken.[43] Joseph de Maistre (1753–1821) gilt als Vorläufer dieser Bewegung; Louis G. A. de Bonald (1754–1840) war ihr eigentlicher Vater, und Félicité R. de Lamennais (1782–1854) wurde eifriger Verteidiger dieser Richtung, während Louis E. Bautain (1796–1867) die Ideen des Traditionalismus zu einem rigorosen Fideismus steigerte, und der Laientheologe Bonnetty (1798–1879) sich zu einem gemäßigteren Traditionalismus bekannte.[44]

Der Begriff »Traditionalismus« bezeichnet jene Strömung des 19. Jahrhunderts, »... die sich im Sinne des Konservativismus einseitig der Tradition verpflichtet weiß; charakteristisch für eine solche Einstellung ist in der Regel ein mechanisches Verständnis von Tradition im Gegensatz zu einer geschichtlich offenen Einstellung gegenüber Herkunft und Vergangenheit«.[45] Theologisch enger gefaßt meint »Traditionalismus jene antirationalistische, philosophisch-theologische Lehrmeinung«, nach der »... die Menschheit mit absoluter Notwendigkeit einer Uroffenbarung bedurfte, und zwar nicht nur zur Erkenntnis von Wahrheiten der übernatürlichen Ordnung, sondern auch der fundamentalen Wahrheiten der metaphysischen, moralischen und religiösen Ordnung: Existenz Gottes, Geistigkeit und Unsterblichkeit der Seele, Vorhandensein eines unbedingt verpflichtenden Sittengesetzes. Diese Offenbarung wird durch die Tradition vermittelt...«[46] Das prinzipielle Haften am Herkömmlichen, am Traditionellen, führte zu seiner Überbewertung gegenüber jeglichem Neuen, gegenüber jeglichem Werdeprozeß in Kultur, Geschichte, Religion, Moral und Politik, so daß »Traditionalismus« im engeren Sinne jene philosophisch-theologische Strömung meint, die in Frankreich nach der Revolution von 1789 die Bestrebung der Konterrevolution und Restauration zu rechtfertigen suchte.[47]

Zudem steht der Begriff »Traditionalismus« im historischen Sinn prototypisch für die gesamte apologetische Front der

Kirche des ausgehenden 18. und beginnenden 19. Jahrhunderts.[48] Er wurde zur staats- und gesellschaftstheoretischen Richtung in Frankreich jener Zeit, die sich kritisch und meist verneinend mit der politisch-revolutionären Form der Aufklärung auseinandersetzte.

Entstehungsgeschichtlich ist der Traditionalismus an das Werk »Considération sur la France«, London 1796, Lausanne 1797 (Betrachtungen über Frankreich) von de Maistre und an die Theorie de Bonalds »Théorie du pouvoir politique et religieux dans la société civilicée«, 1796, gebunden. Beide entstammten dem Adel und vertraten dessen Interessen. Sie gaben in ihren Arbeiten bereits die Grundgedanken des Traditionalismus wieder. Zudem korrelierten für Bonald Monarchie und Katholizismus, Demokratie und protestantischer Presbyterianismus miteinander.[49] De Maistre (1753–1821), der als Hauptideologe der Restauration gilt, zog aus seiner Sicht die Konsequenz, die Restauration der Theokratie voranzutreiben.[50] Durch diese Synthese führte er den Katholizismus in Frankreich schließlich zum Ultramontanismus.

Neben L. G. A. de Bonald wären auch noch F. R. de Lamennais und L. E. Bautain als Väter des Traditionalismus zu nennen. Louis G. A. de Bonald (1754–1840) selbst gilt als Begründer des Traditionalismus in Frankreich. Seiner Ansicht nach ist die Sprache das notwendige Kriterium für jegliche intellektuelle Tätigkeit und das Mittel für die moralische Existenz. Sein Wahlspruch lautete: »L'homme pense sa parole, avant de parler sa pensée.«[51]

Hugo-Félicité-Robert de Lamennais (1782–1854) gilt als zweiter Hauptvertreter des Traditionalismus. Er war über zwanzig Jahre hinweg geistiger Führer des Katholizismus in Frankreich. Zudem galt er als Befürworter des Papsttums, was zum kirchlichen Integralismus führte, aber ebenso als Vertreter einer progressiven Haltung, die zum christlichen Sozialismus tendierte.[52] L. Eugen Bautain (1796–1876) schließlich setzte sich gegen den älteren Traditionalismus durch und wirkte bis heute nach: Nach ihm braucht der Mensch geistige Unterweisung, um seine Vernunft voll auszuschöpfen. Diese Ideen Bautains verknüpften sich mit einem mystischen Intuitismus: »Der Mensch bedarf einer Hilfe von außen, die den Selbstvollzug von Erkenntnis und Freiheit anregt; ist jedoch der Kontakt mit Gott, was normalerweise durch Wort und Tradition geschieht, einmal sichergestellt, so gelangt die Intelligenz zu einer Gewißheit hinsichtlich der natürlichen und übernatürlichen Wirklichkeit.«[53]

Die Bedeutung der Tradition: Lehren und Leitlinien

Das politische Frankreich sah sich nach der Revolution von 1789 mit den konterrevolutionären und restaurativen Bestrebungen des Traditionalismus konfrontiert. Die Lehren dieses Traditionalismus banden das Heil von Kirche und Welt eng an das Amt des Papstes. Die einzig sinnvolle Gesellschaftsordnung bildete für sie die Theokratie bzw. der Royalismus. Die katholische Philosophie und Theologie, die sich in den ersten Jahrzehnten des 19. Jahrhunderts mit der idealistischen deutschen Philosophie auseinanderzusetzen hatten[54], bemühten sich, den katholischen Glauben rein und unverfälscht zurückzugewinnen. Dieses Ziel führte den Traditionalismus in jenes Extrem des Fideismus, das der menschlichen Vernunft die Fähigkeit, Gott zu erkennen, generell abzusprechen versuchte. Besonders in Frankreich war man bestrebt, geistige, sittliche und soziale Ordnung durch Denkanstöße wie jene von de Bonald und Bautain, auf die zentralen Inhalte von Offenbarung und Überlieferung zurückzuführen. Der national-kirchliche Gedanke war durch die Revolution kompromittiert worden, und literarische Einflüsse von Chateaubriand, de Lamennais und de Maistre begünstigten die Vorstellungen eines konsequenten Papalismus (Vorherrschaft des päpstlichen Amtes). Danach würde das Christentum seine Existenzfähigkeit verlieren, wenn es die Bindung an den Papst lockern oder aufgeben würde.[55] In erkenntnistheoretischer, geschichts- und staatsphilosophischer Hinsicht übten die Traditionalisten am Vertrauen der Aufklärung in die Kraft der menschlichen Vernunft konsequente Kritik, und zwar mit Hilfe der folgenden beiden, stets wiederkehrenden Argumente:

1. »Die sich selbst überlassene, individuelle Vernunft ist nicht fähig, irgendwelche Wahrheiten mit Sicherheit zu erkennen.«[56]

2. »Die Wahrheiten haben ihren letzten Ursprung notwendig in einer ›Uroffenbarung‹, die in ununterbrochener Tradition an alle Geschlechter weitervermittelt werden muß.«

So bildete sich der Traditionalismus in Frankreich auch als eine philosophische Spekulation heraus, die dem christlichen Gedanken gegen die Irrtümer der Zeit einen erneuten Sieg zu verschaffen suchte. Schließlich wurde die Notwendigkeit der Tradition der Sprache und der göttlichen Offenbarung zur Erkenntnis der Wahrheit so sehr betont, daß die Erkenntnisfähigkeit der individuellen Vernunft fast völlig verlorenging:

»Nachdem Chateaubriand die Nützlichkeit des Christentums dargetan hatte, wollten die Traditionalisten noch radikaler dessen Unentbehrlichkeit für die Ordnung der Erkenntnis, der Moral und der Politik aufweisen.«[57] Hier wird wiederum ein im Kern bereits »fundamentalistischer« Zusammenhang von Religion und Politik deutlich.

So blieb man am Beginn des 19. Jahrhunderts bewußt an das Vergangene gebunden. Der Traditionalismus, analog zur Neuscholastik des 19. Jahrhunderts, griff auf Vergangenes rückblickend und rückbindend zurück. Die sogenannte »Römische Schule« mit Vertretern wie Giovanni Perrone, Joh. B. Franzelin, Carlo Passaglia, Clemens Schrader[58] stellte sich gegen die rationalistischen und liberalen Tendenzen und verteidigte als eine führende Bewegung der Neuscholastik die Orthodoxie, die Autorität des Papstes und der Kurie. Sie setzte sich für eine Straffung und Zentralisierung der Kirchenleitung ein und versuchte, die alte scholastische Doktrin zu erneuern. Ebenso die »Mainzer Schule«, die durch B. F. L. Liebermann, Heinrich Klee und später durch J. B. Heinrich vertreten wurde.[59] Sie erkannten allerdings die eigentlichen sozialen Ursachen der Französischen Revolution nicht, sondern gingen davon aus, daß allein die Philosophen die Revolution vorbereitet und herbeigeführt hätten.[60] Von daher schätzte der Traditionalismus historisch Vorgegebenes hoch ein, und für Veränderungen sah man keine Notwendigkeit. Das Individuum hatte sich der Gesellschaft und einer theokratischen Staatsauffassung unterzuordnen, und die individuelle Erkenntnisfähigkeit wurde weder politisch noch theologisch anerkannt.

Die Verknüpfung von Religion, Gesellschaft und Politik

Durch die Aufklärung, die ihren Höhepunkt im 19. Jahrhundert erreichte, und mit der ein Wandel auf sozialer, wirtschaftlicher und theologischer Ebene verbunden war, begann sich der Staat von der Religion zu emanzipieren. Die Religion verlor durch die Entwicklung des Bürgertums an stabilisierendem Einfluß auf die Gesellschaft. Auch das übrige Volk begann sich mehr und mehr von der Kirche zu distanzieren. Die Religion nahm immer deutlicher den Charakter einer Privatangelegenheit an. In dieser Epoche wurden zudem wirtschaftliche und gesellschaftliche Dimensionen des Lebens immer bestimmender. Eine Verwurzelung des Volkes in der Kirche war immer weniger gegeben.
Die Krisen, die durch diese Entwicklung ausgelöst wurden, machten der Kirche zusehends zu schaffen. Am deutlichsten trat dies durch eine zunehmende, kirchliche Traditionslosigkeit hervor. Daher versuchte der Traditionalismus, die politi-

sche Autorität auf die religiöse Autorität zurückzuführen, indem religiöse und gesellschaftliche Ordnungen wieder miteinander verbunden wurden. Darin liegt die offenkundige Gefahr, daß der Traditionalismus über theologische Positionen politische Interessen durchzusetzen versucht. Die religiöse Autorität rechtfertigt so politische Autorität, die durch diesen Überhöhungsprozeß unantastbar wird. Sehr schnell geht es nur noch um die Sicherung eines bestimmten Gesellschaftssystems durch Religion, also um eine Verknüpfung von Religion und Politik, in der die Religion zurücktritt und der Politik untergeordnet wird. Dadurch bringt der Traditionalismus keine schöpferische, politische Alternative mehr hervor. Seine Ideen sind restaurativ und an einer Autoritätsvorstellung orientiert, wie sie in der Zeit vor der Aufklärung vorherrschte. Die Restauration wirkte sich auch auf die katholische Theologie aus, nämlich in der Form des Integralismus.[61] Dabei herrschte die Bemühung vor, alles »aus dem Katholischen heraus« zu gestalten,[62] was nach Oswald v. Nell-Breuning einen »religiösen Totalitarismus« darstellt. Dabei ergibt sich eine systematische Verkettung von katholischen Wahrheiten »in einem logisch-organisierten System miteinander verknüpfter Lehren ... von denen jede ein von Gott gewährleistetes Ganzes ausmache«.[63] Die Kirche schrieb aber kraft Amtes eine einzelne, historisch bedingte theologisch-philosophische Methode vor, die mehr und mehr verabsolutiert wurde.

Diese theologische Reaktion des Antimodernismus bildete die Parallele zur politischen Reaktion des National-Katholizismus um Charles Maurras und seine Bewegung, der »Action Française«. Es war diese royalistische Gruppe der äußersten Rechten, die regelmäßig an der Seite der integrationalistischen Gegner der kirchlichen Demokratie stand und sich gegen den Versuch katholischer Theologen und Philosophen wendete, die Dogmatik unter neuesten philosophischen und bibelwissenschaftlichen Erkenntnissen zu interpretieren. Die »Action Française« führte also die Restauration des Traditionalismus fort. Sie entstand als Bewegung um die Jahrhundertwende um den Schriftsteller Charles Maurras (1768–1852). Unter seiner Führung und mit Hilfe von Léon Daudet trat die »Action Française« für die Wiederherstellung eines mächtigen, streng monarchischen Frankreich ein und verschrieb sich schließlich einem neuheidnischen »integralen Nationalismus«.[64]

Charles Maurras, »Katholik und Atheist«, wie er sich selbst nannte, vollzog damit die Synthese zwischen dem antirevolutionären Traditionalismus bonapartistischer Prägung in der Bourgeoisie, die sich von der Kirche entfernt hatte, und dem religiösen Traditionalismus im Katholizismus. Werte der Tradition sind nach ihm auf der Grundlage der christlichen Überlieferung entstanden und in Frankreich durch den Katholizismus stark geprägt worden. Die Bewegung des »National-Katholizismus« versuchte durch eine Besinnung auf die überlieferten und kulturellen Werte, die französische Nation zu erneuern und zu stärken. Diese Synthese vollzog sich allerdings im Rahmen einer konservativ-französischen Mentalität: Im Gegensatz zur romantisch-germanischen Denkart, in der er eine Tendenz zum Unendlichen sieht, betonte Maurras die Rationalität, die Geschlossenheit, Festigkeit des Greifbaren und Konkreten. Er betonte die Idee des Vaterlandes, wollte die Monarchie und vertrat eine Verschwörungstheorie, um ihren Niedergang zu erklären. In diesem Zusammenhang verbreitete er auch einen neuen Antisemitismus.[65] Zum Feindbild des Juden kam das Feindbild des Freimaurers und das der Deutschen und Protestanten hinzu. Ferner kämpfte die »Action Française« gegen Demokraten und Republikaner.

Sie sah ihr Ideal in einer absolutistischen Monarchie; die Ursache allen Übels lag in ihrer Meinung nach in den Grundsätzen der Französischen Revolution. Daher wurden die Grundsätze Freiheit, Gleichheit, Brüderlichkeit ausdrücklich verurteilt! Das politische Ziel war eine »erbliche, antiparlamentarische und dezentralisierte Monarchie«. Nach der Lehre von

Charles Maurras hätte die Rückkehr zur Monarchie als einer ideal politischen Einrichtung das »Heil der Nation« bedeutet. Die Kirche mit ihrer gefestigten Hierarchie und kulturellen wie zivilen Tradition sollte dabei als Stütze der Monarchie dienen. Pius X. und Pius XI. verurteilten die Intentionen der »Action Française« zur tiefen Betroffenheit vieler französischer Katholiken.[66]
Nachdem die Schriften Maurras von der Kirche verboten wurden, war es auch verboten, der »Action Française« beizutreten, obwohl auch unter Geistlichen die Mitgliedschaft verbreitet war. Ihre Ideen wirkten beim Klerus und unter den Intellektuellen über das Verbot von 1926 hinaus, auch auf das Französische Seminar in Rom, wo Lefebvre während seiner Ausbildung (1923–1930) wohnte. Zum politischen Hintergrund Lefebvres schreibt F. Alt: »Lefebvre (sei) bis heute von ihr geprägt. Das Zweite Vatikanische Konzil war für den Bischof ›die Französische Revolution der katholischen Kirche‹: Die ›Freiheit‹ der Französischen Revolution führt zur Religionsfreiheit in der Kirche, die ›Gleichheit‹ zur Kollegialität der Bischöfe und die ›Brüderlichkeit‹ schließlich zum Ökumenismus.« Die Zerstörung der Tradition führe zum Chaos unter den drei »r«: réforme (Reformation), révolution, romantisme. Frankreich hingegen verkörpere die menschliche Kultur mit den drei »c«: catholicisme, contrerévolution, classicisme. In einer Rede im Sportpalast in Lille meinte Lefebvre noch: »Wir wollen nicht als Protestanten sterben.«[67] Damit setzte Lefebvre den neuen deutschen Protestantismus und die nachkonziliare Kirche nahezu gleich.

Zum Traditionsprozeß

Anders als im fundamentalistischen Traditionalismus darf Tradition in der Kirche nicht im Sinne von Verwaltung ewiger Wahrheiten mißverstanden werden. Das jüngste Konzil verstand Tradition in der »Dogmatischen Konstitution über die göttliche Offenbarung« nicht primär als einen in Sätzen und Praktiken überlieferten, stets gleichbleibenden Inhalt. Der Begriff Tradition meint jenen Glauben, den die Kirche in Leben, Lehre und Kult durch die Zeiten weiterführt und kommenden Generationen übermittelt. Schrift und Tradition stehen nicht als zwei Quellen unverbunden nebeneinander, sondern bilden ein lebendiges Ineinander, denn die Schrift kann nur zusammen mit der Tradition als ihrer Basis und ihrem lebendigen Hintergrund richtig erfaßt werden. Gegenüber der Tendenz eines fundamentalistischen Traditionalismus verlangt ein christlicher, unverkürzter Traditionsprozeß daher einerseits die Treue zur Offenbarung und andererseits eine Übersetzung und Neuaneignung von Glaubensinhalten, die notwendigerweise von den Erfahrungen der laufenden Epochen und ihrer Sprache mitbestimmt werden.

So können einzelne Glaubenssätze und Glaubenstraditionen nicht isoliert betrachtet werden, wie es die Traditionalisten tun. Jede Tradition ist in den Lebenszusammenhang einer Epoche eingebunden, und Jesus Christus muß daher stets aktuell benannt werden. Die Tradition kann und soll dazu hilfreich sein. Sie muß sich aber daran messen lassen, ob sie dem heutigen Menschen dazu verhilft, wirklich Lebenserfahrungen mit Gott zu machen. Worte verändern ihre Bedeutung im Lauf der Geschichte, wie sich auch die Adressaten ändern, an die sie gerichtet sind und wie sich die Situationen ändern, in denen sie gesprochen werden. Selbst eine formal getreue Wiederholung lehramtlicher Aussagen, die in der Vergangenheit ausgesprochen wurden, bedeutet unter veränderten geschichtlichen Bedingungen nicht mehr dasselbe. Solche Aussagen müssen in Gegenwart und Zukunft übersetzt werden, indem zunächst gefragt wird, welche Heilsaussage die Menschen damals in ihrer Sprache zum Ausdruck bringen wollten, um sie dann in die Sprache unserer Zeit zu übertragen. Eine unbedachte Verpflanzung lehramtlicher Aussagen und Traditionen der Vergangenheit in die Gegenwart bringt die Gefahr mit sich, daß diese Inhalte unverstanden bleiben und ihren tieferen Sinn verfehlen.

Traditionen[68] sind auch heute notwendig und unverzichtbar. In ihnen werden uns Erfahrungen und Leistungen, Orientierungspunkte und Handlungsmuster vergangener Generationen vor Augen gestellt. Das trägt dazu bei, daß wir bei unserem Suchen nach Orientierungshilfen nicht immer wieder beim Nullpunkt anfangen müssen. Zum anderen bringt Tradition immer wieder Jesus Christus und seinen Lebensentwurf in Gerechtigkeit und Liebe zur Sprache. An dieser Herausforderung hat sich das Handeln eines jeden Christen, einer jeden Christin zu messen, und wir müssen uns kritisch fragen lassen, ob unsere gegenwärtigen Handlungsorientierungen vor diesem Hintergrund Bestand haben. So kann die Tradition zu einem kritischen Korrektiv der Gegenwart und Zukunft werden und uns vor Einseitigkeiten und Verengungen aller Art bewahren.

Allerdings ist genauso zu fragen, ob die Tradition, an der wir festhalten, Handlungsmuster kennt, die die Probleme von Gegenwart und Zukunft mit ihren früher nicht gekannten Fragen lösen helfen, oder ob nicht neue Antworten gefunden werden müssen, die sich neu am Evangelium Jesu Christi orientieren. Marcel Lefebvre und die Traditionalisten berufen sich auf die Tradition als solche – doch auch sie wählen aus, besonders Lefebvre selbst: Er weiß sich der Tradition seit dem Tridentinum, also seit dem 16. Jahrhundert verbunden, einer relativ kurzen Zeitspanne angesichts einer 2000jährigen Kirchengeschichte. Seine Anhänger und er unterscheiden dabei nicht, was normative (unveränderliche) Tradition ist und was variable (veränderliche) Tradierungsweisen sein können. Sie begreifen nicht, daß Tradition Weitergabe des Glaubens in konkreter Geschichte durch konkrete Menschen bedeutet, sondern sehen nur den Aspekt, daß Tradition Weitergabe bestimmter vorformulierter Glaubensinhalte durch alle Zeit hindurch bedeutete. Wenn dieses unveränderliche Gut, »die Tradition«, aber keinen neuen Erfahrungen mehr ausgesetzt wird und keinerlei Auseinandersetzungen mit dem heutigen Zeitgeist erfährt, dann wird es ein totes Gut, dessen Bestand eher durch Gesetze geschützt und gehütet werden muß, als daß es selber zu einem praktischen christlichen Handeln verhilft. Bei ihrer Argumentation gegen das Zweite Vatikanische Konzil verweisen sie daher stets auf päpstliche Richtlinien, in denen versucht worden ist, durch Verurteilungen Schranken gegen das Eindringen zeitgenössischer Geistesströmungen zu errichten, in denen aber weniger formuliert wird, was denn nun Inhalt des Glaubens und was sein Vollzug sei.

Gerade hier verfährt das Zweite Vatikanische Konzil anders: Nicht durch ängstliche Abwehrmaßnahmen soll das Glaubensgut der Vergangenheit bewahrt werden, sondern in ökumenischer Offenheit und in mutiger, zukunftsweisender Auseinandersetzung mit den Problemen und den Erfahrungen zeitgenössischer Menschen! Daher sei folgende kritische Schlußbemerkung erlaubt: Ein Blick auf die zeitgenössischen, pluralen Erscheinungsformen der Kirchen vermittelt dem fundamentalistisch geprägten Menschen das Gefühl überlegener Distanz und geistig-spiritueller Erneuerungskompetenz. Durch die feste Überzeugung, der katholische Glaube sei der einzig seligmachende, führt der katholische Fundamentalismus zu einer grundlegenden Feindseligkeit gegenüber der Ökumene! Die kirchliche Ökumene erscheint ihm als trojanisches Pferd, durch das Kräfte des Unglaubens in die heiligen katholischen Bezirke eingeschleust werden. Dem gilt es, der Gemeinschaft aller Gläubigen wegen, immer neu zu widersprechen.

PETER ZIMMERLING

Protestantischer Fundamentalismus als gelebter Glaube

Ein junger Theologiestudent fragt im theologischen Seminar an der Universität nach der biblischen Begründung für eine gerade gemachte theologische Aussage. Verblüffend für ihn war die Reaktion einer Reihe von Kommilitonen in der Pause: »Ich wußte gar nicht, daß du zu den Fundamentalisten gehörst!« »Seit wann bist du denn ein Evangelikaler?«

Ein anderes Beispiel: Im Predigerseminar einer evangelischen Landeskirche findet eine heiße Diskussion statt. Es geht um das Wesen eines kirchlichen Kindergartens. Eine Anzahl von Vikaren und Vikarinnen hat sich dahingehend geäußert, daß es keinerlei Unterschied mache, ob ein Kindergarten im hinduistischen Indien oder im Kontext einer landeskirchlichen Gemeinde gestaltet werde. Darauf meldet sich eine Vikarin und fragt: »Es würde mich interessieren, ob es nicht doch ein Argument für einen Kindergarten in kirchlicher Trägerschaft gibt?« Heftige Proteste, Vorwürfe, intolerant zu sein, bestimmen die Reaktion der meisten anderen Vikare und Vikarinnen. Es fällt der Fragerin nicht leicht, ihren Standpunkt für die anderen nachvollziehbar darzustellen. Zu sehr ist die Diskussion von gegenseitigen Vorurteilen belastet, da die Vikarin sich schon früher als »Pietistin« zu erkennen gegeben hat.

Beide Geschichten zeigen, daß unser Thema im deutschen Protestantismus für Zündstoff sorgt. Sie zeigen aber auch, daß Begriffe wie Fundamentalismus, Pietismus und Evangelikalismus als Etiketten verwendet werden, die für das Verständnis eher hinderlich sind. Darum ist es sinnvoll, zunächst eine Definition dieser drei protestantischen Phänomene zu versuchen.

Definitionsprobleme

Der Ursprung des Fundamentalismus liegt im Amerika des ausgehenden 19. Jahrhunderts. Im Kampf gegen den theologischen Liberalismus schlossen sich Mitglieder verschiedener evangelischer Kirchen zusammen, um lebenswichtige Bestandteile des Glaubens zu schützen. Fünf Programmpunkte, sogenannte »fundamentals«, wurden für sie in der Folgezeit bestimmend: die Irrtumslosigkeit der Bibel, die Gottheit Jesu Christi und die Jungfrauengeburt, sein stellvertretendes Sühneopfer, die leibliche Auferstehung und die persönliche Wiederkunft Christi. Im Verlauf seiner Geschichte hat sich der Begriff des Fundamentalismus jedoch außerordentlich gewandelt und geweitet. Heute wird mit ihm eine bestimmte Art des Zusammenfallens von Religion und Politik bezeichnet, ja sogar von Weltanschauung und Politik im allgemeinen.
Im Sinne eines Zusammenfallens von Politik und Religion ist der protestantische Fundamentalismus ein auf Amerika konzentriertes Phänomen. Denn nur dort hat er in der moral majority (moralisch orientierte Mehrheit) wirklichen politischen Einfluß gewonnen. Bei uns tritt dieser amerikanische Fundamentalismus eher als Import auf und wird in kleinen Gruppen und Gemeinden gelebt; mit diesem weithin unbekannten fundamentalistischen »Binnenraum« bei uns will ich mich besonders befassen.
Die Ziele des ursprünglichen in der Öffentlichkeit wirksamen Fundamentalismus wurden von der evangelikalen Bewegung, wie sie sich nach Ende des Zweiten Weltkrieges weltweit formierte, weithin übernommen. Dabei ist jedoch nicht jeder Evangelikale gleichzeitig ein protestantischer Fundamentalist. Politisch gibt es Vertreter der evangelikalen Bewegung, die sich dem linken Parteienspektrum zugehörig fühlen. Das gilt sowohl für Amerika – z. B. für Roland Sider und Jim Wallis – wie für Deutschland – z. B. für Ulrich Parzany und die Kommunität »Unterwegs« im Ruhrgebiet.[1]

Die evangelikale Bewegung der Gegenwart hat ihre Wurzeln außer im ursprünglichen amerikanischen Fundamentalismus vor allem im Pietismus des 18. Jahrhunderts und der Erwekkungsbewegung des 19. Jahrhunderts. Dadurch ist sie verbunden mit den reformatorischen Aufbrüchen des 16. Jahrhunderts. Letztlich rührt davon ihre Betonung der Bibel und des persönlichen Glaubens an Jesus Christus her. Als letzte gesamtprotestantische Erneuerungsbewegung hat der Pietismus erstmals ökumenische Weite und sozial-ethisches Engagement für den Protestantismus gebracht. Eine Reihe von prominenten Vertretern der deutschen evangelikalen Bewegung würden sich in diesem Sinne selbst viel eher als Pietisten bezeichnen, aber ganz sicher nicht als Fundamentalisten.

Unbestreitbar gibt es zwischen Fundamentalisten, Evangelikalen und Pietisten trotzdem große Gemeinsamkeiten. Neben der bereits erwähnten grundlegenden Bedeutung der Schrift und der persönlichen Beziehung zu Jesus Christus spielt die Gemeinschaft, die Verbundenheit aller wiedergeborenen Christen untereinander, eine bedeutende Rolle. Der Pflege dieser Gemeinschaft dient das reiche Angebot von Glaubens- und Verkündigungstagen, von Freizeiten, von Glaubensseminaren und Gemeinschaftsstunden, zu denen man sich zusätzlich zu den Sonntagsgottesdiensten versammelt. Diese sogenannten »Stunden« gehen auf die »Konventikel«, die ersten Bibelstunden des Barock-Pietismus, zurück. Aus dieser Zeit stammt auch das Engagement für die Weltmission: d. h. die Verkündigung des Evangeliums unter nichtchristlichen Völkerschaften. In der Gegenwart ist dazu die Erkenntnis von der Dringlichkeit der Evangelisation der europäischen und nordamerikanischen säkularen Gesellschaften getreten. Gemeinsam ist allen drei Gruppierungen bis heute der Kampf gegen liberale theologische Strömungen. Hier spielt vor allem die Auseinandersetzung mit der seit der Aufklärung in der protestantischen Theologie vorherrschenden historisch-kritischen Denkweise eine entscheidende Rolle. Seit den Studentenun-

ruhen in den 60er Jahren ist in Deutschland der Kampf für eine Gesetzgebung, die sich an den Zehn Geboten orientiert, hinzugetreten, also ein durchaus auch politisches Anliegen.
Bei der Begründung der Schriftautorität gibt es allerdings sehr kontroverse Standpunkte. Versuchen fundamentalistisch orientierte Christen die Glaubwürdigkeit der Schrift aufgrund ihrer auch rational beweisbaren Irrtumslosigkeit darzulegen, gehen mehr pietistisch ausgerichtete Ausleger vom inneren Zeugnis des Heiligen Geistes aus: Die Schrift erweist sich erst im Glaubens- und Lebensvollzug als Gottes Wort. In diesen Zusammenhang gehört auch der vor allem von Fundamentalisten vertretene Kreationismus. Nach dieser Lehre läßt sich naturwissenschaftlich belegen, daß Gott die Welt in sechs Tagen erschaffen hat. Die wörtlich verstandenen Aussagen des biblischen Schöpfungsberichtes geben zudem Hinweise auf die Art und Weise seines Schaffens.
Vor allem in sozial-ethischen Fragen und den damit verbundenen politischen Optionen läßt sich eine Bandbreite verschiedener Meinungen in allen drei Gruppierungen feststellen. Es gibt neben der Ablehnung jeglicher Arbeit an einer Verbesserung der gesellschaftlichen Lebensbedingungen auch den Versuch, persönlichen Glauben mit einem weiten Blick für die Nöte der Welt zu verbinden.
Bei den folgenden Ausführungen beschränke ich mich im wesentlichen auf den gelebten Glauben fundamentalistischer Gruppen in Deutschland. Hier standen mir eigene Beobachtungen, viele Gespräche mit Mitgliedern solcher Gruppen und literarische Zeugnisse in reichem Maße als Anschauungsmaterial zur Verfügung.[2] Für eine faire Auseinandersetzung erscheint es mir hilfreich, von fundamentalistisch geprägten protestantischen Gruppen anstatt abstrakt von »dem protestantischen Fundamentalismus« zu sprechen.
Literatur, die den gelebten Glauben dieser Gruppen sachlich – und das heißt für mich möglichst unvoreingenommen – darstellt und kritisch von den Ur-kunden des Glaubens her hin-

terfragt, gibt es meines Wissens kaum. Polemische Schriften und Bücher sind dagegen in den letzten Jahren häufiger erschienen.[3]

»Man sieht nur mit dem Herzen gut.« (Saint-Exupéry) Ich habe mich bemüht, den gelebten Glauben fundamentalistischer Gruppen zu verstehen, positiv zu würdigen und kritisch zu hinterfragen. Vielleicht kann dadurch ein wenig dazu beigetragen werden, daß ein fruchtbares Gespräch an die Stelle einer weiteren Polarisierung innerhalb des deutschen Protestantismus tritt.

Ein Dialog wird in dem Moment unmöglich, in dem alle Evangelikalen innerhalb und außerhalb der Landeskirchen als gesprächsunfähige und -verweigernde Fundamentalisten etikettiert werden. Ähnliches geschieht, wenn man den Fundamentalismus als »pathologischen Zustand des Christentums« bezeichnet.[4] Diese Wege will ich ausdrücklich nicht gehen; um so mehr liegt mir daran, Probleme der Praxis und der Theologie unbefangen zu benennen. Daher werde ich im folgenden Text auch nicht säuberlich zwischen Phänomen und Wertung trennen, sondern Eindrücke schildern – mit aller gelegentlichen Subjektivität, die persönlichen Begegnungen anhaftet.

Unter der Hand wurde mir der Aufsatz zu einer biographischen Entdeckungsreise: Beim Schreiben habe ich immer wieder eigene fundamentalistische Denk- und Lebensstrukturen entdeckt und war froh, mich diesen stellen zu können.

Frömmigkeit und Gottesvorstellung

In vielen traditionell-fundamentalistischen Gruppen ist die Frömmigkeit weithin eine Sache der richtigen Form geworden. Nicht nur, daß sie einen gesetzlichen Zug an sich hat, ihr ganzes Wesen macht auf den Beobachter einen sterilen Eindruck. Nach außen hin wird mit großer Radikalität eine bestimmte Glaubenspraxis und Moral vertreten und bei anderen Christen eingeklagt. Man ist auch radikal gegen sich selbst und überprüft immer wieder das eigene Verhalten und die eigene Frömmigkeit an den in der jeweiligen Gruppe geltenden Maßstäben. Ständige Selbstvorwürfe als Folge einer starken inneren Selbstkontrolle können die Folge sein. Sie prägen ein Lebensgefühl, das kaum zuläßt, auch die täglichen Freuden wahrzunehmen und dafür dankbar zu sein. Man tendiert daher zur Weltverneinung. Die Doppelheit von Mühsal und Freude, die das menschliche Leben auszeichnet, tritt in den Hintergrund. In solchen Gruppen kann man nur schlecht mit Worten von Huub Oosterhuis beten: »Wir danken dir, weil wir leben hier und jetzt, mühsam und voller Freude.«

Dadurch, daß eine bestimmte Form der Frömmigkeit mit entsprechender Alltagsgestaltung in das Zentrum des Glaubens rückt, gerät der Glaube leicht zur Ideologie und echte Lebendigkeit wird verhindert. Sie wird ersetzt durch Selbstkontrolle und starke soziale Kontrolle der Mitglieder untereinander. Äußere Lebensform und Lebensgestaltung eines Mitchristen, einer Mitchristin lassen sich ja viel leichter von den Mitgliedern einer Gruppe kontrollieren als echtes geistliches Leben. Die Hosen, die eine Frau trägt, die Frisur, die sie bevorzugt, und der Fernsehapparat im Wohnzimmer sind für jedermann ohne weiteres sichtbar. Dies alles führt zu einer geschlossenen Gruppenstruktur, in der Zugehörige und Außenstehende streng unterschieden werden.

Daß hier ein unguter Zirkelschluß entstehen kann, liegt auf der Hand: Brüchigkeit der inneren Motivation – letztlich also fehlende echte Frömmigkeit – läßt ein inhaltliches Vakuum entstehen, das durch eine bestimmte Frömmigkeitsform gefüllt wird. Die festgelegte Form verleiht Stabilität und Sicherheit. Diese würden jedoch verlorengehen, wenn sich die ideologisierte Sicht des Glaubens und Lebens in Frage stellen ließe. Folglich haben viele Mitglieder fundamentalistischer Gruppen Angst vor Freiheit. Die Angst kommt letztlich von einem oft zwanghaften Streben, es Gott recht machen zu wollen, weil man meint, nur dann von ihm angenommen zu sein. Entsprechend wird Gott leicht zum »Polizisten in uns«.[5] Man ist stellenweise weit entfernt vom Gottesverständnis des Neuen Testaments, wie es Jesus Christus gelehrt und gelebt hat. Gerade im Gleichnis vom verlorenen Sohn (Lukas 15) zeigt Jesus, daß Gott nicht mit einem himmlischen Patriarchen zu verwechseln ist. Im Gegenteil: Der Vater im Gleichnis entläßt seinen Sohn ohne Drohgebärden und Gegenrede in die Unabhängigkeit. Er reist ihm auch nicht nach. Bei der Rückkehr des Sohnes schließlich vergißt er jegliche Würde eines orientalischen Patriarchen und setzt den verlorenen Sohn nicht gönnerhaft, sondern liebend-großmütig wieder in seine Sohnesrechte ein.

Die meisten fundamentalistischen Gruppen haben dagegen in ihrer Gemeindeleitung einen ganz konkreten Über-Vater, dessen Ansicht für die Gruppe verbindlich ist. Oft ist dessen Verhalten – durchaus auch im positiven Sinne des Wortes – patriarchalisch. Es ist darum für die Mitglieder einer solchen Gruppe schwer, zu eigener Mündigkeit, zu einer unabhängigen Gottesbeziehung zu finden, wie sie dem Neuen Testament entspricht. Das wirkt sich bis zu den Vorstellungen von Vaterschaft aus. Es fällt schwer, gruppenspezifische Vorstellungen von Vater-sein durch die biblischen Aussagen über göttliche Vaterschaft in Frage stellen zu lassen. Man hat vergessen, daß das Wesen menschlicher Vaterschaft allein von Gottes Vatersein her erkannt werden kann, und daß patriarchalische Traditionen von daher mit Recht kritisiert werden.

Die Liebe des erbarmenden Gottes, wie sie an Jesus Christus sichtbar geworden ist, wird wohl theoretisch geglaubt und verkündigt. Die Anwendung dieser Botschaft auf den Alltag fehlt jedoch oft. Das hängt mit einem theologisch fragwürdigen Heiligungsbegriff zusammen. Man macht nicht ernst mit der reformatorischen Erkenntnis, daß »Christus nicht für erdichtete oder gemalte Sünden, sondern für wirkliche Sünden, nicht für kleine, sondern sehr große, nicht für die eine oder andere, sondern für alle, nicht für überwundene..., sondern für unüberwundene Sünden sich dahingegeben hat.«[6] Ein Hang zum Perfektionismus prägt viele fundamentalistische Gruppen und ist ein wesentlicher Grund dafür, warum man sich vor einer ehrlichen Wahrnehmung der eigenen Wirklichkeit und einer offenen Auseinandersetzung mit der nichtchristlichen »Welt« scheut. Zu schnell würde man aus den frommen Illusionen über sich selbst in die Realität stürzen. Zudem müßte man sich der Welt im eigenen Herzen stellen und zu einer echten Auseinandersetzung mit ihr kommen.

Gemeinschaft – Kirche – Ökumene

In einer Zeit, in der nur »die Trennung von Menschen dauerhaft ist«[7], bildet die Gemeinschaft der fundamentalistischen Gruppe für viele Menschen eine Art gesellschaftliche Nische. Stabile Beziehungen sind heute eine Seltenheit. Überall läßt sich ihr rapider Zerfall beobachten. Eine Großstadt wie Frankfurt hat inzwischen mehr Single- als Familienhaushalte. Und viele Menschen unserer Zeit sind völlig überfordert, allein zu leben und andauernd eigenständige Entscheidungen fällen zu müssen. Die ständige Überforderung der eigenen psychischen Kräfte führt bei vielen zu psychischen Verstimmungen. Daraus folgt ein Bedürfnis nach Nähe und Akzeptanz durch andere Menschen. Von diesem Gemeinschafts-Defizit leben viele, auch fundamentalistische Gruppen. Durch die gemeinsame Glaubens-Beziehung wird die Gemeinschaft verstärkt und vertieft, sie wird verbindlich. Die meisten fundamentalistisch geprägten Christen lassen sich daher die Gemeinschaft etwas kosten. Viele sind bereit, einen Großteil ihrer Freizeit für Gemeindeaktivitäten zu verwenden. Es ist für viele zudem selbstverständlich, 10% des Einkommens, den sogenannten Zehnten (vgl. Maleachi 3,10), für Gemeindezwecke zu geben.

Die Bereitschaft zum finanziellen Opfer kann als vorbildlich gelten!

Von der starken sozialen Kontrolle durch die Gruppe und ihrer geschlossenen Struktur sprachen wir schon. Für Menschen, die sich aus fundamentalistischen Gruppen gelöst haben, ist oft eine lebenslange Auseinandersetzung mit ihrer Vergangenheit die Folge. Berichte lassen zum Teil die ganze Tragik erkennen, die mit einer gewaltsamen Ablösung verbunden ist.[8] Obwohl man sich von der fundamentalistischen Frömmigkeitsprägung gelöst hat, ist man lange nicht fähig, sich das Positive der eigenen Vergangenheit nutzbar zu machen oder auch nur wahrzunehmen. Oft wirft man zusammen mit der eigenen fundamentalistischen Geschichte den christlichen Glauben überhaupt über Bord.

Problematisch ist in fundamentalistischen Gemeinschaften auch der Versuch, eine bestimmte Gemeindestruktur aus dem Neuen Testament abzuleiten. Man sieht nicht, daß die neutestamentlichen Schriften ein eigenständiges Kirchenbewußtsein so gut wie nirgends erkennen lassen.[9] Ihr Zentrum ist die Botschaft von Jesus Christus. »Alle spezifisch kirchlichen Sachverhalte bilden dabei nur die Peripherie.«[10] Dennoch beharren viele Fundamentalisten darauf, daß aus den neutestamentlichen Schriften Anweisungen für ein konkretes Gemeindeleben heute zu entnehmen seien. Da man die Schrift in allen Teilen als gültiges Wort Gottes ansieht, bedeutet eine Mißachtung ihrer Anweisungen zur Gemeindestruktur automatisch Ungehorsam gegen Gott.

Die sogenannte Konstantinische Wende des 4. Jahrhunderts, durch die aus den Freiwilligkeits-Gemeinden der Alten Kirche langsam eine Staats- und Volkskirche wurde, betrachtet man darum weithin als den Sündenfall schlechthin in der Geschichte der Christenheit. Von diesem Ansatz her fällt es diesen Gruppen schwer, ein positives Verhältnis zur gegenwärtigen volkskirchlichen Gestalt zu finden. Das geschichtliche Gewachsensein kirchlicher Strukturen als Antwort auf veränderte historische Bedingungen wird kaum positiv gewürdigt. Daß auch die Freikirche eigentlich nur im Schutz der Volkskirche leben kann – eine historisch betrachtet ohne weiteres einleuchtende Feststellung – sieht man nicht. Statt dessen versucht man die wenigen neutestamentlichen Aussagen zur Struktur der Gemeinde wörtlich in die Gegenwart zu übertragen und erkennt dabei nicht, daß man selbst an allen Ecken und Enden uminterpretieren muß, um zur Praxis vorzustoßen. Die Interpretation paulinischer Aussagen über die Frau im Gottesdienst bildet dafür ein Kardinal-Beispiel. Jahrzehntelang durften Frauen in fundamentalistischen Gruppen aufgrund von 1. Korinther 11 nur lange Haare tragen und mußten im Gottesdienst einen Hut aufsetzen. Daß die Auslegung dieser Stelle in sich umstritten ist, nahm man kaum zur Kenntnis. Das neutestamentliche Gebot an die Frau, im Gottesdienst zu schweigen, das bei Paulus das öffentliche Gebet und die prophetische Rede der Frau keineswegs ausschließt, führte in vielen fundamentalistischen Gemeinden dazu, daß die Frau in der Gemeinde zur völligen Unmündigkeit verurteilt wurde. Eine weitergehende Auslegung der entsprechenden Stellen im Sinne ihrer Zeitgebundenheit lehnte man rigoros ab. Wie die andere Aussage des Paulus, daß in der Gemeinde weder Mann- noch Frausein etwas zählt, damit in Einklang zu bringen ist, wird nicht bedacht.

Die besondere Sozialstruktur fundamentalistischer Gemeinschaften und ihr starres Beharren auf der Bibeltreue und dem Gottgewolltsein der jeweiligen Gemeindestruktur macht verständlich, warum diesen Gruppen weithin ein ökumenisches Bewußtsein fehlt. Der ökumenische Gedanke setzt die Einsicht in die Relativität der eigenen konfessionellen Struktur voraus. Er gewinnt seine Kraft aus der Betonung der Gemeinsamkeiten zwischen den Konfessionen. Vor allem aber ist für ihn grundlegend, daß der Glaube an Jesus Christus als das lebendige Zentrum christlichen Glaubens alle anderen Fragen überstrahlt. Das Schwarz-Weiß-Denken vieler fundamentalistischer Gruppen, ihre Überbetonung der eigenen Frömmigkeitsform und Gemeindegestalt, verhindern weithin, daß es zur Ausbildung eines ökumenischen Horizonts kommt. Ihr biblizistischer Grundansatz kann den eigenen Ort in der Gesamtheit der Weltchristenheit wie auch der Jahrhunderte umfassenden Geschichte der Christenheit nicht als relativ erkennen, sondern ihn nur absolut setzen.

Toleranz und Extremismus

Viele fundamentalistische Gruppen gehen selbstverständlich von der Annahme aus, daß die göttliche Wahrheit gerade von der eigenen Gemeinschaft vollständig erkannt wird. Sie könnten sich nie den Vers Nikolaus Ludwig von Zinzendorfs zu eigen machen: »Auch denken wir in Wahrheit nicht, Gott sei bei uns alleine. Wir sehen, wie so manches Licht auch andrer Orten scheine. Da pflegen wir denn froh zu sein und uns nicht lang zu sperren; wir dienen ihm und ihm allein, dem einen großen Herren.«

Die eigene Identität gewinnt man bei diesen Gruppen durch Abgrenzung vom theologischen Gegner. Die Abgrenzung verleiht der Gruppe zwar Sicherheit, macht sie jedoch zum Dialog mit anderen Christen unfähig. Man ist oft nicht einmal bereit, Wahrheitsmomente in der Ansicht des Gegners anzuerkennen. Folge dieser Haltung ist die Tendenz zum Fanatismus, zur Gesprächsunfähigkeit und zur Spaltung bis hin zur Sektiererei.

Hier wird der Paulussatz (aus 1. Korinther 13) übersehen, daß unser aller Erkenntnis Stückwerk ist. Nie werden wir den Zustand erreichen, in dem wir alle »gleich« denken. Vielmehr ist uns als Aufgabe gestellt, aus der Erkenntnis und Einsicht des anderen das zu entnehmen, was wir selbst bisher noch nicht erkannt haben. Vor allem aber sollte uns die Tatsache der Bruchstückhaftigkeit unseres Erkennens bescheidener werden

lassen. Bescheidenheit hängt mit Liebe zusammen; einer von Jesus und den Aposteln gelebten Liebe, die den anderen höher achtet als sich selbst. Das Wissen darum, daß nicht intellektuelle Erkenntnis, sondern die praktische Umsetzung des Erkannten das Entscheidende und Endgültige im theologischen Vollzug ist, bewahrt davor, das von uns als richtig Erkannte dem theologischen Gegner um die Ohren zu schlagen.
Viele fundamentalistische Gruppen sind geprägt von fortdauernden Streitereien und Spaltungen, die in der Mißachtung der Liebe beim Engagement für die Wahrheit ihre Wurzeln haben. Sehr schnell wird der Kontakt mit dem »Gegner« abgebrochen, ein mit der Auffassung der übrigen Gemeinde nicht Konformer aus der Gemeinschaft ausgeschlossen. Die Vorurteile über die Meinung des Gegners wuchern und verfestigen sich.
Alle eigene Erkenntnis absolut zu setzen, läßt keine positive Streitkultur innerhalb fundamentalistischer Gruppen entstehen. Die Andersdenkenden fühlen sich bei jeder Meinungsverschiedenheit existentiell bedroht. Not tut das Einüben von Toleranz, die nicht mit Indifferenz zu verwechseln ist. Toleranz nämlich beinhaltet ein aktives »Aushalten« der Erkenntnis des Gegenübers – wohl wissend, daß die eigene Erkenntnis Stückwerk bleibt.

Das Kulturproblem

Fundamentalistische Gruppen haben weithin kein Sensorium für den weiten Bereich dessen, was wir Kultur nennen. Folgerichtig bleibt auch die Frage nach dem, was christliche Kultur ist, ausgeklammert. Damit verzichten diese Gruppen darauf, unsere Lebensgestaltung in den vielfältigen Bereichen theologisch zu durchdenken.
Was ist der Grund dafür, daß diese Frage keine Relevanz für die genannten Gruppen besitzt?

Das Neue Testament spricht auf den ersten Blick kaum von einem Kulturauftrag der christlichen Gemeinde. Fundamentalistische Gruppierungen, die sich in ihrer Lebensgestaltung von den Aussagen des Neuen Testaments prägen lassen wollen, werden darum nicht ohne weiteres die Kulturgestaltung vom christlichen Glauben her als unverzichtbare Aufgabe empfinden. Jesus gibt in Matthäus 28, 18ff seinen Nachfolgern folgendes Vermächtnis mit: »Mir ist gegeben alle Gewalt im Himmel und auf Erden. Darum gehet hin und machet zu Jüngern alle Völker: Taufet sie auf den Namen des Vaters, des Sohnes und des Heiligen Geistes und lehret sie halten alles, was ich euch befohlen habe. Und siehe, ich bin bei euch alle Tage, bis an der Welt Ende.« Daß in diesen Worten der Aufruf zur Mission enthalten ist, liegt auf der Hand. Daß Jesus seine Jünger jedoch gleichzeitig dazu auffordert, sich um die Lebensgestaltung der Menschen zu kümmern, merkt man erst beim zweiten Hinschauen. Das Halten der Gebote bedeutet, ein Leben entsprechend der Gebote Gottes zu führen. Der Auftrag der Gemeinde macht darum nicht bei der Bekehrung halt. Er umfaßt die Ganzheit eines Lebens in der Nachfolge Jesu Christi. Die einseitige Fixierung vieler fundamentalistischer Gruppen auf den Ruf zur Hinwendung des Menschen zu Jesus Christus läßt bei ihnen die Frage nach der praktischen Lebensgestaltung in der Nachfolge zurücktreten.

Dadurch überläßt man unbemerkt die Kulturgestaltung »denen draußen«. Die ganze Frage nach der Schöpfung und der damit verbundenen Erkenntnis des Geschaffenen als gute Gabe Gottes an den Menschen gerät aus dem Blickfeld. Anstelle des Dankes und der Freude über die Schönheit des Geschaffenen breitet sich eine ungesunde Skepsis gegenüber vielen natürlichen Lebensvorgängen aus.

Diese Kulturvergessenheit zeigt sich in zweierlei Hinsicht ganz augenfällig. Besucht man die Versammlungsräume fundamentalistischer Gruppen, erkennt man unschwer ihre fehlende Ästhetik. Man bemerkt nicht, daß die Gestaltung eines

Raumes in Wechselwirkung mit der in ihm verkündigten Botschaft steht. (Dabei ist dieser Mangel natürlich kein Privileg fundamentalistischer Gruppen: Auch die Großkirchen haben nach dem Krieg Kirchen bauen lassen, die dem in ihnen verkündigten Evangelium geradezu ins Gesicht schlagen.) Es kann nicht ohne Auswirkungen bleiben, daß der Gottessohn aus der Herrlichkeit und Schönheit des Vaters in diese Welt gekommen ist, um der Menschheit daran Anteil zu geben. Unsere Vorfahren konnten beim Bau der mittelalterlichen Dome viel besser ausdrücken, was Inkarnation bedeutet.[11]
Indem man fälschlicherweise glaubt, daß ein Bemühen um christliche Gestaltung der Kultur die Aufmerksamkeit vom »Eigentlichen« abzieht, werden Musik, Malerei, Literatur und Architektur sich selbst überlassen. An unserem Kulturleben läßt sich heute leicht ablesen, daß nicht der christlichen Überlieferung verpflichtete Kräfte die verlassenen Stellungen auf ihre Weise besetzt haben.
Es wäre fundamentalistischen Gruppierungen zu wünschen, daß sie sich aus ihrer Reserve gegenüber der »unbiblischen« Kultur herauslocken ließen und dadurch dazu beitragen würden, daß die im Evangelium verborgenen Lebenskräfte sich auch in der Gestaltung der Kultur auswirken können. Der Tübinger Neutestamentler Adolf Schlatter hat mit Recht darauf hingewiesen: »Je vollständiger uns die natürlichen Beziehungen miteinander verbinden, um so reichlicher schaffen sie uns die Gelegenheit und die Verpflichtung zur Evangelisation.«[12] Die Wahrnehmung des Kulturauftrags von seiten der christlichen Gemeinde fördert die Evangelisation, statt sie zu lähmen.
Die zweite Beobachtung, die man beim Betrachten fundamentalistischer Versammlungsräume machen kann, ist folgende: Man kennt keine Scheu, sich bestimmte Errungenschaften der technischen Zivilisation nutzbar zu machen. (Allerdings gibt es auch Gruppen, die hier prinzipielle Vorbehalte haben; so etwa die Amish People in den Vereinigten Staaten. Sie haben

die technische Entwicklung seit ihrer Einwanderung nach Amerika nicht mehr mitvollzogen.) Oft wird m. E. nicht genügend über die Stimmigkeit der neuen Medien im Hinblick auf den Inhalt der Verkündigung nachgedacht. Ich denke hier z. B. an die großen amerikanischen Fernsehprediger fundamentalistischer Prägung mit ihren gigantischen Elektronik-Kirchen. Die moderne Medien-Show ist hier an die Stelle des vom Heiligen Geist geprägten Gottesdienst-Ereignisses getreten. Eine durch das Medium vermittelte Schein-Beziehung ersetzt tatsächliche Gemeinschaft.

Der Hang zum Ausschluß von der Gesellschaft

Jesu Wort aus der Bergpredigt: »Geht hinein durch die enge Pforte. Denn die Pforte ist weit, und der Weg ist breit, der zur Verdammnis führt, und viele sind's, die auf ihm hineingehen. Wie eng ist die Pforte und wie schmal der Weg, der zum Leben führt, und wenige sind's, die ihn finden!« (Matthäus 7, 13 f) führt viele fundamentalistische Gruppen in ein selbstgewähltes Getto gegenüber der übrigen Gesellschaft. Dieser Tendenz liegt weithin eine falsche Interpretation des zitierten Wortes Jesu zugrunde. Verständlich wird dieses Wort nur im Zusammenhang mit anderen Aussagen aus dem Neuen Testament, wie Johannes 17, 18; 1. Johannes 2, 16; 4, 17; Epheser 2, 2 und Titus 2, 11–15. Immer geht es darum: »Die Gläubigen sollen in der Welt leben, aber nicht auf weltliche Weise.«[13] Lebensort und Lebensstil sind klar zu unterscheiden. Diese Unterscheidung wird mißachtet, wenn der schmale Weg, von dem Jesus spricht, zum engen Weg gemacht wird, indem – um in diesem Bild zu bleiben – rechts und links hohe Mauern errichtet werden. Diese Mauern bestehen in gesetzlichen Vorschriften zur Lebensgestaltung und zum Inhalt dessen, was man zu glauben hat. Sie sollen Menschen auf dem schmalen Weg vor einem Aus- und Abgleiten in die »Welt«

bewahren. Man argumentiert, daß der Ort, an dem man sich befindet, immer auch die Haltung bestimmt. In Wirklichkeit verhindern die Mauern jedoch, daß andere den schmalen Weg überhaupt betreten können. So wird der Blickkontakt zwischen denen »drinnen« und denen »draußen« unmöglich gemacht.

Freundschaften zu Nicht-Christen werden nach einiger Zeit abgebrochen, weil man meint, daß zu große Nähe zu Menschen, die nicht zur eigenen Gemeinde gehören, den eigenen Glauben in Gefahr bringt. Dadurch fehlt zwangsläufig die lebendige Auseinandersetzung mit anderen Anschauungen. Man ist nicht mehr gezwungen, die eigene Überzeugung im sachlichen Miteinander-Streiten zu vertreten.

Indem man die meiste Zeit mit Mitgliedern der eigenen Gruppe verbringt – vor allem, weil auch die Freizeit mit vielfältigen Veranstaltungsangeboten innerhalb der Gemeinde belegt ist, besteht schon rein zeitlich kaum mehr die Möglichkeit, am kulturellen Angebot der übrigen Gesellschaft teilzunehmen. Die Berührungspunkte mit dem Geist der Zeit und damit den Menschen außerhalb des eigenen Kreises werden dadurch wiederum verringert.

Zudem steht man dem Kulturangebot sowieso skeptisch gegenüber: Kino-, Theater-, aber auch Konzertbesuche gehören zu den »weltlichen Vergnügungen«, von denen man sich fernhalten soll. Als Begründung werden Bibelverse wie Römer 12, 1 zitiert: »Stellt euch nicht dieser Welt gleich . . .«, die eine Distanz zur übrigen Welt für den Christen fordern. Auch hier wird die Forderung nach einer inneren, geistigen Unterscheidung mit räumlicher Distanz verwechselt.

Die daraus folgende Gettoisierung entspringt häufig eigener Unsicherheit und Angst, sich in der Begegnung mit Nichtchristen »zu verunreinigen« oder gar den Glauben zu verlieren. Man hat vergessen, daß wirklich missionarisches Handeln wohl ein festes Standbein, nämlich eine von der Bibel getragene lebendige Beziehung zu Gott, gleichzeitig jedoch ein bewegliches Spielbein erfordert. Dazu muß die Gemeinde Jesu ihre Fenster weit öffnen. Fundamentalistischen Gruppen ist zu wünschen, daß sie erkennen, in wie starkem Maße Mission auf die Nähe zu dem zu Missionierenden angewiesen ist. Die Herrnhuter Brüdermissionare z. B. haben im 18. Jahrhundert unter den Samojeden Rußlands gewirkt, indem sie sich zu einem Samojeden aufs Pferd setzten und auf diese Weise die Gelegenheit nutzten, das Evangelium zu erzählen. Die Botschaft von Jesus Christus kann die Herzen der Menschen nur erreichen, wenn sie im Vorstellungs-Horizont der Adressaten verkündigt wird.

Skepsis gegenüber der akademischen Theologie

Viele fundamentalistische Gruppen zeichnen sich durch Skepsis gegenüber der Universitätstheologie aus, was oft bis zur totalen Ablehnung führt. Seit der Vorherrschaft der historisch-kritischen Arbeitsweise hat die theologische Wissenschaft viel Vertrauen von seiten der Gemeinde eingebüßt. Dies gilt nahezu ausnahmslos im Hinblick auf fundamentalistische Gruppen. Man geht hier weitgehend davon aus, daß die Theologie dem Auftrag, die christliche Botschaft in die jeweilige Zeit zu übersetzen, um den Menschen den Weg zum Glauben zu ermöglichen, nicht gerecht wird, sondern im Gegenteil glaubenszersetzend wirkt. Die Ursache hierfür sieht man in der bibelkritischen Haltung der akademischen Theologie. Dadurch ist die Stellung zur historisch-kritischen Auslegungsmethode für viele zum Schibboleth des Glaubens überhaupt geworden.
Mit Recht hat der Fundamentalismus darauf hingewiesen, daß die historische Kritik den biblischen Text nicht vor der Usurpation durch den Ausleger bewahrt hat, obwohl genau dies ihre ureigenste Intention war. Ernst Troeltsch (1865–1923) gab der historisch-kritischen Methode der Bibelausle-

gung ihre klassische, systematisch-theologische Definition. Entscheidend war für ihn dabei der Geschichtsbegriff, dem bei Troeltsch eine bestimmte metaphysische Weltanschauung zugrundeliegt: Geschichte zeichnet sich durch eine fortschreitende Entwicklung und Selbstentfaltung des menschlichen Geistes aus. Dabei bildet die Aufklärung die entscheidende Nahtstelle zwischen vorwissenschaftlicher und wissenschaftlicher Epoche, die im 19. Jahrhundert zu ihrer Reife gelangte und die von da an nur noch den von der Vernunft legitimierten Gesetzen und Denkwegen folgte. Diese evolutionistische Geschichtsauffassung erlaubt die Beurteilung tradierter Überlieferungen vom eigenen Standpunkt aus, da dieser aufgrund der historischen Sichtweise definitionsgemäß der richtige ist.
Geschichte wird von Troeltsch als ein Zusammenhang von vergleichbaren Geschehnissen definiert, der von außen nicht durchbrochen werden kann. Tatsächlich geschehen sind nur solche überlieferten Ereignisse, die in diesem gesetzmäßigen Rahmen Platz finden. Die Brisanz von Troeltschs Ansatz liegt darin, daß er seinen Geschichtsgedanken »schonungslos« auch auf die jüdisch-christliche Geschichte, insbesondere auf ihre Quellenschriften, also die Bibel, anwendet. Um die Geschichtsüberlieferungen auf ihre Übereinstimmung mit seinem Grundpostulat zu überprüfen, bedient sich Troeltsch eines dreifachen Instrumentariums: Der Kritik, der Analogie und der Korrelation (= Wechselwirkung). (Zusätzlich zieht er die »schaffende Bedeutung der die großen Lebenskomplexe beherrschenden Persönlichkeiten« heran.)
Durch die Kritik im Denkmuster von Troeltschs Geschichtsbegriff werden somit alle Ereignisse der Geschichte relativiert. Es kann keine Ereignisse mit absoluter, d. h. mit Raum und Zeit übergreifender und alle Menschen betreffender Bedeutung mehr geben, und auch Einmaligkeit kann kein Ereignis beanspruchen; es gibt keine historischen Unikate aus Gottes Werkstatt.
Der Fundamentalismus hat demgegenüber – meines Erach-

tens berechtigterweise – betont, daß die biblischen Berichte den Anspruch erheben, Geschehen wahrheits- und wirklichkeitsgetreu zu erzählen (2. Petrus 1,16). Sie berufen sich dabei auf eine Autorität, die letztlich vom Menschen unabhängig ist, das heißt von seiner Vernunft und ihren wechselnden Prinzipien nicht hinterfragt werden kann (vgl. etwa 2. Timotheus 3,16). Diese Autorität ist Gottes Geist und damit Gott selbst, der die biblischen Autoren beauftragt und befähigt hat, ihn zu bezeugen. Dazu kommt, daß die Bibel geradezu davon lebt, analogie- und korrelationsloses Geschehen zu berichten. Der Kern ihrer Botschaft besteht nämlich im Eingreifen Gottes in den Weltlauf: Inkarnation, Kreuzigung als Sühnetod für die ganze Welt und Auferstehung sind analogie- und korrelationslose Ereignisse (1. Korinther 2,9). Die genannten Geschehnisse haben zudem absolute Bedeutung, insofern sie die gesamte Menschheit, ja den gesamten Kosmos zu allen Zeiten betreffen. Das unaufhebbare Fundament des Christentums besteht also in Ereignissen, die sich wohl in Raum und Zeit ereignet haben, die aber gleichzeitig raum- und zeitentschränkende Bedeutung haben.

Es bleibt das Verdienst des Fundamentalismus, immer wieder im Namen der Autorität der Schrift gegen ihre Vergewaltigung durch die historische Kritik protestiert zu haben. Problematisch ist der fundamentalistische Ansatz der Schriftauslegung insofern, als er umgekehrt rational zu beweisen sucht, daß die Schrift Gottes Wort ist. Das Wagnis des Glaubens, die Autorität und Wirkkraft der Bibel zu erfahren, bleibt bestehen. Zudem ist die Schrift keine uniforme Urkunde von Gottes Offenbarung. Gerade in ihrer Polyphonie, der Vielheit des geschichtlichen Zeugnisses, liegt ihre Besonderheit. Ihr Zusammenklingen ist eher mit einer Sinfonie zu vergleichen. Gott hat auf mancherlei Weise geredet (Hebräer 1, 1). Es ist wohl der eine Geist Gottes, aber er hat zu unterschiedlichen Zeiten an unterschiedlichen Menschen gewirkt. Die paradoxen Aussagen der Schrift beschreiben einen Rahmen, in dem die Wirklichkeit, so wie sie ist, allein angemessen erfaßt werden kann. Diese Paradoxie und Polyphonie der biblischen Bücher bekommt der Fundamentalismus mit seiner rationalistischen Sicht von der Einheit und Autorität der Schrift nicht recht in den Blick. Ungewollt tritt bei ihm anstelle des Vertrauens in die aktuelle Wirkmächtigkeit des Geistes Gottes durch die Schrift, ganz analog zur historisch-kritischen Auslegungsweise, die Vernunft als Verbürgungsinstanz für die Gültigkeit von Schriftaussagen. Die rationale Einsicht aber hebt das Verwiesen-Sein auf den Glauben auf.

All das hat weitreichende Konsequenzen für die Art des Umgangs mit der Bibel im Alltag fundamentalistischer Gruppen. Die Bibel wird unversehens aus einem Lebensbuch zu einem Lehrbuch. Das große Verdienst des Barock-Pietismus bestand darin, die Schrift der Gemeinde als Lebensbuch nahegebracht zu haben. Man erkannte: Sie ist weniger eine Sammlung von Glaubenswahrheiten, denen man intellektuell zuzustimmen hat, sondern ein Buch der Geschichte Gottes mit der Menschheit. Ziel des Christen ist darum, in den Linien der Heiligen Schrift denken und leben zu lernen. Das hat nichts mit steriler Akzeptanz dogmatischer Richtigkeit zu tun. Ganz im Gegenteil fordert die Bibel dazu heraus, im ständigen Gespräch mit ihr den Willen Gottes für die Lebensgestaltung im individuellen und gesellschaftlichen Bereich immer wieder neu herauszufinden und umzusetzen.

Der Fundamentalismus fördert durch sein Schriftverständnis autoritäre Abhängigkeiten von einzelnen Lehren und Lehrern. Das skizzierte Schriftverständnis des Barock-Pietismus setzt im Gegensatz dazu die eigene Initiative frei, sich auf biblische Entdeckungsreise zu begeben. Hier wird eine Dynamik entfaltet, die Nachfolger Jesu Christi zu eigen-geprägten Persönlichkeiten werden läßt.

Sozial-ethisches Engagement und Mission

Eine Reihe von fundamentalistischen Gruppen läßt keinerlei Blick für die Notwendigkeit sozial-ethischen Handelns erkennen. Ausgehend vom Missionsbefehl Jesu an seine Jünger (Matthäus 28, 18ff) konzentriert man alle Kraft auf die Wortverkündigung: Der Auftrag Jesu, zu predigen, zu evangelisieren und Menschen zu seinen Jüngern zu machen, hat das Gebot der Nächstenliebe verdrängt.[14] Es kommt vielerorts zu einer Ablehnung jeglicher Arbeit an einer Verbesserung der gesellschaftlichen Lebensbedingungen, weil man glaubt, daß angesichts des alles umfassenden Missionsbefehls eine Arbeit im »Vorletzten« (Dietrich Bonhoeffer) überflüssig, ja unverantwortlich ist. Stott zeigt richtig auf, daß der Missionsbefehl das Gebot der Nächstenliebe weder ersetzt noch in ausschließlich evangelistischer Weise interpretiert, sondern ihm eine neue und christliche Dimension hinzufügt, nämlich die Pflicht, Christus dem Nächsten bekannt zu machen.[15]

Diese Erkenntnis hat sich inzwischen in manchen fundamentalistischen Gruppen durchgesetzt. Man versucht, persönlichen Glauben mit einem weiten Blick für die Nöte der Welt zu verbinden. Ohne daß sich ein Christ unbedingt in beiden Bereichen – dem der Evangelisation und dem des sozialen Handelns – gleichzeitig engagieren muß, besteht doch zwischen beiden ein unaufgebbarer Zusammenhang. Jesus selbst hat in seinem Tun beide Aspekte miteinander verbunden. In Matthäus 4,23 wird sein Wirken wie folgt zusammengefaßt: »Und Jesus zog umher in ganz Galiläa, lehrte in ihren Synagogen und predigte das Evangelium von dem Reich und heilte alle Krankheiten und alle Gebrechen im Volk.« Lehre, Predigt und Heilung bilden den Dreiklang des Engagements Jesu. Er nimmt damit den Menschen in seiner Einheit von Geist, Seele und Leib ernst.

Wenn die Weltverantwortung der Christenheit ausgeblendet wird, degeneriert eine christliche Gruppe sehr schnell zu einem Verein, der allein die eigene Religiosität wichtig nimmt. Damit ist man auf dem besten Weg, das Gebot der Gottes- und Nächstenliebe zu mißachten oder auf den eigenen Kreis zu beschränken. Paulus hat demgegenüber in 2. Korinther 5,15 die Berufung eines Menschen in die Nachfolge Christi wie folgt zusammengefaßt: »Denn die Liebe Christi drängt uns, zumal wir überzeugt sind, daß, wenn einer für alle gestorben ist, so sind sie alle gestorben. Und er ist darum *für alle* gestorben, damit, die da leben, hinfort nicht sich selbst leben, sondern dem, der für sie gestorben und auferstanden ist.« Dagegen scheint das missionarische Engagement ein unbezweifelbar positives Kennzeichen vieler fundamentalistischer Gruppen zu sein. Es sieht so aus, als ob hier ein urchristlicher Drang zur Verkündigung des Evangeliums an die säkularen Mitbürger am Werk wäre. Bei näherem Hinschauen entdeckt man allerdings bei vielen Fundamentalisten geradezu zwanghafte Formen dieses Missionseinsatzes. Oft dient 2. Timotheus 4,2 als Begründung: »Predige das Wort, steh dazu, es sei zur Zeit oder zur Unzeit.« Man meint, jedem Menschen zu jeder Zeit das Wort des Evangeliums schuldig zu sein. Das führt zum Zwang, Zeugnis geben zu müssen, ohne darauf zu achten, ob der Gesprächspartner überhaupt hörbereit ist. Nicht zu jeder Zeit ist jedoch der rechte Augenblick gegeben, vom Evangelium zu reden. Zinzendorf hat in seiner direkten Art zu Recht darauf bestanden, mit einem Menschen, der für Dinge des Glaubens noch kein Sensorium hat, über die »Kartoffelpreise« zu sprechen. Würde man mit ihm weiter über geistliche Dinge reden, käme es leicht zu einer Stigmatisierung, die auf Jahre hin nicht überwunden werden könnte.

Hinter einem zwanghaften Missionseinsatz kann sich auch ein hohes Maß an Heils-Egoismus verbergen. Nicht aus Liebe zum Nächsten, sondern aus Angst, sonst selbst verlorenzugehen, meint man, einen Menschen auf Jesus Christus hinweisen zu müssen. Man versteht das Wort aus Hesekiel 33,7ff falsch: »Und nun, du Menschenkind, ich habe dich zum Wächter gesetzt über das Haus Israel. Wenn du etwas aus meinem Munde hörst, sollst du sie in meinem Namen warnen. Wenn ich nun zu den Gottlosen sage: Du Gottloser mußt des Todes sterben und du sagst ihm das nicht, um den Gottlosen vor seinem Wege zu warnen, so wird er, der Gottlose, um seiner Sünde willen sterben, aber sein Blut will ich von deiner Hand fordern. Warnst du aber den Gottlosen vor seinem Wege, daß er von ihm umkehre, und er will von seinem Wege nicht umkehren, so wird er um seiner Sünde willen sterben, aber du hast dein Leben errettet.« Das prophetische Wächteramt wird von vielen Christen aus dem Bereich des Fundamentalismus mißverstanden im Sinne einer lieblosen Gesetzlichkeit. Es wäre zu wünschen, daß Fundamentalisten neu die Freude über die empfangene Liebe Gottes im eigenen Leben als Motivation zum Zeugnis für Christus in ihrer Umgebung entdecken. Sonst kann leicht geschehen, was ein Hindu in Indien einmal zu einem christlichen Missionar sagte: »Deine Taten reden so laut, daß ich deine Worte nicht verstehen kann.«

Moralische Integrität, restriktive Sexualmoral und Gottes Wille im Alltag

Bereits die Entstehung des ursprünglichen Fundamentalismus in Amerika war mit dem Kampf für die Gültigkeit der Gebote Gottes in Gesellschaft und christlicher Gemeinde verbunden. Fundamentalistische Gruppen haben ständig auf den zunehmenden Verlust ethischer Maßstäbe in der westlichen, freiheitlichen Kultur und in weiten Kreisen der traditionellen Kirchen hingewiesen. Nicht nur junge Menschen würden jeden Halt in einer derartigen ethischen Orientierungslosigkeit verlieren. Vor allem aber trete man Gott als dem Schöpfer und Erhalter allen Lebens zu nahe. In den biblischen Geboten

habe er den Menschen Maßstäbe gegeben, die Leben erhalten und fördern wollen.
Der Fundamentalismus versteht die Bibel also auch als Quelle christlicher Handlungsnormen. Die Heilige Schrift ist maßgeblich für den Glauben wie für die Gestaltung des menschlichen Lebens. Daß so der Fundamentalismus mit unüberhörbarer Stimme an der ethischen Relevanz der Schrift festhält, ist anzuerkennen.[16] Andererseits zeichnen sich gerade fundamentalistische Gruppen oft durch eine ungute Gesetzlichkeit aus. Anstelle des berechtigten Einsatzes für die Gültigkeit der Gottesgebote entwickelte sich ein steriler Moralismus. Die christliche Ethik verkommt dabei zur Vermeidungsmoral.[17] Aus lauter Angst, den Willen Gottes zu übertreten, wird dem Christen in solchen Gruppen zunächst vor allem das gesagt, was er nicht tun darf. Dabei bekommen auch die adiaphora, die sogenannten Mitteldinge der Reformation, für die es kein direktes biblisches Gebot gibt, eine entscheidende Stellung im Gesamtzusammenhang des Glaubens. Ob jemand raucht oder Alkohol trinkt, tanzt oder ins Kino geht, entscheidet dann plötzlich über Qualität, ja sogar Ernsthaftigkeit seines Christseins.
Aus der Geschichte des Pietismus kann man lernen, wie sehr die Stellung zu den Mitteldingen von ganz anderen Faktoren als dem Willen Gottes abhängig ist. So war es im rheinischen Pietismus immer erlaubt, zur Zigarre zu greifen. Viele Pietisten besaßen hier nämlich Tabakfabriken. Es war jedoch verboten, Wein zu trinken. Umgekehrt im schwäbischen Pietismus: Hier war es nicht gestattet, zu rauchen, dafür hatte niemand etwas gegen den Weingenuß einzuwenden, weil viele Weinbergbesitzer zu den pietistischen Gemeinschaften gehörten.
Auch in dieser Hinsicht halten viele fundamentalistische Gruppen die eigene religiöse Prägung für die einzig bibelgemäße und darum erlaubte Praxis von Christsein.
Zudem übersieht man im Fundamentalismus weithin den er-

sten Teil des paulinischen Wortes aus 1. Korinther 6,12: »Alles ist mir erlaubt, aber nicht alles dient zum Guten. Alles ist mir erlaubt, aber es soll mich nichts gefangen nehmen.« Die Hinwendung zu Christus, die sich immer in einer Hinwendung zu seinem Willen, das heißt, seinen Geboten konkretisiert, führt in einen Raum der Freiheit. Statt von steriler Gesetzlichkeit sollte dieser Raum geprägt sein vom Leben in der Freundschaft mit Jesus. Zu einer lebendigen Beziehung zum Auferstandenen gehört, auf die Weisungen seines Geistes zu achten, den Paulus an anderer Stelle als Geist der Freiheit bezeichnet (2. Korinther 3,17). Ein Beispiel für das Vorherrschen gesetzlicher Verhaltensweisen ist die restriktive Sexualmoral vieler Gruppen. Einseitig werden die alttestamentlichen wie neutestamentlichen Warnungen vor sexuellen Verfehlungen betont, biblische Aussagen, die die Freude an der Geschlechtlichkeit zum Inhalt haben, jedoch nicht beachtet (wie z. B. das Hohelied Salomos). Entsprechend ist auch kaum ein offenes, vertrauensvolles Gespräch über sexuelle Fragen möglich. Die Sexualität bleibt weithin ein Tabu.
Man berücksichtigt in der Verkündigung kaum, daß gerade in den Sünden-Auflistungen des Neuen Testaments sexuelle Vergehen z. B. gegenüber Geldangelegenheiten keinerlei Vorrangstellung besitzen. Jesus selbst spricht viel öfter über Habgier und Heuchelei als über sexuelle Sünden. Diese Gewichtung wurde in fundamentalistischen Gruppen nicht selten umgekehrt. Der Fundamentalismus steht in der Gefahr, das Leben in der Freiheit der Kinder Gottes, in der Freundschaft mit Jesus Christus und dem Hören auf die Stimme seines Geistes mit der Erfüllung bestimmter Normen zu verwechseln. Dadurch gerät der christliche Glaube in Verdacht, eine Doktrin zu sein, die seine Anhänger zu entmündigten und damit unfreien Menschen macht. Daß dies der Absicht Jesu und seiner Nachfolger widerspricht, zeigt das ganze Neue Testament: Ein Leben im Raum der Gebote Gottes will Menschsein zur Erfüllung und zur Freiheit helfen.

Fundamentalistisch geprägte Christen rechnen mit Gottes unmittelbarem Handeln im persönlichen Leben. Man lernt in diesen Gruppen, alles Erleben auf Gott zu beziehen: sei es den beruflichen Aufstieg oder die Begegnung mit einem Menschen oder die Krankheit, die einen plötzlich überfällt. Tatsächlich bildet das Zentrum des christlichen Glaubens das Wissen um die Existenz des Menschen vor Gott (coram Deo). Die Reformation hat diese Tatsache gegenüber der mittelalterlichen Kirche neu entdeckt. Gott will persönlich mit jedem Menschen zu tun haben. (Darum auch die Zuspitzung des Glaubensbekenntnisses auf die erste Person Singular in Luthers Auslegung des Kleinen Katechismus.) Daß diese Nähe Gottes zum Menschen auf seiten des Geschöpfes zur Angst vor Gott führen kann, ist verständlich. Dagegen hilft nur die immer neue Erkenntnis der Barmherzigkeit Gottes in Jesus Christus.

Entscheidend ist darum das Gottesbild, das ein Christ hat. Rechnet man mit Gott – wenn auch nur unbewußt – als einem mißgünstigen Despoten oder kleinlichen Polizisten, wird sich dies auf die Vorstellung von der Führung Gottes im Alltag auswirken.[18] Ein solches Gottesbild bewirkt in vielen fundamentalistischen Gemeinden eine zu große Ängstlichkeit, Gottes Führung zu mißachten. Viele hindert z. B. das Warten auf Gottes spezielle Weisung bei der Wahl des Ehepartners daran, einen Partner überhaupt erst einmal kennenzulernen. Man hat vergessen, was Johann Albrecht Bengel, der Vater des schwäbischen Pietismus, in diesem Zusammenhang gesagt hat: »Gott hat 70 gute Wege für einen Menschen.«

Die Furcht davor, Gottes Weg zu verpassen, führt in manchen Gruppen sogar zum Mißbrauch der Schrift als Orakelbuch. Man meint Gott zwingen zu können, durch ein Bibelwort seinen Willen preiszugeben, indem man die Schrift an einer willkürlichen Stelle aufschlägt. Es wäre zu wünschen, daß im Rahmen des Fundamentalismus Kierkegaards Erkenntnis Raum gewinnt: »Und wenn ich wachend mich irre, so machst

Du, Gott, den Irrtum zu dem noch Besseren, als das Richtige gewesen wäre.«

Kräfte der unsichtbaren Welt

In einem Jahrhundert der Gottesfinsternis (Martin Buber) hielt der Fundamentalismus am Glauben an eine unsichtbare Gotteswirklichkeit fest. Er ließ sich nicht von der Meinung des Säkularismus anstecken, daß alles, was nicht sichtbar ist, keine Realität besitzen könne. Fundamentalistische Gruppen widerstanden auch hier standhaft allen Entmythologisierungsprogrammen, die ausgehend vom mechanistischen Weltbild des 19. Jahrhunderts die Bibel von allen Hinweisen auf eine unsichtbare Welt Gottes reinigen wollten. Tatsächlich bleibt der christliche Glaube ohne die Rede von der unsichtbaren Herrlichkeit Gottes unverständlich. Die Schöpfung ist nach durchgehendem biblischen Zeugnis bezogen auf die unsichtbare Gotteswirklichkeit. Das ändert sich auch nicht durch den Sündenfall.[19]
Allerdings steht der Fundamentalismus in der Gefahr, die Bedeutung der sichtbaren Schöpfung zugunsten der unsichtbaren Welt Gottes abzuwerten. Er erkennt nicht, daß gerade um des Letzten willen das Vorletzte seine Würde hat und behalten muß.[20] Durch die Menschwerdung Jesu Christi, des unsichtbaren Gottessohnes aus der Herrlichkeit des Vaters, ist ein für allemal klar: Das Ende der Wege Gottes ist die Leiblichkeit. (Oetinger) Diese Welt wandert also keineswegs in den Mülleimer der Geschichte, sondern erreicht ihr Ziel in ihrer Neuschöpfung durch Gott.
Indem der Fundamentalismus mit der unsichtbaren Welt Gottes rechnet, weiß er auch um das Phänomen der okkulten Bindung, mit dem die post-moderne westliche Gesellschaft in den vergangenen Jahren zunehmend konfrontiert wird. Er hielt bereits in einer Zeit, in der man okkulte Phänomene als Ein-

bildung und Aberglauben abtat, immer an deren Bedeutung fest. Dadurch war er auch in der Lage, solchen Phänomenen zu begegnen und die Befreiung durch das Blut Jesu Christi zu bezeugen.[21] Die unsichtbare Welt ragt hinein in unsere sichtbare Wirklichkeit. Der Mensch hat selbst Anteil an der unsichtbaren Welt. Von der Bibel her hat der Fundamentalismus erkannt, daß Sünde keine Eigenschaft, sondern eine Gefangenschaft ist. Mit dem Epheserbrief betont er darum den Kampfcharakter christlicher Existenz. »Denn wir haben nicht mit Fleisch und Blut zu kämpfen, sondern mit Mächtigen und Gewaltigen, nämlich mit den Herren der Welt, die in dieser Finsternis herrschen, mit den bösen Geistern unter dem Himmel« (Epheser 6,12). In dieser Auffassung liegt eine berechtigte Herausforderung für jedes Salon-Christentum.
Problematisch wird allerdings die Tendenz mancher fundamentalistischer Gruppen, hinter jedem unverständlichen oder ungewöhnlichen Verhalten gleich das Wirken des Teufels zu vermuten. Zu schnell wird von okkulter Belastung oder gar Besessenheit gesprochen, wenn es sich offensichtlich um psychische Störungen handelt. Auf der anderen Seite werden viele Belastungen und Bindungen, von denen die Bibel ausdrücklich und eindringlich spricht, übersehen oder zumindest nicht ernst genug genommen. Dazu gehört beispielsweise die Gebundenheit an den Besitz. Sehr eindrücklich spricht Jesus davon, daß Habgier eine Wurzel allen Übels ist. Auch die Bindung an das Leistungsdenken der modernen Industriegesellschaft, an ihre Karriere-Besessenheit und den Perfektionismus wird meist nicht als tiefgreifende Bindung erkannt. Daher erscheint das Verhalten vieler fundamentalistischer Gruppen von übersteigerter Angst vor dem Okkulten geprägt. Man bleibt damit weit entfernt von der Auffassung des Neuen Testaments. Dieses bildet nämlich geradezu einen einzigen Hymnus auf den Sieg Christi über Satan und seine Dämonen. Es ist geprägt von der Siegesgewißheit über die Mächte der Finsternis. Der Himmelfahrtstag markiert den Tag der

Machtübernahme Jesu im sichtbaren und unsichtbaren Kosmos. Die Angst vor dem Okkulten kann außerdem – unbemerkt – in Faszination umschlagen. Man beginnt, okkulte Phänomene in alle möglichen Ereignisse hineinzuprojizieren und verhindert damit die nüchterne Diagnose. All das verstärkt wiederum die pessimistische Weltsicht fundamentalistischer Gruppen. Die Welt ist aus ihrer Sicht schon so weit dem Bösen verfallen, daß es sich nicht mehr lohnt, zu ihrer Verbesserung beizutragen.

Endzeit – Gericht – ewiges Leben[22]

Das Lebensgefühl vieler fundamentalistischer Gruppen ist von einer intensiven Erwartung der Wiederkunft Jesu, des Weltendes und der Neuschöpfung geprägt. Damit verbinden sich Gedanken an das Gericht und an endzeitliche Katastrophen. Auch in der Zeit ungetrübten Fortschrittsglaubens und des Vertrauens in die Machbarkeit aller Dinge durch die Weiterentwicklung der Technik pflegte der Fundamentalismus eine ausgeprägte Lehre von den letzten Dingen. Wir sahen schon, daß diese Lehre einen wesentlichen Antriebsmotor für das missionarische Engagement fundamentalistisch geprägter Gruppen bildet. Vor allem ihre Traktat-Literatur läßt diese Bedeutung erkennen. Die entscheidende Quelle für Aussagen über die Zukunft ist die Bibel. Man glaubt, ihre diesbezüglichen Aussagen im Rahmen von »Endzeit-Fahrplänen« systematisieren zu können. Solche »Endzeit-Fahrpläne« sind vor allem für den angelsächsischen Fundamentalismus kennzeichnend.

Im Mittelpunkt steht dabei die Frage, wo ein Mensch die Ewigkeit, also das Leben nach dem Tod, verbringen wird. Himmel und Hölle werden einander als die beiden Alternativen gewöhnlich direkt gegenübergestellt. Der Himmel ist der Ort der an Jesus Glaubenden, die Hölle der Ort, wo die Menschen, die in diesem Leben nicht zum Glauben an Jesus gekommen sind, einmal sein werden. Damit verbindet sich eine klare Lehre von der ewigen Verdammnis. Es gibt für den Menschen ein »zu spät«. Er kann das Heil, das ihm von Gott in Jesus Christus angeboten wird, auch auf ewig verscherzen.

Die Vorstellung von Heil oder Verdammnis entscheidet auch über das Lebensgefühl in der Gemeinde. Als an Jesus Glaubende fühlt man sich durch eine tiefe Kluft von denen getrennt, die ihr Leben noch nicht in der Nachfolge Jesu Christi führen. Zudem spielt die Angst vor der ewigen Verdammnis für viele fundamentalistisch geprägte Christen auch persönlich eine große Rolle. Es fällt ihnen schwer, die biblischen Aussagen über die Verdammnis von der Versöhnung in Christus her zu lesen. Oft besteht eine Tendenz zu einem regelrechten Dualismus. Man hat sich weit von der nüchternen Unerschrockenheit entfernt, mit der Luther etwa in seinem Lied »Ein feste Burg ist unser Gott« vom Teufel spricht.

Bei der Rede von der Endzeit geht man davon aus, daß sie mit dem Kommen Jesu Christi begonnen hat. Da die Endzeitreden Jesu und die Offenbarung des Johannes als Entschlüsselung der Zukunftsereignisse interpretiert werden, entsteht ein pessimistisches Bild der Gegenwart. Verfall der Sitten, atheistische, anarchische Kräfte, die die Gegenwart prägen und das Um-sich-Greifen okkulter Praktiken werden dafür als deutlich sichtbare Anzeichen gewertet. Es geht »bergab«. Dieser Prozeß kann vom Menschen nicht aufgehalten werden. Eine positive Veränderung bringt erst die Wiederkunft Christi, in ihrem Zusammenhang beginnt erst Gottes neue Welt. Auch wenn schwere Krisen – vor allem das Welteinheitsreich des Antichristen – auf dem Wege zu dieser Wiederkunft liegen, bleibt doch Gottes Friedensherrschaft über diese Welt als Ziel seiner Geschichte mit der Menschheit unverrückbar bestehen.

Daß fundamentalistische Gruppen die klassischen Aussagen der christlichen Zukunftshoffnung ernstnehmen, ist positiv zu bewerten. Bedauerlicherweise bildete die Lehre von der

Zukunft in der akademischen Theologie lange Zeit das Schlußlicht der Forschung. Sogar eine kosmologische Perspektive von Weltuntergang und Welterneuerung ist im Fundamentalismus vorhanden. Man kann zum Teil eine beinahe »urchristliche« Naherwartung feststellen.
Problematisch ist, daß in vielen Gruppen der Eindruck erweckt wird, als enthalte die Bibel eine geschlossene Lehre über die Zukunft, die in »Endzeit-Fahrplänen« dargestellt werden könnte. Richtig ist dagegen, daß in einer Zeit, die immer wieder von apokalyptischen Ängsten heimgesucht wird, die Zukunfts-Aussagen der Bibel neu zu Gehör zu bringen sind. Dazu genügt es aber nicht, Menschen einfach mit biblischen Aussagen über die Zukunft zu konfrontieren. Dem säkularen Zeitgenossen fehlt ein Sensorium für die Existenz einer unsichtbar-geistigen Welt. Nur von der Verdammnis zu sprechen, erinnert ihn an mittelalterliche Schauermärchen. Statt dessen ist zu bedenken, wie die Rede von Gericht und Verdammnis in die Situation des modernen Zeitgenossen übersetzt werden muß.
Die starke Betonung der Gefahr, selbst verlorenzugehen, führt leicht zu depressiver Grundstimmung und sozialer Erpreßbarkeit innerhalb fundamentalistischer Gruppen. Man wagt nicht, seine Anfragen und Zweifel frei und offen zu äußern – aus lauter Angst, dann vom Weg des Lebens abzukommen.
Im Neuen Testament bildet die Rede von der Verdammnis gewissermaßen den dunklen Hintergrund der Botschaft von der Rettung des Menschen durch Christus. Diese Botschaft darf aber nicht aus der Mitte der urchristlichen Verkündigung verdrängt werden: Die Welt geht der Vollendung entgegen.

Problemfeld: Psychologie, Therapie und Seelsorge

Viele fundamentalistische Gruppen lehnen psychologische Erkenntnisse und psychotherapeutische Methoden generell ab. Diese undifferenzierte Ablehnung von Psychologie und Therapie entzündet sich unter anderem an der Kritik an Sigmund Freud, Carl Gustav Jung und Alfred Adler. Vor allem Freud, der die Religion einschließlich des christlichen Glaubens als Momente der Regression des Menschen stigmatisierte, hat zu dieser Sicht beigetragen. Man ist weithin nicht bereit, zwischen dem weltanschaulichen Hintergrund bestimmter Psychologen und ihren durchaus hilfreichen psychologischen Erkenntnissen zu unterscheiden. Hier zeigt sich wieder die Unwilligkeit, sich mit den Erkenntnissen eines weltanschaulichen Gegners argumentativ auseinanderzusetzen. Man streitet statt dessen nur ideologisch. Aus der Ablehnung der Psychologie folgt konsequenterweise eine Skepsis gegenüber der Psychotherapie.

Das führt nicht selten zu schweren Belastungen für psychisch labile oder gar kranke Menschen in diesen Gruppen, die therapiebedürftig sind, den Weg in die Therapie von ihrem Glauben her aber nicht verantworten können. Man übersieht dabei, daß die Bibel den Begriff der Krankheit viel weiter faßt, als wir es im 20. Jahrhundert zu tun gewohnt sind. Körperliche und seelische Krankheiten wie auch Verstimmungen werden im Alten Testament mit dem gleichen Ausdruck bezeichnet. Eine seelische Krankheit ist insofern genauso behandlungswürdig und -bedürftig wie eine körperliche Krankheit.

Oft spielt man in fundamentalistischen Gruppen die Seelsorge gegen die Therapie aus. Man erkennt nicht, daß Therapie und Seelsorge sich keineswegs ausschließen müssen, sondern gerade bei psychisch kranken Christen aufeinander angewiesen sind: Die Seelsorge ist überfordert, wenn sie allein für die psychische Heilung verantwortlich gemacht wird. Genauso wird die Therapie überfordert, wenn sie auch noch für den Glauben sorgen soll.

Gelebter Glaube im Fundamentalismus als Herausforderung

In einer Welt, die durch alle Leeren und Nüchternheiten sinken muß und für die Wunder des Himmels kein Fassungsvermögen mehr hat (Joseph Wittig), horcht man auf, wenn christlicher Glaube mit der Hingabekraft fundamentalistischer Gruppen vertreten wird. Menschen, die einem alles verzehrenden Nihilismus begegnet sind, können hier neuen Lebensmut gewinnen. Die Bibel hat auch im 20. Jahrhundert, als Lebensbuch gelesen, Zukunft. Nachfolge im Alltag zu leben, Mühe und Kosten eines ansteckenden Lebens nach dem Willen Gottes nicht zu scheuen, könnte zum Kontrastprogramm für eine satte Konsumgesellschaft werden. Missionarisches Engagement hilft Menschen aus einer Haltung der Gleichgültigkeit gegenüber allem und jedem heraus. Fundamentalisten haben richtig erkannt, daß Christsein mit Kampf und Unruhe zusammenhängt: Christentum ist Brandstiftung (Kierkegaard).

Allerdings gerät ein Christentum, das für alles sofort die richtige Antwort bereit hat, die zudem nicht hinterfragt werden darf, mit Recht unter Ideologieverdacht. Die weithin zu beobachtende Kommunikationsunfähigkeit von Menschen, die zu fundamentalistischen Gruppierungen gehören, entspringt ihrem Zug zur Intoleranz. Die Fixierung auf den Gegner läßt sie zudem in der Reaktion verharren. Man weiß eher, wogegen man ist, als wofür man sich einsetzen möchte. Dies alles leistet einer Gettoisierung Vorschub. Man hat vergessen, daß Kirche ihr Existenzrecht aus dem Für-andere-Dasein gewinnt. Anstelle des Wagnisses einer christlichen Existenz im Offenen (Paul Schütz) ist die trügerische Sicherheit einer unbezweifelbaren und unerschütterlichen Glaubenswahrheit getreten. Christsein ist jedoch ein Weg und ein Werden, kein fertiges Sein, wie Luther zutreffend formulierte.

Die Herausforderung, die Glauben und Leben dieser Gruppen

für die traditionelle Kirchlichkeit darstellen, bleibt: Der christliche Glaube hat es zunächst und vor allem mit der Frage nach Gott und der Beziehung des Menschen zu ihm zu tun. Er betrifft den Menschen in der Mitte seiner Existenz. Diese Unbedingtheit von Gottes Anspruch an den Menschen steht quer zu der Auffassung, daß die Großkirche ein Dienstleistungsbetrieb sei. Voraussetzung zur Wiederbelebung der Glaubensinhalte in einer säkularen, postmodernen Gesellschaft ist die Bereitschaft, sich mit seiner ganzen Existenz Jesus Christus hinzugeben, um so Licht der Welt und Salz der Erde zu sein. Nur wenn die großen Kirchen dies erkennen, haben sie eine Antwort auf die Herausforderung des Fundamentalismus anzubieten.

WERNER THIEDE

Fundamentalistischer Bibelglaube im Licht reformatorischen Schriftverständnisses

Die spätmoderne Krise des säkularen Fortschrittsglaubens stärkt seit den siebziger Jahren dieses Jahrhunderts zunehmend Abwanderungstendenzen aus dem Sinngebäude der Moderne heraus: Post- und prämodern zugleich muten etliche miteinander konkurrierende Entwürfe der Gegenwartskultur an. Auf Kirche und Theologie bleibt diese Entwicklung natürlich nicht ohne Einfluß. Vor allem zwei religiöse Strömungen machen sich in den letzten Jahren immer mehr bemerkbar: Auf der einen Seite handelt es sich um synkretistisch[1] und theosophisch[2] gefärbte Tendenzen, die namentlich in liberalen Lagern neue Anhänger finden. Auf der anderen Seite sind es fundamentalistische Kräfte, mit denen im Raum des konservativen Protestantismus verstärkt zu rechnen ist.[3] Letzteren soll hier das Interesse gelten, und zwar unter dem besonderen, jedenfalls zentralen Aspekt des spezifischen Zugangs zu jenem »vorneuzeitlichen« Buch der Bücher, das für jedwede Art von Christentum nach wie vor eine mehr oder weniger fundamentale Rolle spielt.

Verständnis- und Auslegungsfragen um die Bibel haben zwar seit frühchristlichen Zeiten Laien- und Fachtheologen umgetrieben; doch mit dem Zeitalter des Humanismus und der Reformation sind zunehmend schärfere Fragestellungen zum Tragen gekommen, die im Laufe der Moderne zu entsprechend kritischen Antworten geführt haben. Die konservative Reaktion der Gegenwart beschränkt sich freilich keineswegs auf das, was man im strengeren, historisch rückfragenden Sinn unter »Fundamentalismus« zu verstehen pflegt. Jene über ein Jahrhundert alte angloamerikanische Strömung[4], die ihren Namen allerdings erst 1920 erhielt, hatte einen besonderen Aufschwung in den Jahren vor dem Ersten Weltkrieg erfahren, als die beiden Ölmilliardäre L. und M. Stewart aus Los Angeles durch eine Spende von 250000 Dollar die Publikation von zwölf theologischen Bändchen mit dem Titel »The Fundamentals« finanzierten. Die über drei Millionen Exemplare kamen damals in die Hände fast jeden Pastors, Evangelisten und Theologieprofessors. In ihnen wurden fünf unaufgebbare »fundamentals« vertreten: An erster Stelle die Inspiriertheit und Irrtumslosigkeit der Bibel, im weiteren vier christologische Elementarlehren, nämlich Jesu Gottheit, seine Jungfrauengeburt, sein stellvertretendes Sühneopfer am Kreuz sowie seine leibliche Auferstehung und Wiederkunft. Während die christologischen Sätze durch die altkirchlichen Glaubensbekenntnisse, namentlich durchs Nizänische, abgedeckt waren, galt das nicht für das spezifische Bibelverständnis; dieses blieb fortan kennzeichnend für »fundamentalistisches« Denken.

Gewiß bilden dessen Anhänger nur einen Ausschnitt aus den wesentlich breiter gefächerten Kräften lutherischer, calvinistischer, freikirchlicher und – übergreifend – evangelikaler[5] Christen, denen es um Bibeltreue geht. Zwischen diesen mehr oder minder konservativ gestimmten Kräften des Protestantismus sind mancherlei Differenzen hinsichtlich eines angemessenen Bibelverständnisses zutage getreten; in der Kürze des vorliegenden Beitrags ist allerdings eine Konzentration auf prinzipielle Fragen angesagt, weshalb eine Gegenüberstellung von reformatorischem Schriftverständnis und »fundamentalistischem« Bibelglauben, wie er in etwa im deutschen Sprachraum angetroffen werden kann, erfolgen soll. Entsprechend dem bereits Ausgeführten meint dabei der Begriff des »Fundamentalistischen« im weiteren Sinn solche evangelikalen bzw. protestantisch-konservativen Einstellungen, die mit der Überzeugung einhergehen, daß die Heilige Schrift ganz oder doch in wesentlichen Teilen wortwörtlich von Gottes Geist »eingehaucht« (Verbalinspiration) und daher im wesentlichen irrtumsfrei ist. Im folgenden werden neun Zitate aus dem betreffenden Umfeld gleichsam als Motive bzw. Thesen dargeboten, anhand derer sich der jeweilige Sachverhalt skizzieren und von einem reformatorisch verantwortlichen Schriftverständnis her kritisch beleuchten läßt.

Der inspirierte Urtext – Garantie der Zuverlässigkeit?

»Wir bekennen, daß die Schrift als Ganzes und in allen ihren Teilen, bis hin zu den einzelnen Wörtern der Originalschriften, von Gott inspiriert wurde.«

Dieser Satz stammt aus Artikel VI der fundamentalistischen »Chicago-Erklärung zur Irrtumslosigkeit der Bibel« von 1978.[6] In Artikel X wird konkretisierend die These vertreten, »daß sich die Inspiration, streng genommen, nur auf den autographischen Text der Schrift bezieht, der nach der Vorsehung Gottes anhand der heute verfügbaren Manuskripte mit großer Genauigkeit ermittelt werden kann«. Vergleichbare Ansichten äußert in Deutschland beispielsweise der Rektor des Albrecht-Bengel-Hauses in Tübingen, G. Maier, der mit dem »wissenschaftlichen Fundamentalismus« sympathisiert, ohne sich restlos mit ihm identifizieren zu wollen.[7] Er ist überzeugt, »daß die Inspiration einen Gesamtvorgang darstellt, der sich bis zur Schriftwerdung erstreckt«. Denn »was die Offenbarung sagen will, das will sie gerade so, in dieser inspirierten Endgestalt, sagen«.
Im Grundansatz zeigt sich damit ein fundamentalistischer »Buchstabenglaube«, der sich, um eine verfügbare Schriftform der göttlichen Offenbarung behaupten zu können, auf die geschlossene Sammlung der biblischen Urschriften beziehen muß. Spätere Abschriften und gar Übersetzungen gelten

eher als menschliche Vorgänge, weshalb sie im Prinzip fehlerhaft sein können. So erklärt der fundamentalistisch eingestellte Naturwissenschaftler und Pharmakologe A. E. Wilder-Smith: »Ich möchte nicht behaupten, daß es in der Bibel keine Abschreibfehler oder Übersetzungsfehler gibt. Ich glaube ... aber, daß der ursprüngliche Text vollkommen fehlerfrei war. Gott schrieb die Zehn Gebote sogar mit seiner eigenen Hand ...«[8] Worum es beim Rückgriff aufs Fundament des Urtextes letztlich geht, das ist freilich die Verläßlichkeit des Bibelbuches, das der Christ der Gegenwart in der Hand hält. Daher kann Wilder-Smith im selben Kontext obendrein die Überzeugung äußern, »daß die ganze Heilige Schrift in ihrer heutigen Form göttlich inspiriert wurde«. Das ist zwar kaum konsequent gedacht, aber spräche nicht sogar unter theologischen Gesichtspunkten einiges dafür? Weht doch nach Aussagen des Johannesevangeliums der Geist, der auch fürderhin in alle Wahrheit zu leiten ausgesandt wird, wo und wann er will – warum also nicht auch in Kopf und Herz von Abschreibern und Übersetzern? Und zwar zum selben Zweck, zu dem er auch die Grundschriften inspiriert hat, nämlich um sein Schriftwort den erwählten Adressaten in unverfälschter Gestalt zukommen zu lassen ... Indes – damit würde der Buchstaben-Geist-Glaube denn doch auf eine Spitze getrieben, die selbst unter extremen Fundamentalisten kaum Befürworter finden dürfte. Ihre Teilwahrheit beträfe die gegenwärtige Wirksamkeit des Geistes in den Gläubigen; aber abstrus wirkt jedenfalls der Gedanke an den immerfort um buchstäbliche Richtigkeiten bemühten Gottesgeist.

Ist von dieser Überlegung her nicht grundsätzlich die Inspirationsvorstellung zu überdenken? Gewiß, einige späte Schriften des Neuen Testaments sprechen ausdrücklich von durch Gottes Geist eingegebener Schrift (2. Tim. 3,16; ferner 2. Petr. 1,20f; Offb. 1,10f; 2,1 u. ö.). Es ist aber die Frage, ob sie mit solcher Interpretation dem mehrheitlichen Selbstverständnis biblischer Schriftsteller entsprechen. Gerade der tüchtigste unter ihnen, der Apostel Paulus, hat bei aller Hochschätzung der heiligen Schriften des Alten Bundes eine große Beweglichkeit im Zitieren bewiesen: »Mehr als ein Drittel seiner Zitate entfernt sich von jedem verifizierbaren Text. Dies beruht nicht auf Gedächtnisfehlern ..., sondern auf intuitivem Auswählen und Interpretieren. Daher ist auch die Häufung von Mischzitaten, die Texte ineinanderfließen lassen, geradezu ein paulinisches Spezifikum.«[9] Übrigens zitierte Paulus nach der griechischen Septuaginta-Übersetzung, und zwar auch, wenn diese vom hebräischen Urtext abwich! Gerade seine Überzeugung, vom Heiligen Geist geleitet zu reden oder zu schreiben, hielt ihn offensichtlich von einer verkrampften Buchstabenverehrung ab. Ihm lag alles an der lebendigen Beziehung zum auferstandenen Gekreuzigten, von dem er nach eigenen Angaben das Evangelium durch eine Offenbarung empfangen hatte. Nimmt man die Inspirationslehre der spätneutestamentlichen Schriften als eine nicht allseits auf Buchstäblichkeit verpflichtende Interpretation, sondern als einen legitimen Hinweis auf den geistgewirkten Glauben der dem jeweiligen Heilsgeschehen mehr oder weniger authentisch nahe gewesenen Verfasser, so lenkt dieses Verständnis den Blick nicht auf irgendwelche doch kaum erreichbare Urschriften, sondern auf die Wirksamkeit des Geistes in denen, die heute das Evangelium lesen oder hören und verstehen möchten. Die Verläßlichkeit, die sie benötigen, garantiert ihnen kein anderer als der Geist dessen, der von sich selbst sagt, er sei die Wahrheit (Joh. 14,6).

Dieses so ganz und gar nicht buchstäbliche Wahrheitsverständnis ist ohne Zweifel die Ursache dafür gewesen, daß im Frühchristentum die Fixierung auf ein und dieselbe Schriftform der Überlieferung nicht erfolgt ist – während sie im Falle der beiden anderen »Buchreligionen«, nämlich des Judentums und des Islams, sehr wohl stattgefunden hat. Tatsächlich gibt es kaum einen einzigen Vers im Neuen Testament, dessen Formulierung nicht durch irgendwelche Textvarianten in Frage steht. Gewiß hat akribische Forschungsarbeit, nicht zufällig mit eingeleitet durch den besorgten Pietisten A. Bengel[10], einen konsensfähigen Text erstellen können, der aus über viertausend Handschriften rekonstruiert ist und mit hoher Wahrscheinlichkeit den Urfassungen der biblischen Bücher entspricht. Aber damit bewegt man sich noch keineswegs auf der Ebene von »Garantien«. Außerdem hat man es lediglich mit redaktionellen Endfassungen der einzelnen Bücher oder Briefsammlungen zu tun, die nicht genau mit dem Textgehalt der ursprünglichen Verfasser identisch sein müssen.[11] Der Glaube an eine Verbalinspiration ist daher gezwungen, sich auf sämtliche verschiedene Stadien des Werdegangs biblischer Schriften zu erstrecken, womit er im Endeffekt gekünstelt wirkt. Maiers entsprechendes Reden von »Ganzinspiration« weckt den Verdacht, Detailfragen und Einzelaspekte um einer bestimmten Glaubenssicht willen schlicht zu überspielen. Das Buchstaben-Fundament, auf das sich der Fundamentalismus zu beziehen pflegt, trägt offensichtlich nicht so weit, wie es tragen müßte, wenn es als solches göttlich wäre.

Anders verhält es sich hier mit den »fundamentals« der auf Jesus Christus bezogenen Lehren. »Keine einzige zentrale Lehre der Bibel wird durch eine Variante in der Handschriftenüberlieferung auch nur angekratzt.«[12] Dieser Sachverhalt freilich versteht sich auch ohne das Dogma von einer spezifischen Schriftinspiration. So sehr es bisher im Zentrum fundamentalistischen Denkens gestanden hat, der Fundamentalismus täte gut daran, es zu verabschieden, statt es zu einem Kriterium für Rechtgläubigkeit zu machen.

Der biblische Kanon – ein Himmelsgeschenk?

»Welchen Umfang hat die inspirierte Schrift? Die Kirche antwortete auf diese Frage mit dem ›Kanon‹, d. h. mit der verbindlichen Liste der biblischen Bücher.«[13]

Für eine fundamentalistische Theorie von der Heiligen Schrift ist die Frage des biblischen Kanons, der normativen Bestimmtheit der zur Bibel zählenden Einzelschriften, selbst notgedrungen von fundamentalem Gewicht. So erstaunt es keineswegs, daß sie von evangelikalen Autoren und Verlagen relativ häufig thematisiert worden ist. Eine kritische Analyse dieser Publikationen nötigt allerdings zu der bedrückenden Feststellung, daß oft nicht einmal »Minimalanforderungen«, wie sie für Sachbücher gelten müssen, erfüllt sind. »Bei vielen evangelikalen Autoren hat man das Gefühl, daß sie kaum bereit sind, aus der Geschichte noch irgendeine Erkenntnis dazuzugewinnen. Das Wesentliche steht für sie schon fest, lange bevor sie sich mit irgendeiner Geschichtsquelle befassen: Daß nämlich ihr eigener Kanon schon sehr früh und sehr allgemein verbreitet anerkannt war ... Schreibt ein derart vorgeprägter Evangelikaler eine Geschichte des Kanons, so kommt es vor, daß er die mit seinem persönlichen Kanon *nicht* übereinstimmenden Listen völlig unerwähnt läßt: Es sind ja Ausnahmen, also nicht so wichtig.«[14]
Ohne hier in Einzelheiten gehen zu können, sei festgehalten: Der geschichtliche Prozeß der endgültigen Feststellung des uns vorliegenden Kanons hat sich immerhin über mehrere Jahrhunderte hingezogen. Die Bekenntnisschriften der Evangelisch-Lutherischen Kirche haben auf ein verbindliches Kanonsverzeichnis verzichtet. Und weltweit gesehen zeigt »die« christliche Kirche (von der in obiger These so pauschal die Rede ist) bis zum heutigen Tage noch immer kein ganz einheitliches Bild hinsichtlich der Kanonizität sämtlicher biblischer Schriften![15] Fundamentalistisch gefärbtes Reden vom »Gesamtvorgang der Kanonisierung«, der unter der Leitung und Vorsehung des göttlichen Geistes in einer verbindlichen »inspirierten Endgestalt« zum »Abschluß«[16] kam, verkennt mithin die Tatsachen.
R. Riesner ermuntert dazu, angesichts des faktischen Befunds dennoch »die Wege Gottes nicht als Verlegenheit zu betrach-

ten, sondern zu ehren.«[17] Dem möchte ich beipflichten, allerdings in dem Sinn, daß ich für die Anerkennung des Umstands plädiere, daß Gott offensichtlich nicht an einem scharf umrissenen Kanon gelegen ist, sofern dieser – wie der zuletzt doch nicht ganz greifbare Urtext – als formales Fundament von Kirche zu fungieren hätte.

Einzuräumen ist nun auch hier, daß die kanonischen Schriften zu einem hohen Prozentsatz bereits innerhalb der ersten hundert Jahre der Kirchengeschichte in festem Gebrauch gestanden haben dürften. Durchgesetzt hat sich also im Glauben der Kirche frühzeitig genug ein Kernbestand an Schriften, der als »Notbehelf«[18] die inhaltliche Fixierung des Evangeliums von Jesus Christus auch nach dem Tod der Apostel dauerhaft ermöglicht hat. Kriterium für diesen Prozeß war neben der Apostolizität die auf sie zurückgeführte »regula fidei«, die tradierte Richtschnur des Glaubens. Ihr Elementargehalt läßt sich durchaus in konstruktive Beziehung zu den christusbezogenen »fundamentals« der frühen fundamentalistischen Bewegung setzen. Das Umreißen des grundlegenden Sinnzusammenhangs, aus dem heraus das Evangelium als Gottes endgültiges Wort zu verstehen ist, hat selbstredend von Anfang an kirchliches Sein und Handeln charakterisiert, zunächst vor allem in Gestalt von kurzen Predigten und Bekenntnissen in der Vollmacht des Geistes. Daß dieser Geist der Wahrheit sich auch im Prozeß der Kanonbildung als entscheidend wirksam erwiesen hat, darin und nicht etwa in mirakulösen Eingriffen und heteronomen Lenkungsmanövern[19] ist Gottes Geschenk und Führung zu sehen.

Insofern läßt sich der biblische Kanon nicht einfach als solcher mit dem Wort Gottes gleichsetzen. Die theologischen Diskussionen um die Möglichkeit einer Richtschnur für die Benennung des wesentlichen Wortes Gottes, eines »Kanons im Kanon«, gehen von der Einsicht aus, »daß der Kanon eine Mitte und darum auch einen verdämmernden Rand hat«.[20] In diesem Sinn hat M. Luther von der Lehre der Rechtfertigung des

Sünders durch Gottes Gnadenhandeln in Jesus Christus her die Briefe des Neuen Testaments deutlich gewertet, indem er in seiner Übersetzung den Jakobus-, den Hebräer- und den Judasbrief an den Schluß stellte und sie zusammen mit der Johannesoffenbarung ohne Nummern beließ. Ein »Kanon im Kanon« darf sich freilich nicht in einem Materialprinzip erschöpfen, sondern muß, wie der Reformator es dachte, Jesus Christus als das lebendige Wort Gottes in den Texten zu klarer Wirkung kommen lassen. Dabei ist die Identität des Herrn der Schrift wiederum nur in Rückkoppelung mit der Schrift selbst, also mit ihren wesentlichen Sinnaussagen, zu erkennen. Von daher drängt sich inhaltlich die Rechtfertigungslehre – und zwar ihrerseits in Verbindung mit weiteren »fundamentals« als ihren notwendigen Bestandteilen – durchaus als »Kanon im Kanon« auf, wobei über die mögliche zeitgemäße Zuspitzung des Evangeliumsinhaltes auf andere »fundamentals« des Gesamtzusammenhangs hin kein Streit entstehen muß. »Der Kanon aber ist nicht das petrefakte Wort Gottes, sondern der Ort, an den wir immer neu zu treten haben in der Erwartung und mit der Bitte, daß sich dies Wort Gottes (= Jesus Christus) neu zu Gehör bringt.«[21]

Rückfragen an die biblische Geschichte verboten?

»Begriff und Vorgehen der ›historisch-kritischen Methode‹ stellen eine innere Unmöglichkeit dar, sofern und soweit man damit rechnet, daß in der kanonischen Schrift das Zeugnis der göttlichen Offenbarung vorliegt.«[22]

Fundamentalistisches Bibelverständnis hat sich von jeher gegen die Anwendung moderner Methoden der Geschichtsforschung auf die biblischen Schriften als Zeugen des Heilsgeschehens gewehrt. Mit Ausnahme der sogenannten Textkritik, die – wie erwähnt – den »Urtext« zu rekonstruieren bemüht ist, werden in der Regel alle anderen Wege kritischen Umgangs mit den Bibeltexten verworfen. Das gilt insbesondere für die wissenschaftlichen Versuche, aus den überlieferten Büchern verschiedene interne, ältere Quellen zu erschließen und damit dem historischen Geschehen noch näherzukommen, sowie für die dadurch ermöglichte sogenannte »Redaktionskritik«, welche nach der literarischen und theologischen Leistung dessen fragt, der die Quellen zusammengefügt hat. Das Gesamtbündel der jedem Theologen geläufigen modernen Forschungs- und Auslegungsmethoden wird in der exegetischen Wissenschaft als »historisch-kritische Methode« bezeichnet.

Obiges Zitat stammt aus einem Buch mit dem eher programmatischen denn konstatierenden Titel »Das Ende der historisch-kritischen Methode« (1974). Indem fundamentalistisch orientierte Denker ein solches Ende herbeisehnen und zumindest im Bereich einschlägiger Ausbildungseinrichtungen so tun, als wäre es längst eingetreten, meinen sie, die Bibel als heiliges Offenbarungsdokument vor frevelhaftem Zugriff zu schützen. Vorausgesetzt ist dabei jener spezifische Inspirationsgedanke, der zwar nicht leugnet, daß wir den Schatz des Wortes Gottes nur in irdenen Gefäßen haben, der jedoch Form und Inhalt in einer Weise verquickt sieht, daß die Gefäße praktisch so heilig gehalten werden wie der Schatz selbst. Daß man sich mit dieser feierlichen Haltung unter Umständen einiges an mühevoller Arbeit ersparen kann (nicht zuletzt die Reflexion über die Geschichtlichkeit des eigenen Standortes), mag bisweilen als angenehmer Nebeneffekt verbucht werden. Indes – wenigstens zum Teil vertritt man hier Anliegen, über deren Berechtigung in den letzten Jahren an den theologischen Fakultäten verstärkt nachgedacht worden ist.

Wieviel Sinn macht es etwa, eine säkulare, gleichsam atheistische Methode auf die Heilige Schrift anzuwenden? Der Sinn besteht zweifellos darin, mit möglichst neutralen Mitteln zu

Forschungsergebnissen zu kommen, die auch über den Kreis gläubiger Christen hinaus zur Kenntnis genommen werden und als diskutabel gelten können. Innerhalb wie außerhalb christlicher Religiosität ist die Rückfrage nach der historischen Tatsächlichkeit bzw. Wahrscheinlichkeit der in der Bibel behaupteten Geschehnisse unverzichtbar. Sofern reformatorisches Schriftverständnis und das Gewissen des Glaubens eng zusammenhängen, gehört gewissenhafter – und das heißt unter neuzeitlichen Bedingungen: wissenschaftlich fundierter – Rückbezug auf die Heils-Geschichte zu den Wesensmerkmalen christlichen Denkens. In dieser Hinsicht darf man nun die fundamentalistische Position nicht simplifizieren: Sie geht nämlich aus den eben erwähnten Gründen einher mit einem betonten »Ja zur geschichtlichen Erforschung der Bibel« und pflegt auch geschichtlich-theologisches Voranschreiten innerhalb der bekanntlich zu verschiedenen Zeiten entstandenen Einzelbücher wahrzunehmen und einigermaßen zu berücksichtigen. Doch kann sie es am Ende damit schwerlich ganz ernst meinen und schränkt notgedrungen ein: »Die geschichtliche Erforschung darf die Bibel nicht der Unwahrheit überführen.«[23] Historische Wissenschaft wird also doch jeglicher kritischen Funktion beraubt und fundamentalistischen Glaubensthesen untergeordnet. Daß ihre Bestätigungen damit wertlos würden, übersieht man offenbar völlig.

Zu Recht betont man aber, daß die historisch-kritische Nachfrage nicht das A und O der Bibelauslegung sein kann, und zwar aus folgenden Gründen. Eine »fides historica«, ein bloßer Geschichtsglaube, ist bekanntlich noch kein Heilsglaube.[24] Der modernen Methodenvielfalt entspricht der Pluralismus der exegetischen Resultate, der kaum auferbauend wirkt. Schließlich: die oft übersehenen philosophischen Implikationen der historisch-kritischen Methode berauben diese ihrer scheinbaren Neutralität. Ohne hier diese Argumente näher ausführen zu können[25], folgere ich aus ihnen die Notwendigkeit, in die Bibelauslegung auch theologisch-geistliche Methoden zu ihrem Recht kommen zu lassen. Meditative, tiefenpsychologische und systematisch-kognitive Zugänge des Exegeten erhalten tatsächlich heutzutage teils wieder neu, teils mehr Raum als früher.

Dennoch ist ihre Kombination mit der historisch-kritischen Methode unerläßlich, und zwar auch gerade deshalb, damit letztere nicht eine heillose Alleinherrschaft ausübt. Man beginnt heute neu zu sehen, daß »Entmythologisierung« nicht das letzte Wort der Bibelauslegung sein kann, wenngleich Programme einer Remythologisierung ihrerseits keine ernsthaft diskutable Lösung darstellen.[26] Dem Umstand, daß die biblischen Texte von gläubigen Menschen geschrieben wurden, wird man nur gerecht, wenn man historisch-kritische Methodik (auf die Menschen bezogen) mit gegenständlich-meditativem und systematisch-theologischem Vorgehen (auf ihren und unseren Glauben bezogen) verknüpft. Nur so kann verhindert werden, daß die historisch-kritische Nachfrage und das Glaubensinteresse sich jeweils unkritisch selbst überlassen bleiben. Allein ein Christ, der sich aus eigenstem Interesse am Gegenüber des Wortes Gottes der historisch-kritischen Nachfrage prinzipiell stellt, wird dem kritischen Historiker (auch dem in sich selbst) seinerseits kritisch-hilfreich Gottes Wort ausrichten können.

Insgesamt bleibt zu betonen: Die historisch-kritische Erforschung der Entstehung und Aussagevielfalt des uns überlieferten Bibelkanons entspricht durchaus der Intention der reformatorischen Schrift- und Rechtfertigungslehre, denn sie dient gerade durch mancherlei Relativierungen der Konzentration auf das eigentliche Wort Gottes. Daß dessen Anspruch und Zuspruch durch Grundresultate historisch-kritischer Bibelforschung der Boden entzogen werden könnte, ist bei alledem eine formal denkbare Möglichkeit, aber – Gott sei Dank! – derzeit alles andere als eine unausweichliche Gegebenheit. Das Evangelium kann auch heute intellektuell redlich geglaubt und verkündet werden.

Glauben an die Bibel?

»Als ›inspiriertes‹ – und das heißt: von Gottes Geist durch Menschen gegebenes – Wort ist die Bibel zugleich ganz Menschenwort und ganz Gotteswort, so wie Jesus zugleich wahrer Gott und wahrer Mensch war.«[27]

Für den fundamentalistischen Christusglauben ist es charakteristisch, daß er neben die christologischen »fundamentals« das biblizistische stellt. Eigentlich schaltet er den Glauben an die inspirierte Bibel dem Christusglauben sogar vor: Er sichert die Sätze über Christus als das einzige »Fundament« (1. Kor. 3,11) sozusagen noch einmal ab durch die These von der geistgewirkten Schrift, welche so zum eigentlichen Fundament stilisiert wird. Zumal er damit ein Element, das theologisch umstritten ist und jedenfalls nicht ins Zentrum gehört, ideologisch überhöht, trifft der Name »Fundamentalismus« durchaus.
Natürlich will kein fundamentalistischer Christ seinen Herrn niedriger achten als die Heilige Schrift. Deren funktionales (Über-)Gewicht veranlaßt ihn aber immerhin, sie, die er selbst zum Glaubensgegenstand erhebt, in größte Nähe zu Jesus Christus zu rücken. Das geschieht durch die beliebte These, daß die Bibel in analoger Weise zugleich göttlich und menschlich sei wie er. Man scheut also nicht davor zurück, den biblisch und dogmengeschichtlich einzigartigen Lehrsatz von der Doppelnatur des Inkarnierten in seiner ganzen paradoxen Schwere mit der angeblichen Natur der kanonischen Schriften zu parallelisieren. Zum Mysterium der Menschwerdung Gottes addiert man sozusagen das Wunder der Schriftwerdung des Heiligen Geistes. Dadurch gewinnt ersteres nicht eben an Bedeutung; für letzteres aber ergibt sich die einfache Lösung, es analog zum »Geheimnis« erklären zu können. Dahinter verbirgt sich freilich die Schwierigkeit, daß im Unterschied zur kirchengeschichtlichen Denk- und For-

mulierungsarbeit am christologischen Dogma die gelegentlichen Bemühungen um eine Theorie der Verbalinspiration gemeinhin als gescheitert gelten.
Das Elegante an der Lehre von der Doppelnatur der Schrift (zu deren Vertretern nicht nur Evangelikale unserer Zeit, sondern auch einige konservative Denker aus der Theologiegeschichte zählen[28]) ist insbesondere die scheinbar unproblematische Integration der doch unverkennbar »menschlichen«, unvollkommenen Seite der Bibel und ihrer Verfasser. Sie gehört demnach unvermischt, doch ungetrennt mit der göttlichen zusammen. Hier gibt es nichts nachzudenken, nichts kritisch einzuwerfen; allenfalls gilt es anbetend innezuhalten und frommen – oder am Ende »eher heidnischen«[29]? – Behauptungen jene Inbrunst des Glaubens entgegenzubringen, wie sie dem schriftgewordenen Heiligen Geist gebührt! »Vollkommene Verläßlichkeit«[30] muß folglich den Schriftstücken unvollkommener Menschen zugesprochen werden. Es geht nicht anders, wird erklärt, denn »die Inspiration als geschichtlicher Gesamtvorgang – in unserer Terminologie: die Ganzinspiration – dient dem Zweck unserer Errettung«. Konsequent wird dem Werk Jesu Christi ein weiteres Rettungswerk, eben das der Schriftinspiration, parallelisierend zur Seite gestellt. Angesichts solcher Versuche muß an die Mahnung des Kirchenvaters Tertullian erinnert werden: »Dein Glaube, heißt es, hat dich gerettet, nicht die Vertrautheit mit der Heiligen Schrift.«[31] Fundamentalistisches Denken aber fordert Glauben als Vertrauen in einen Gegenstand und macht ihn zur Pflicht. Die angestrebte Vertrautheit gewinnt damit gesetzliche Färbung. Christusglaube richtet sich auf eine Person, die man lieben kann, weil man von ihr auf ewig geliebt wird. Gewiß, man kann auch seine Bibel lieben und in bester Vertrautheit mit ihr umgehen – aber wer wollte es wagen, solche Liebe zur Schrift ernstlich mit der Liebe zu Christus selbst auf eine Ebene zu stellen? Zu Recht unterstreicht der Neutestamentler P. Stuhlmacher, daß das »letzte Ja nicht dem biblischen Text

als solchem, sondern dem von ihm bezeugten Gott und seinem Christus gebührt«.[32]
Am Ende drängt sich die Frage auf: Sind sich fundamentalistisch argumentierende Theologen eigentlich dessen voll bewußt, was sie mit solchen parallelisierenden Thesen tun? Der Dogmatiker R. Slenczka geißelt Auffassungen dieser Art als »absolut falsch« und argumentiert, es gebe für sie in der Heiligen Schrift selbst keinen Anhaltspunkt.[33] Fundamentalistisches Denken bewegt sich folglich in häretische Richtung. Es ist kein Zufall, daß Jesus selbst nichts Schriftliches hinterlassen und daß auch die alte Kirche in ihren Glaubensbekenntnissen nicht die Schrift zu ihrem Gegenstand gemacht hat. Fundamentalisten sind aufgefordert, ihre Theologie an diesem entscheidenden Punkt kritisch zu überdenken.

Reformatorisches und fundamentalistisches Schriftverständnis im Einklang?

»Es liegt kein Graben zwischen Reformation und Fundamentalismus, wohl aber zwischen Reformation und neurationalistischer Theologie, weil sie die Heilsbedeutung des Blutes und Opfertodes Jesu leugnet.«[34]

Was bislang hier an Kritik am fundamentalistischen Schriftverständnis laut geworden ist, versteht sich als begründet in reformatorischer Tradition. Wie paßt das mit dem Umstand zusammen, daß auch fundamentalistisch orientierte Denker nicht selten den Anspruch erheben, dezidiert an die Reformation und das von ihr vertretene Schriftprinzip anzuknüpfen? Welche Seite hat in dieser Kontroverse eigentlich recht?
Tatsächlich ist der Reformator M. Luther – ähnlich wie bereits Jesus als Jude zu seiner Zeit – in einer Tradition groß geworden, die mit der Inspiration der heiligen Schriften gerech-

net hat. So war es für ihn kein Problem, Bibel und Wort Gottes zu identifizieren, wenn auch nicht im strengen Sinn einer diktatmäßigen Verbalinspiration, wie sie beispielsweise von G. Biel (gest. 1495) vertreten wurde. Seine Auseinandersetzungen mit den römisch-katholischen Autoritätsansprüchen, mit den Schwärmern und schließlich mit Zwingli im Abendmahlsstreit hat ihn sogar zunehmend veranlaßt, das »äußere Wort« der Heiligen Schrift als Offenbarungsautorität hochzuhalten, außerhalb derer Gott nicht gesucht und gefunden werden wolle. Der Durchdringung der biblischen Texte auf ihren klaren Aussageinhalt hin galt lebenslang die Auslegungsarbeit des Universitätsprofessors. Indes – analog zur Funktion des altkirchlichen Inspirationsgedankens zielt bei ihm das Bibelwort nicht so sehr auf seine eigene Verehrungswürdigkeit in Absetzung von anderen nichtinspirierten Büchern, vielmehr beschreibt es den Interpretationszirkel für das Evangelium.[35]

Um das reine Evangelium als das Jesus Christus vermittelnde Wort Gottes ging es Luther im Kern; hier trifft man auf das eigentliche reformatorische Anliegen. Dieses als Botschaft verstandene Wort Gottes galt primär nicht als »Schrift«; vielmehr betrachtete der Reformator das mündliche Wort als die wesentliche Gestalt des Evangeliums. Dabei liegt, wie er in seiner Vorrede auf das Neue Testament bemerkt, nichts daran, ob das Evangelium als Verkündigung der Christusbotschaft in kurzer oder ausführlicher Form zur Sprache kommt. Aus der Schrift sachgemäß erhoben, will es als »inneres Wort« existentiell ins Herz bzw. auf die für es (nicht aber für jedes beliebige Schriftwort!) geschaffene Seele des Menschen treffen.

Insofern erhält die Bibel als solche nun doch eine sekundäre Bedeutung. Luthers Katechismen können als »der Laien Bibel« empfohlen werden.[36] Die Gefahr des laienhaften Mißverständnisses biblischer Aussagen stand dem Reformator durchaus vor Augen: »Wenn die Sache nicht erkannt ist, ist es unmöglich, daß die Wörter recht verstanden werden können.«[37] Um so deutlicher pflegte er die »Sache« herauszuarbeiten, die von der Rechtfertigungslehre her verstandene frohe Botschaft vom gekreuzigten und auferstandenen Jesus Christus.

Von daher konnte er auch eine so bibel- und kanonkritische Äußerung tun, wie sie für fundamentalistische Christen undenkbar wäre: »Wenn aber die Gegner die Schrift treiben gegen Christus, so treiben wir Christus gegen die Schrift ...«[38] Insofern ist es unbestreitbar, daß Luther, dem bereits vom Humanismus her die Unterscheidung von Buchstabe und Geist geläufig war, im Ansatz »zwischen Bibel und Wort Gottes unterscheiden konnte«[39]. Die unter Fundamentalisten gängige Behauptung, solche Unterscheidung entstamme erst der Aufklärung, stimmt nicht. Ließe sich nicht tatsächlich so etwas wie ein »Kanon im Kanon« sachgemäß als eigentlichstes Wort Gottes erheben, so hätte der Reformator nicht die Klarheit der Schrift, nämlich ihre Selbstauslegungskraft, gegen die Deutungsansprüche des römisch-katholischen Lehramtes ins Feld führen können. Dieses eigentlichste Wort Gottes hat Luther als »Evangelium Gottes« in der erwähnten Vorrede aufs Neue Testament kurz und klar definiert.[40] Zu seiner Erkenntnis und Bejahung bedarf es freilich des Heiligen Geistes, den Christus schenkt. Grundsätzlich bleibt der Herr selbst »der König der Schrift, die einzelnen Schriftstellen sind seine Knechte ... Man soll sich nicht an die Knechte halten, sondern an den Herrn ...«[41]

Ein vergleichbar theo- bzw. christozentrisches Verständnis von Gottes Wort findet man bei J. Calvin: »Unser ganzes Heil ... ist allein in Christus beschlossen (Apg. 4,12). Deshalb dürfen wir auch nicht das geringste Stücklein anderswoher ableiten.«[42] Wer sich mit ihm allein nicht zufrieden gibt – mag er auch immerhin »besonders« auf Christus schauen –, der verfehlt nach Calvins Ausführungen den rechten Weg. Das Wort Gottes ist für ihn wie ein Spiegel, in dem der Glaube Gott anschaut, wobei keineswegs jedes Wort das Menschenherz zum

Glauben zu bewegen vermag. Der Glaube richtet sich im Wort aufs Evangelium, nämlich auf die in Christus dargebotenen Gnadenverheißungen. Allerdings versteht sich eines von selbst: Das Problem des Abstands zwischen historischem Geschehen und seiner schriftgewordenen Bezeugung ist den Reformatoren in Wittenberg und Genf noch nicht geläufig.
Nach reformatorischer Überzeugung »bleibt allein die Heilige Schrift der einig Richter, Regel und Richtschnur« allen christlichen Lehrens, für ihr rechtes Gesamtverständnis aber der Glaubensartikel der Rechtfertigung durch Gottes Gnadenerweis in Jesus Christus der »Leiter und Richter«.[43] Insofern kommt der Heilsbedeutung des Kreuzestodes Christi in der reformatorischen Theologie zweifellos ein vergleichbar großes Gewicht zu wie im fundamentalistischen Denken. Letzteres freilich ist permanent in Gefahr, die wirklich zentrale Stellung gerade dieses »fundamentals« zugunsten anderer Aspekte, namentlich seines problematischen Hauptlehrsatzes über die Bibelinspiration, aus dem Blick zu verlieren. Daher tut es gut daran, sich von Luther erinnern zu lassen: »Wer die Bibel lesen will, der muß eben darauf schauen, daß er nicht irre, denn die Schrift läßt sich wohl dehnen und leiten, aber keiner leite sie nach seinem Affekt, sondern er führe sie zu dem Brunnen, das ist zu dem Kreuz Christi.«[44]

Das reformatorische Schriftprinzip – ergänzungsbedürftig?

»Die Reformation bleibt solange unvollendet, als nicht dem sola scriptura (die Schrift allein) das tota scriptura (die ganze Schrift) zur Seite tritt.«[45]

Aus dieser These läßt sich ersehen, wie problematisch das Verhältnis zwischen fundamentalistisch und reformatorisch orientiertem Denken tatsächlich ist. Die Forderung nach »Ergänzung« bzw. »Vollendung« ist von jeher das Kennzeichen sektiererischer Tendenzen gewesen. Fundamentalistische Theologie kann sich nicht mit dem reformatorischen Schriftprinzip begnügen, eben weil es in seiner impliziten Konzentration auf das Evangelium von Jesus Christus einer weitschweifigen Betonung der »ganzen« Schrift – gedacht doch wohl im Sinne der »Ganz-Inspiration« – kaum entspricht. Nicht die Re-formation wäre hier zu vollenden, denn diese bezieht sich zurück auf die Bibel als das der Evangeliumsverkündigung dienende Sammelbecken für schriftgewordene apostolische Traditionen und Voraussetzungen. Vielmehr würde das Prinzip der »ganzen Schrift« (wie problematisch diese Bezeichnung im Blick auf die Kanonfrage ist, habe ich bereits verdeutlicht) die Lehre von der Verbalinspiration in einer Weise festschreiben, wie sie weder Paulus noch Luther noch den neuzeitlichen Bedingungen der Schriftforschung wirklich gerecht würde.

Berechtigt ist der beliebte Hinweis der Fundamentalisten auf die Verbreitung, die der Gedanke einer Verbalinspiration im Lauf der Kirchengeschichte verschiedentlich erreicht hat. Innerhalb des Protestantismus können sie die betreffenden Theorien aus der Epoche der Orthodoxie anführen, ebenso ihre pietistischen Fortführungen, die in den heutigen Fundamentalismus und Evangelikalismus mündeten. Das tut aber der Tatsache keinen Abbruch, daß der Wittenberger Reformator hier sehr einseitig verstanden und rezipiert worden ist. Auf einschlägige Äußerungen Calvins in seiner »Institutio« würde man sich eher berufen können; er hatte ja in der Tat größere Nachwirkungen im angloamerikanischen Raum, wo der Fundamentalismus gedeihen konnte.

Den Weg in die mangelnde Orientierung am Evangelium selbst und an dem von ihm verkündeten personalen Wort Gottes zugunsten einer stärkeren Fixierung auf den »papiernen Papst« der Schrift hat die reformatorische und altprotestantische Theologie nach Luthers Tod beschritten, um ange-

sichts der Ergebnisse des Konzils von Trient ein »handfestes« Fundament zum Widerstand besitzen, eine unfehlbare Wahrheitsgarantie als Gegenpol vorweisen zu können. Es entwikkelte sich tatsächlich so etwas wie ein voraufklärerischer Fundamentalismus. Bereits G. Voetius, M. Flacius und J. Gerhard bauten die Verbalinspiration so weit aus, daß sie sogar die Vokal-Punkte und -Akzente des hebräischen Textes für diktiert hielten. Und mit aller Kraft der Vernunft wurde auf der Basis solcher schriftgewordenen Offenbarung gedacht und systematisch konstruiert. Das konnte aber angesichts der fortschreitenden Erkenntnisse der Natur- und Geisteswissenschaften nicht lange gutgehen. Man formulierte zwar im Verbund mit J. Kepler und G. Galilei den Gedanken, daß sich der Heilige Geist bei der Inspiration an Sprache, Vorstellungs- und Ausdrucksweise der biblischen Schriftsteller angepaßt habe. Aber statt der Rettung brachten diese und ähnliche differenzierenden Überlegungen der Inspirationstheorie vielmehr weiteren Absturz, denn sie ermöglichten die zunehmende Wahrnehmung der geschichtlichen Bedingtheit in den Anschauungen der biblischen Verfasser. Schlußendlich zerbrach die Orthodoxie in ihre beiden Grundelemente »Frömmigkeit« (Pietismus) und »Vernunft« (Aufklärung). Beide entließen einander zunächst nur zögernd, fehlten freilich einander in der Folge oft genug.
Für das theologische Schriftverständnis bedeutete der Siegeszug einer rationalistischen Interpretation der alt- und neutestamentlichen Bücher den Gewinn einer konsequent geschichtlichen Sicht der biblischen Überlieferung. Damit konnte, ja mußte die von Luther im Ansatz theologisch, dann von T. Hobbes und G. E. Lessing rationalistisch vorbereitete Unterscheidung von Gottes Wort und Heiliger Schrift einhergehen.[46] Sie erfolgte allerdings namentlich bei J. B. Spinoza, S. Semler und anderen Zeitgenossen der Aufklärung auf Kosten der Ausblendung von zentralsten Anliegen reformatorischer Wort-Gottes-Theologie: Nicht Jesus Christus, sondern die

(ihrer Selbstkritik damals noch kaum fähige) Vernunft und ihr ethischer Anspruch galten nun als der die Mitte der Schrift markierende »Logos«. Auf Dauer ergab sich daraus eine Herausforderung, die nur diejenigen in sachgemäßer Weise bestanden haben und bestehen können, die zur Rückbesinnung auf die eigentliche Substanz des reformatorischen Schriftprinzips bereit waren bzw. sind. Dessen Nachvollzug unter neuzeitlichen Bedingungen bleibt eine zentrale Aufgabe protestantischer Theologie und Frömmigkeit im Horizont von Moderne und Postmoderne. Wenn man sich ihr nicht noch bewußter und intensiver stellt, werden konservativer Fundamentalismus und liberaler Synkretismus das Bild des Christentums von morgen weitaus stärker als heute schon bestimmen.

Einheit der Bibel?

»Wenn die Bibel dutzende von Malen ihre Einheit erkennen läßt, warum sollten dann zwei oder drei Fälle, in denen wir (bisher!) eine solche Einheit nicht feststellen können, unser Urteil umwerfen? Es ist sinnlos, mit ein paar verschiedenen Zahlenangaben in den Königs- und Chronikbüchern nachweisen zu wollen, daß die Bibel eben widersprüchlich sei.«[47]

Für fundamentalistisches Denken bildet die Einheit und Widerspruchslosigkeit der Heiligen Schrift eine notwendige Voraussetzung für den Beweis der angeblichen Urheberschaft Gottes. Unmißverständlich heißt es in Art. XIV der bereits erwähnten Chicago-Erklärung von 1978: »Wir bejahen die Einheit und innere Übereinstimmung der Heiligen Schrift. Wir verwerfen die Ansicht, daß angebliche Fehler und Diskrepanzen, die noch nicht gelöst wurden, den Wahrheitsanspruch der Bibel hinfällig machten.« Schon der alte Karl Heim betonte rhetorisch: »Ein einheitlicheres Buch als die Bibel kann ich mir nicht denken.«[48] Die Frage nach der Einheit der biblischen Bücher läßt sich vor allem in zweifacher Hinsicht stellen: Gibt es eine einheitliche »biblische Theologie«? Und ist die Bibel unter rationalem Aspekt widerspruchsfrei?

Das reformatorische Schriftprinzip selbst provoziert die Frage nach der theologischen Einheit der Schrift. Lautet dieses Prinzip aber »sola scriptura« und nicht »tota scriptura« (s. o.), dann geht es weniger um Einheitlichkeit als vielmehr um die Einheit und Klarheit stiftende Größe, die durch die Schrift bezeugt wird. Für Luther ist diese Größe Jesus Christus als Person bzw. das ihn bezeugende Evangelium. Dazu ist zweierlei anzumerken: Zum ersten, daß der Reformator das befreiende, lebenspendende Evangelium theologisch in einer dynamischen Wirkeinheit mit dem verurteilenden, tötenden Gesetz in der Bibel gesehen hat. Dabei hat er Gesetz und Evangelium sowohl im Alten Testament als auch im Neuen gefunden, obschon (wie Calvin) schwergewichtig das Evangelium im Neuen Testament. Zum andern: Wie bereits die alte Kirche, so hat auch Luther die Einheit von Altem und Neuem Testament natürlich auf der Basis einer noch nicht historisch-kritischen Sichtweise behauptet und daher Christus vielfach auch im Alten Testament bezeugt gefunden (Calvin war bereits vergleichsweise vorsichtiger). Hierin kann man ihm angesichts des entwickelten Problembewußtseins nicht mehr naiv folgen. Wenn christliche Theologie trotzdem weiterhin das Alte Testament zur Bibel rechnet, so tut sie das aus verschiedenen sachgemäßen Gründen, namentlich aufgrund des traditionsgeschichtlichen Zusammenhangs der beiden Testamente.

Seit zweihundert Jahren aber rechnet die moderne Schriftforschung nicht allein mit der Differenz zwischen alt- und neutestamentlicher Theologie, sondern mit einer regelrechten Pluralität verschiedener Theologien innerhalb der beiden Testamente. Einzelne neuere Versuche, diese Verschiedenheiten am Ende doch in die Perspektive einer einheitlichen gesamtbiblischen Theologie zu rücken, werden zu Recht mit großer

Skepsis[49] betrachtet. Man denke beispielsweise nur ans dritte Kapitel des 1. Korintherbriefs, wo Paulus sich mit dem Streit um unterschiedliche theologische Richtungen innerhalb dieser urchristlichen Gemeinde befaßt! Er versucht den Konflikt allerdings gerade unter Hinweis auf das eine, Einheit schenkende Fundament Jesus Christus zu lösen. Ähnlich nimmt Luther – in bestem Wissen um die theologische Vielfalt bei den biblischen Verfassern – vom Maßstab des Evangeliums bzw. vom Herrn der Schrift her deren Klarheit und insofern auch Einheit an.[50] Das so verstandene reformatorische Schriftprinzip bleibt noch heute der einzig überzeugende Schlüssel zur Einheit der Schrift, wenn dabei klar ist, daß angesichts der modernen Erforschung der biblischen Überlieferungsgeschichte eine verstärkte theologische Sachkritik an bestimmten Aussagen der Heiligen Schriften Platz greifen und insofern gerade um der Einheit der Schrift willen diese keinesfalls mehr einfach mit dem Wort Gottes gleichgesetzt werden darf.

Die wesentlichen Alternativen dazu wären das fundamentalistische »tota scriptura« einerseits oder das römisch-katholische Lehramt als einheitsstiftende Autorität andererseits. Um hier vor allem auf die protestantische Alternative einzugehen: Für das fundamentalistische Bibelverständnis ergibt sich das Problem der theologischen Einheit natürlich auch. Die Behauptung der Einheit durch die heilige Inspiration muß sich ja irgendwie aufweisen lassen. Wenn aber das Prinzip »tota scriptura« lautet, wer bestimmt dann die Perspektive des Gesamtverständnisses? Sofern man sich nicht konsequent an das Evangelium vom Gekreuzigten und Auferstandenen als das maßgebliche, die Mitte der Schrift repräsentierende Interpretationsprinzip hält, tun sich ungezählte Abwege willkürlicher bzw. häretischer Schwerpunktbestimmung auf. Die Vielzahl der auf dem Boden des Protestantismus entstandenen Denominationen und Sekten hängt eng, wenn auch nicht ausschließlich, mit einer gewissen Mißverstehbarkeit des reformatorischen Schriftprinzips zusammen: Dieses führt, wenn es nicht in seiner christologischen Tiefe erfaßt wird, leicht zum tota-scriptura-Prinzip und dann zum Verlangen nach besonderen Autoritäten für die »rechte« Gesamtdeutung der Schrift. Hier haben mancherlei ausufernd spekulierende Exegeten, freie Missionare und Gemeindegründer, ferner »neue Apostel« oder andere »leitende Körperschaften« sowie Enthusiasten und Charismatiker verschiedenster Nuancierungen ihre Möglichkeiten entdeckt.[51] In einem weiteren Sinn gehören sie alle dem protestantischen Fundamentalismus zu.

Im Blick auf dessen Grundeinstellung zeigt sich hier auch eine merkwürdige Nähe zur Problematik des römisch-katholischen Zugangs zur Schriftdeutung. Die Autorität des kirchlichen Lehramts gipfelt im Dogma von der Unfehlbarkeit des ex cathedra sprechenden Papstes; vielleicht erfolgte sogar der Beschluß dieses Garantie-Dogmas nicht zufällig in zeitlicher Nähe zum Aufkeimen des angloamerikanischen Fundamentalismus. Das Lehramt weiß sich als solches nun allerdings nicht allein dem Wort der Heiligen Schrift, sondern zusätzlich der »Heiligen Überlieferung« verpflichtet, wie sie noch vom II. Vatikanischen Konzil neu herausgestellt worden ist.[52] Entsprechend erstreckt sich katholischer Fundamentalismus auf beide Größen[53] (s. den Beitrag Schifferles in diesem Buch); er führt dadurch zu nicht eben weniger Problemen!

Unabhängig von konfessionellen Ausprägungen steht jeder christliche Fundamentalismus vor der rationalistischen Frage nach der Einheit des Schriftfundaments. Sofern sozusagen außerhalb des Erleuchtungsradius des Heiligen Geistes kritische Anfragen auftauchen, kann man sie ja nicht ebenso tabuisieren, wie man sich das innerhalb desselben erlauben zu dürfen meint.[54] Will man mithin Antworten finden, sind die Verlegenheiten in der Regel groß. Oft werden widersprüchliche Angaben, Darstellungen oder gar Theologien biblischer Schriftsteller bzw. Redakteure einfach blindlings abgeleugnet oder auf zu vernachlässigende Ausnahmen reduziert – ein

Verfahren, das heutzutage freilich kaum Laien, geschweige denn geschulte Theologen, zufriedenstellt. Die oft schlecht zu verbergende Hilflosigkeit wird deutlich sichtbar im Anführen von Halbwahrheiten wie etwa der, daß doch erst die »verdächtige« Methode der biblischen Quellenscheidung zur Wahrnehmung von Widersprüchen geführt habe. Tatsächlich hat ja zunächst umgekehrt die Feststellung von Widersprüchen zur Entdeckung bzw. Postulierung unterschiedlicher Quellenschichten geführt, was dann freilich im weiteren Fortgang der Forschung neue Widersprüche innerhalb der Bibelbücher zutage gefördert hat. Aber wenn nun schon kritische Fragen der »natürlichen Vernunft« an einen fundamentalistischen Bibelglauben zur Sprache kommen, so sind im folgenden auch diejenigen einzubeziehen, die Widersprüche nicht nur innerhalb der Heiligen Schrift, sondern ebenso im Verhältnis zu Phänomenen und Fakten außerhalb ihrer selbst benennen.

Autorität der Heiligen Schrift dank ihrer Irrtumslosigkeit?

»Freuen wir uns allezeit darüber, daß die Zuverlässigkeit der Bibel nicht nur im Licht moderner Wissenschaft bestehen kann, sondern daß sie glaubensmäßig erfahren wird von jedem Kind Gottes auf Erden und einst in vollkommener Herrlichkeit droben beim Herrn!«[55]

Die Überzeugung von der Irrtumslosigkeit, positiv formuliert: der Zuverlässigkeit der Heiligen Schrift zählt mit zu den typischen Kennzeichen fundamentalistischen Bibelglaubens. Von manchen Evangelikalen wird sie eingeschränkt auf die eigentlichen Heilsaussagen der Schrift; diese Sichtweise entspricht auch reformatorischer Lehre. Aber »Hardliner« unter ihnen verwerfen solche Beschränkungen und bekennen im

Einklang mit der Chicago-Erklärung, die Bibel sei »als Ganzes irrtumslos« und daher »im Blick auf alle Bereiche, zu denen sie spricht, wahr und zuverlässig«[56]. Damit beziehen sie konsequent historische und naturwissenschaftliche Fragestellungen offensiv in ihr Bibelverständnis ein, wodurch sich ihr Fundamentalismus faktisch zu einer eigenen Art von Weltanschauung ausformt und die Bibel zu einem »Weltanschauungssymbol«[57] umfunktioniert wird.
Das Akzeptieren dieser Weltanschauung gilt zwar nicht als heilsnotwendig, aber doch als dringend ratsam. Sie entspricht naturgemäß einem Weltverständnis, das in mancherlei Hinsicht im Widerspruch zu Erkenntnissen neuzeitlicher Geschichts- und Naturwissenschaft steht. Angesichts dieses Konflikts zeigen Fundamentalisten »Bibeltreue« und schlagen sich auf Gedeih und Verderb auf die Seite der Schrift. Wenn sie sich freilich mit dieser Haltung auf voraufklärerische Traditionen berufen, so täuschen sie sich darüber hinweg, daß der Konflikt, den sie auszutragen gewillt sind, sich in dieser Schärfe überhaupt erst neuzeitlich entwickelt hat. Den Gedanken der Irrtumslosigkeit der Schrift konnten Scholastik, Reformation und Orthodoxie noch einigermaßen problemlos verfechten; die Bedingungen haben sich seither aber entscheidend gewandelt. Wer das in biblizistischem Eifer verkennt, fordert eine Treue, die dem Gottesglauben diesseits aufgeklärten Denkens im Endeffekt mehr schaden als nützen dürfte, wie schon N. L. v. Zinzendorf bemerkt hat.[58]
Die Vertrauenswürdigkeit der Offenbarungsurkunden als solcher mit der Autorität Gottes selbst zu gewährleisten, kostet einen hohen Preis: Etwaige Unvollkommenheiten der menschlichen Dokumente »drohen nun anstatt den fehlbaren Menschen Gott selbst zu belasten«.[59] Um letzteres zu verhüten, wird nicht etwa das eigene Konzept überprüft, sondern mit allen erdenklichen Argumentationen für den Erweis der Vertrauenswürdigkeit der in Frage stehenden Schriftaussagen gekämpft.

Zu nennen sind hier in erster Linie die sogenannten »Kreationisten«, die in der von Darwin herkommenden Evolutionslehre eine dem biblischen Schöpfungsglauben zuwiderlaufende Ideologie erblicken (s. den Beitrag Hemmingers in diesem Buch).[60] Es ist interessant zu sehen, wie ihnen teilweise sogar von evangelikaler Seite widersprochen wird mit dem naheliegenden Hinweis darauf, daß ja das erste Kapitel der Bibel sehr wohl dem Evolutionsgedanken Raum gebe.[61] Der gemeinsame Boden der weltanschaulichen Behauptung, die Bibel sei irrtumslos, ist damit freilich noch nicht in Frage gestellt. Gekämpft wird von dort aus gegen die Denkbarkeit einer Evolution, die sich nicht dem Schöpfergott verdankt. H. W. Beck konzidiert sogar ausdrücklich die Denkmöglichkeit einer solchen »gott-losen« Evolution in kosmischen Ausmaßen, erblickt aber in dieser Perspektive eine Alternative, die Gott für den gefallenen, ungläubigen Menschen ermöglicht habe.[62] Daß eine derartige – theologisch höchst fragwürdige – These alles andere als einen Dialog mit der Naturwissenschaft bedeutet, liegt auf der Hand. Sie setzt den Bibelglauben eigentlich nicht einmal in Beziehung zu naturwissenschaftlichen Ergebnissen, sondern sich nur noch von ihnen ab! Der fundamentalistische Denker gerät damit in eine unglückliche Selbstisolation.

Das gilt insgesamt für die kreationistische Einstellung, die auch von einigen Sekten geteilt wird und sich um des fundamentalistischen Bibelglaubens willen mit überholten Weltbildern und Alternativen herumschlägt. Überlegungen, ob Eva tatsächlich aus einer Rippe Adams geschaffen wurde und ob man ein bibeltreues Wissenschaftssystem aufbauen solle oder nicht[63], werden jenseits der universitären Wirklichkeit diskutiert. Vor allem aber isoliert man sich hier insofern von der Bibel selbst, als man sich ihr mit einer unangemessenen Fragehaltung nähert. Daß sie kein wissenschaftliches Lehrbuch sein will, scheint nur ein Teil der Evangelikalen wahrzunehmen. Gerade Luther hat betont, wie wichtig es ist, den jeweiligen Adressaten des Wortes Gottes, also auch seinen Ort in der Geschichte, zwecks richtigem Verständnis in Rechnung zu stellen.

Aber noch ganz abgesehen davon, so belehrt uns der Reformator, ist es doch gar nicht entscheidend, ob es in der Bibel nicht auch den einen oder anderen leichten Irrtum und die eine oder andere ungelöste Frage gebe. Das breche dem Glauben nichts ab: »Wenn wir den rechten Verstand der Schrift und die rechten Artikel unsers Glaubens haben, daß Jesus Christus, Gottes Sohn, für uns gestorben und gelitten habe, so hats nicht großen Mangel, ob wir gleich auf alles, so sonst gefragt wird, nicht antworten können.«[64] Die Irrtumslosigkeit der Bibel – ein Begriff, den sie für sich gar nicht beansprucht – muß im Licht reformatorischer Theologie als ideologisches Konstrukt abgelehnt werden. Zu postulieren wäre sie allenfalls, wenn die Bibel letztlich ganz in die Verantwortung des Heiligen Geistes fiele. Mit Irrtümern der menschlichen Verfasser aber fällt das Fundament Jesus Christus, den die Barmer Bekenntnissynode 1934 als das eine Wort Gottes bezeichnet hat, nicht hin (sofern dieses Fundament von gravierenden sachlichen Irrtümern nicht selber unmittelbar tangiert ist). Man darf eben nicht das Kind mit dem Bade ausschütten.

Wie nun? Kann denn somit überhaupt noch von einer »Heiligen« Schrift die Rede sein? Um die Mitte des vorigen Jahrhunderts schrieb R. Stier, ein Anhänger der Verbalinspirationslehre, die schönen Sätze: »Mögen andre die Windeln Immanuels mit einer größeren Sorgfalt als jene Weisen aus Morgenland beaugenscheinigen, mir ist's an Ihm selber gelegen, der drin liegt. Daß aber Windeln und Krippe auch für Ihn und durch Ihn geheiliget, obwohl zugleich von sündigen Menschenhänden gewoben und gezimmert sind, lasse ich mir dabei nicht nehmen.«[65] In diesem Sinn kann man, so meine ich, die Schrift als »heilig« bezeichnen, auch wenn man der Lehre von der Verbalinspiration nicht zustimmt. Ihr kommt Heiligkeit in einem abgeleiteten Sinn zu: Sie ist die Sammlung der geschichtlichen Glaubensdokumente, die Jesus Christus als das menschgewordene Wort Gottes mit der weitaus besten Authentizität bezeugen und durch Erhellung des gesamten Sinnhorizonts seines Erscheinens verstehen lehren; dadurch sind sie und werden sie immer neu zum Medium der zeitlich unüberbietbaren Offenbarung Gottes. Der Heilige Geist will Geist und Herz des Menschen nicht erneuern an der biblisch verankerten Botschaft von Jesus Christus vorbei. Das Erkennen der Liebe und Heiligkeit Gottes, wie sie durchs Evangelium vermittelt wird, führt aber auch zur Unterscheidung zwischen demnach wirklich heiligen und weniger heiligen Bezeugungen des Wortes Gottes innerhalb der Schrift. Keineswegs überall und erst recht nicht überall gleichmäßig hat sich der Geist Jesu Christi in der Bibel niedergeschlagen. So sollte der Streit bibeltreuer Christen nicht etwa darum gehen, ob die biblischen Angaben, denen zufolge die selbe Plage Gottes einmal 24000 (4. Mose 25,9), das andere Mal 23000 (1. Kor. 10,8) Tote gefordert hat, einen klaren Widerspruch in der Heiligen Schrift offenbaren, sondern darum, ob jene Vorstellung von Gott, der als geplagter mit Plagen reagiert, dem Wort vom Kreuz überhaupt angemessen ist.

Gottes Wort – wirklich befreiend?

»Die Gemeinde Jesu hat wegen ihrer ›Bibelgläubigkeit‹ nicht den allergeringsten Grund, Rückständigkeitsgefühle zu haben und über unsachliche Vorwürfe wie ›Naivität‹ und ›Simplifizierung‹, ›primitiv‹ und ›unwissenschaftlich‹ ernsthaft traurig zu sein. Diese Vorwürfe wollen wir gelassen und ohne Groll auf uns nehmen.«[66]

Mögen Fundamentalisten unter sich weitgehend einig sein, so ändert das doch nichts an dem Umstand, daß sie im Blick auf die verweltlichte Kultur wie auf nichtfundamentalistisch ein-

gestellte Christen einigermaßen isoliert dastehen. Sie versuchen's nach Möglichkeit mit Fassung zu tragen, flüchten sich auch eifrig in erbauliche Gemeinschaftsveranstaltungen. Aber eine gewisse psychische Belastung bringt ihr Bibelglaube fast zwangsläufig mit sich, so daß – wie im Jahrbuch für Evangelikale Theologie 1990 nachzulesen ist – »insbesondere Christen aus evangelikal-pietistischen Kreisen mit einer ausgeprägten Frömmigkeit intensiverer seelsorgerlicher und auch medizinischer und psychotherapeutischer Hilfe bedürfen.«[67] Und das hängt nicht nur mit dem sozialen Aspekt zusammen: Ungeachtet des einschlägigen Bücherangebots evangelikaler Verlage sind sie wie jeder Bürger dem Informationsfluß der öffentlichen Medien ausgesetzt, so daß sie immer wieder neu in (Ge-)Wissenskonflikte geraten können, was ihren totalitären Bibelglauben betrifft. Freilich läßt sich mit Hilfe ihrer Ideologie vieles ins Lot bringen: Desorientierungen werden dem Teufel und seinen Dämonen angelastet oder, wie gehabt, als Versuchungen für sündige Menschen gar Gott selbst. Aber die »Anfechtungen« und damit der innere Kampf bleiben. Und das nimmt der fundamentalistische Christ in Kauf, weil er nicht nur an Gottes Treue, sondern sozusagen an seine eigene Treue zur inspirierten Bibel glaubt.
Diese Treue spekuliert nicht allein auf eine Belohnung im Himmel. Vielmehr enthält sie ihre Belohnung bereits ein gutes Stück weit in sich. Sie erlaubt nämlich ein inneres Sich-Zurücklehnen, ein Sich-Bergen in psychische Strukturen, die entwicklungspsychologisch in Jugend und Kindheit zurückführen. Fundamentalistischer Bibelglaube zeigt, fachpsychologisch ausgedrückt, regressive, realitätsflüchtige Züge, und zwar in mehrfacher Hinsicht.
Da ist zum ersten der magisch-ungeschichtliche Umgang mit dem Bibelbuch. Entsprechend infantil wirken beispielsweise die Sätze: »Mose selbst schrieb die Geschichte von Adam und Eva auf. So glaubten die Juden daran um Moses willen, der ein Freund Gottes war ... Ich verstehe nicht, wie jemand, der

heute etwas von der Schrift weiß und an sie glaubt, anders denken kann.« Aber nicht ein frommer Schuljunge hat das formuliert, sondern ein fundamentalistisch orientierter, mehrfach promovierter Professor![68]

Zum zweiten begegnet insgesamt eine auffällige weltanschauliche Regression in annähernd mythische Denkkategorien, wie sie ja in der Bibel überliefert und wenigstens teilweise vorausgesetzt sind. Solches Regredieren paßt in die Strömung spätmoderner Fluchtbewegungen zurück in vorkritische Welten.[69]

Dem entspricht zum dritten eine oft – freilich nicht durchgängig – anzutreffende intellektuelle Regression (diese Kennzeichnung erscheint mir sachgemäßer als der geläufige Vorwurf mangelnder »intellektueller Redlichkeit«), die in einer mehr oder weniger oberflächlichen, bisweilen doch auch manipulierenden Art des Theologisierens und Schriftauslegens besteht. Daß die Ahnung solcher Oberflächlichkeit und Korrekturbedürftigkeit psychisch belastend sein kann, ist erwiesen.[70]

Zum vierten zeigen sich hier oft Arroganz und Intoleranz, denen sowohl differenzierte Urteile als auch die gesunde Würde innerer Glaubensgewißheit unbekannt zu sein scheinen. Ein nichtfundamentalistisches Schriftverständnis wird hier schwerlich auf Respekt und ebenso wenig auf die Fähigkeit zur Selbstkritik stoßen.

Fünftens schließlich ist Fundamentalisten ein Sicherheitsstreben eigen, dem kaum die Tendenz innewohnt, zu einem nüchternen, unverkrampften Verständnis der weltlichen und biblischen Wirklichkeit zu befreien, sondern vielmehr die Gefahr, ihr gegenüber zwanghafte Einstellungen zu erzeugen. So kommt es etwa zu gesetzlich-moralistischen Deutungen der Bibel oder auch zur Provokation weltanschaulich bedingter Ängste, die wiederum verstärktes Sicherheitsstreben erzeugen. Deshalb muß bezweifelt werden, was die fundamentalistische Chicago-Erklärung behauptet, daß nämlich »ein Bekenntnis zur völligen Autorität, Unfehlbarkeit und Irrtumslosigkeit der Schrift für ein gesundes Verständnis des ganzen christlichen Glaubens von lebenswichtiger Bedeutung ist« (Art. XIX).

Vielmehr befreit Jesus Christus als das lebendige Wort Gottes von einem Bibelverständnis, das von seinem Ansatz her zu psychisch bedenklichen Folgen führen kann. Er bindet an sich selbst als den Lebendigen, der Freiheit und Freude schenkt. Nach Luther kann »der arme Mensch, in Sünden, Tod und Hölle verstricket, nichts Tröstlicheres hören, denn solche teure, liebliche Botschaft von Christo; und muß sein Herz von Grund lachen und fröhlich darüber werden, wo ers gläubet, daß wahr sei.«[71] Die hiermit zusammenhängende Freiheit eines christlichen und darum liebevollen Humors ist vielleicht nicht der übelste Weg, der Enge fundamentalistischen Wort-Gottes-Glaubens heilsam zu begegnen.

HANSJÖRG HEMMINGER

Fundamentalismus und Wissenschaft am Beispiel Kreationismus

»Am Ende des 19. Jahrhunderts glaubte man allgemein, man wüßte nahezu alles, was es über die materielle Welt zu wissen gibt... Die Sterne bewegten sich nach mathematischen Regeln, die denen glichen, die man zum Betrieb einer Dampfmaschine benötigte; das gleiche galt für die Atome usw. Eine perfekte Gesellschaft war erreichbar, indem man sie Schritt um Schritt nach einem vorgegebenen Konstruktionsplan aufbaute. Die exakten Naturwissenschaften haben solche naiv optimistischen Theorien schon lange aufgegeben, aber sie sind im Alltagsdenken immer noch lebendig. Der sogenannte gesunde Menschenverstand stützt sich auf das vorprogrammierte Übersehen, Verbergen oder Verspotten von allem, was nicht in die konventionelle Sicht des 19. Jahrhunderts paßt, daß die Welt bis in alle Einzelheiten erklärt werden kann. Gleichzeitig kann man in Wirklichkeit keinen Schritt tun, ohne irgend einem unverständlichen Phänomen zu begegnen...«

So spricht Professor Sciss, eine Figur aus dem Roman »Die Untersuchung« (Sledztwo) von Stanislaw Lem. Seine Gesprächspartner sind der Kriminalbeamte Gregory und der erfolgreiche Schriftsteller Armour Black. In der Diskussion geht es um ein geheimnisvolles Phänomen, mit dem sich die Polizei befassen muß, das aber dem Anschein nach auch in den Bereich der Parapsychologie oder des Spuks gehören könnte. Tote Körper bewegen sich in Leichenhallen, Leichen verschwinden, ohne daß man einen Menschen als Verursacher dingfest machen könnte.

Der entscheidende Punkt der Geschichte ist, daß der kritische

Professor Sciss gerade das Gegenteil eines Okkultisten oder eines religiösen Eiferers darstellt. Er spielt in dem Roman die Rolle des rationalen Wissenschaftlers, der vorurteilslos von prüfbaren Tatsachen ausgeht. Er würde es abstreiten, daß die Wissenschaft nach Wahrheit sucht, er würde von feststellbaren Kausalzusammenhängen und mathematischer Richtigkeit sprechen. Mit dem sogenannten »wissenschaftlichen Weltbild« hat er als konsequenter Wissenschaftler nichts im Sinn. Trotzdem wird Professor Sciss von Stanislaw Lem als leidenschaftlicher Wahrheitssucher dargestellt; und es liegt in der Logik dieser Figur, daß sie die Grenzen der exakten Wissenschaft mit bedenkt, daß sie ein Gefühl hat für den Abgrund des Nichtwissens, über den der Wissenschaftler die Fäden seiner Theorien spannt.
Der Polizeibeamte Gregory verkörpert dagegen den »gesunden Menschenverstand«, der sich an genau dem wissenschaftlichen Weltbild orientiert, das Professor Sciss verspottet. Lieber verfolgt er die unwahrscheinlichsten kriminalistischen Theorien, als daß er die Möglichkeit übernatürlicher Einwirkungen in Erwägung zieht. Es spricht für den Autor, daß er Gregory nicht zur Karikatur gemacht, sondern ihm eine eigene Leidenschaft gegeben hat: die alltäglichen Dinge auf alltägliche Weise im Griff zu behalten, das Praktische des Lebens praktisch zu lösen, und sich selbst von wandelnden Leichen nicht in okkulte Sehnsüchte und Ängste treiben zu lassen. Gregory räumt theoretisch ein, daß die Wissenschaft Grenzen hat, aber er besteht darauf, daß im Alltag diese Grenzen nicht erreicht werden, daß im Alltag das nüchterne Rechnen mit wissenschaftlichen Tatsachen Erfolg bringt. Die würdelose Figur in dem Gespräch ist der Schriftsteller Black, der sich über den aufgeklärten Polizisten Gregory und den wissenschaftlichen Wahrheitssucher Sciss gleichermaßen lustig macht. Wie Sciss empfindet er die Fragwürdigkeit menschlichen Wissens, aber nicht wegen seines leidenschaftlichen Ringens um Erkenntnis, das gerade dadurch die Grenzen des Wissens er-

kennt. Für ihn bietet die Relativierung allen menschlichen Wissens und aller menschlicher Regeln die Möglichkeit, sein Ich aufzublähen und sich selbst zum Maßstab aller Dinge zu machen. Folglich nimmt er weder die praktischen noch die theoretischen Fragen seiner Gesprächspartner ernst. Ernst nimmt er nur das Problem, den richtigen Wein zum Essen zu finden und die mangelnde Kochkunst des Hotels gebührend anzuprangern. Er ist der intellektuelle Vertreter eines Kulturbetriebs, in dem nur die Selbstdarstellung zählt. Wo Sciss und Gregory, beide auf ihre Weise, mit der Krise des »wissenschaftlichen Weltbilds« kämpfen, spielt Black den Krisengewinnler, der in häßlichen Egoismus absinkt.

Wissenschaftsglaube und Biblizismus

Was hat die Geschichte Lems mit dem Verhältnis von Fundamentalismus und Wissenschaft zu tun? Nun, der protestantische Fundamentalismus entstand zu Anfang des 20. Jahrhunderts in einer Atmosphäre des Wissenschaftsglaubens, wie ihn Professor Sciss kritisiert: Die Naturwissenschaft lieferte scheinbar eine fertig gedachte Welt, in der weder für das Geheimnis noch für die Religion Platz war, und in der die sogenannten wissenschaftlichen Tatsachen bestimmten, was Realität war und was Aberglaube. Gerade in den USA nahm dieser Wissenschaftsglaube besonders naive und alltagspraktische Züge an. Dagegen wollte und mußte der Protestantismus sein eigenes Fundament verteidigen, er mußte das berechtigte Anliegen der Wissenschaft vom unberechtigten Anspruch des »wissenschaftlichen Weltbilds« unterscheiden lernen. Dabei konnte und kann er – wie die Figur des Professor Sciss zeigt – auf die Unterstützung der Wissenschaft eher zählen als auf das Verständnis der Praktiker.

Im protestantischen Fundamentalismus allerdings konnte diese Unterscheidung zwischen Wissenschaft und wissenschaftlichem Weltbild nicht gelingen, denn sie hätte eben jene Spannung zwischen fundamentalen und vorläufigen, zwischen relativen und absoluten Wahrheiten sichtbar gemacht, die der Fundamentalismus vermeiden will. Wenn jede Art Wahrheit auf ein und demselben Fundament ruhen soll, dann mußte für das protestantische Fundament, für das Bibelwort, auch naturwissenschaftliche Wahrheit in Anspruch genommen werden. Zwischen einer naturkundlichen Deutung der Heiligen Schrift und der Naturwissenschaft tun sich aber unüberbrückbare Gegensätze auf, vor allem, wo die Naturwissenschaft Geschichtstheorien produziert. Denn einen wesentlichen Teil der fundamentalistisch »fertig gedachten Welt« bildet der Geschichtsfahrplan von der anfänglichen Schöpfung bis zum apokalyptischen Endgericht, mit den genau bezeichneten Zwischenstufen von Engelsturz, Sündenfall, Sintflut, altem Bund, neuem Bund und Endzeit. Dem widersprach zuerst die Geologie, dann die Evolutionstheorie nach Charles Darwin, später auch die Kosmologie. Mit all diesen Theorien führt der protestantische Fundamentalismus seit Jahrhundertbeginn einen erbitterten Kampf, aus dem ein eigener Zweig des Fundamentalismus hervorging, der Kreationismus. Mit ihm wird sich dieser Text in der Hauptsache befassen.

Aber der Wissenschaftsglaube der Jahrhundertwende, so mächtig er zur Zeit der »fundamentals« noch war, ist ja inzwischen in eine Krise geraten. Heute hat es der Fundamentalismus nicht mehr mit naiver Wissenschaftseuphorie zu tun, sondern mit rationalen Skeptikern wie Professor Sciss, Praktikern wie Polizeileutnant Gregory und kultivierten Nihilisten vom Schlag eines Armour Black. Dadurch haben sich dem Fundamentalismus neue Möglichkeiten eröffnet, wie sich an den Figuren von Sciss und Gregory nachvollziehen läßt:

Der Kriminalist Gregory scheitert daran, daß seine Gedankenwelt scheitert. Er verzweifelt am Schluß nicht nur an der Aufgabe, einen »normalen« menschlichen Urheber der Spukphänomene zu finden, er verzweifelt am menschlichen Denken insgesamt. Er wird von der (in der Philosophie bekannten) Vision gequält, daß jede Ordnung der Dinge nur auf Selbsttäuschung beruht, daß verläßliche Regeln wohltätige Illusionen darstellen, die mit der Realität nichts zu tun haben. Die Realität selbst ist prinzipiell unlogisch, unverständlich, chaotisch und nur von Zufällen regiert. Der Wissenschaftler Sciss hält seine intellektuelle Position dagegen durch, sein Skeptizismus wird mit den unerklärlichen Vorfällen gut fertig. Aber er kann in seiner gedanklich stimmigen Welt nicht leben, er kommt weder mit seinen Mitmenschen zurecht, noch mit seinen sexuellen Bedürfnissen, noch mit Krankheit und Tod. So demonstriert er den Lesern des Romans, daß die wissenschaftliche Vernunft, wenn sie sich selbst treu bleibt und nicht zum Wissenschaftsglauben wird, gerade deshalb dem Leben weder Form noch Sinn geben kann.

Stanislaw Lems Thema ist die Krise des neuzeitlichen Denkens, nicht der Fundamentalismus. Daher kommt die fundamentalistische Option in dem Roman nicht vor. Aber es ist offensichtlich, daß der Praktiker Gregory derjenige wäre, dem das fundamentalistische Denken zum Ausweg werden könnte. Für die Spukerscheinungen stünden Erklärungskategorien bereit, nämlich satanische Einwirkungen aufgrund okkulter Mächte. Auch Handlungsmöglichkeiten gäbe es: das kämpferische Gebet gegen die Mächte der Finsternis und den Exorzismus. Die Welt bliebe ebenso fertig gedacht wie für den aufgeklärten »gesunden Menschenverstand«, wenn auch mit veränderten Voraussetzungen.

Natürlich ist das Beispiel konstruiert. In Wirklichkeit zieht der protestantische Fundamentalismus nicht vor allem Menschen an, deren »wissenschaftliches Weltbild« durch Grenzerfahrungen erschüttert wurde. In solchen Fällen wendet man sich oft eher der Esoterik oder dem Spiritismus zu, die auf wieder andere Weise die Welt zu Ende denken. Zum Fundamentalismus neigen vor allem Menschen, die das »wissenschaftliche Weltbild« und seine Krisenerscheinungen als Bedrohung ihres Glaubens empfinden. Und an Professor Sciss läßt sich noch ein anderer Teil der Attraktivität des Fundamentalismus demonstrieren. Die fertig gedachte Welt könnte ihn nicht locken, wohl aber die geordnete Lebenspraxis. Ein lebbares Ethos könnte für ihn buchstäblich zur Rettung werden und seine intellektuelle Skepsis wegfegen. Es hat solche Fälle gegeben, auch unter liberalen Theologen, die aus dem Zerbrechen ihres gelebten Alltags heraus in den Fundamentalismus flüchteten.

All das sind Gedankenspiele, die Stanislaw Lem wahrscheinlich fernliegen. Er stellt die Krise wissenschaftlichen Denkens fest, er zeigt keinen Ausweg. Aber Menschen suchen Auswege aus der Enge und Hohlheit des »wissenschaftlichen Weltbilds« und aus dem praktischen Scheitern eines »modernen Lebens«. Der protestantische Fundamentalismus bietet in unserer von Wissenschaft geprägten Welt einen Ausweg an, eben weil er dem wissenschaftlichen Weltbild ein eigenes Weltbild gegenüberstellt, das beansprucht, die bessere Wissenschaft zu sein.

Kreationismus: Geschichte, Ideen, Motive

Der Begriff »Kreationismus« weist auf den wichtigsten Stein des Anstoßes hin, den die Naturwissenschaft für den protestantischen Fundamentalismus bietet: Die Evolutionstheorie nach Charles Darwin. Gegen sie wird die Schöpfungsgeschichte von Genesis 1 als naturkundlich richtig verteidigt. In den USA spricht man genauer vom »special creationism« oder von der »creation science«, da der einfache Begriff »creationism« im Englischen als »Schöpfungsglaube« gedeutet werden könnte, den selbstverständlich auch die Nichtkreationisten unter den Christen und Juden für sich in Anspruch nehmen. Im Deutschen entsteht dieses Problem nicht, so daß vom »Kreationismus« mit präziser Bedeutung gesprochen werden kann.[1] In 100 Jahren Geschichte bildeten sich allerdings mehrere Formen heraus, deren Unterschiede zu berücksichtigen sind. Häufig unterscheidet man drei Varianten:

- Der sogenannte Kurzzeit-Kreationismus (young earth creationism) faßt die Schöpfungstage von Genesis 1 als echte Tage auf; er überwiegt heute in der kreationistischen Literatur. Durch seinen engen Zeitrahmen (höchstens 30000 Jahre zwischen erstem Schöpfungstag und Gegenwart) entstehen Konflikte mit der Geologie, der Kosmologie, der Physik und damit praktisch allen Bereichen der Naturwissenschaft.

- Die zweite Variante ist der Vorzeit-Kreationismus (gap creationism). Er geht davon aus, daß zwischen die ersten beiden Sätze von Genesis 1 eine lange Erdepoche einzuschieben ist. »Am Anfang schuf Gott Himmel und Erde.« Dann wurde die erste Erde durch den Fall Luzifers und seiner Engel zerstört, Äonen der Verwirrung folgten. Aus ihnen stammen die geologischen Schichten und die Fossilien ausgestorbener Lebewesen, und an ihrem Ende war die Erde »wüst und leer«. Dann erfolgte die zweite Schöpfung, in sieben normalen Tagen, wie in Genesis 1 beschrieben. Sie war ursprünglich »sehr gut«, ohne Leid, Sühne und Tod. Dieser gute Urzustand ging verloren, weil der Mensch von Luzifer verführt und ungehorsam wurde. Mit dem Sündenfall begannen Sünde und Tod, während die äußere Welt, wie wir sie kennen, erst durch die Sintflut geformt wurde. Die langen geologischen und paläontologischen Zeiträume werden akzeptiert, die Fossilablagerungen und die geologischen Schichten lassen sich einigermaßen erklären. Das gilt jedoch nicht für die Entstehung der heutigen Flora und Fauna, genau genommen auch nicht für die Entstehung der Himmelskörper. Daher unterscheiden sich die naturwissenschaftlichen Ideen des Vorzeit-Kreationismus nicht wesentlich von denen des Kurzzeit-Kreationismus.

– Daneben gibt es den Langzeit-Kreationismus (day-age-creationism), nach dem jeder Schöpfungstag für einen Äon der Erdgeschichte steht. Durch diese Deutung von Genesis 1 läßt sich der naturwissenschaftliche und der biblische Zeitrahmen harmonisieren. Konflikte mit der Astrophysik und der Geologie bleiben aus, auch die Fossilfunde der Paläontologie lassen sich mit Zusatzannahmen einigermaßen erklären. Der Streit mit der Naturwissenschaft reduziert sich weithin auf die Ablehnung des Zufallsprinzips im Darwinismus (biologische Auslesetheorie). Der Langzeit-Kreationismus spielt wohl deswegen keine bedeutende Rolle mehr, weil er – konsequent zu Ende gedacht – vom Fundamentalismus wegführt. Er nähert sich der Position nicht-kreationistischer Evolutionskritiker an, z. B. der von Illies im protestantischen und Spaemann im katholischen Raum.[2] Er wird von den heutigen Kreationisten daher überwiegend als Konzession an den Unglauben empfunden.

Seine erste Blüte erlebte der Kreationismus in den USA bereits in den zwanziger Jahren. Zwischen 1921 und 1929 wurden in 31 Staaten Gesetzesvorlagen eingebracht, die es verboten, die Evolutionstheorie an Schulen zu unterrichten. In einigen Südstaaten wurden die Vorlagen Gesetz. Der Protestantismus sah sich damals einer selbstbewußten, atheistischen Propaganda mit angeblich wissenschaftlicher Grundlage gegenüber, die heute ebenso anachronistisch anmutet wie der damalige Kreationismus. Diese Frontstellung erklärt zum Teil die politische Reaktion im konservativen, protestantischen Süden der USA. Sie erklärt auch, warum der »Affenprozeß von Tennessee« ein solches Aufsehen erregte.[3] Ein Lehrer namens John D. Scopes war angeklagt, entgegen dem staatlichen Verbot den Darwinismus gelehrt zu haben. Verteidigt wurde er von einem der führenden Advokaten der Zeit, und die Anklage bediente sich des damals bekanntesten Kreationisten William J. Bryan. In dem Verfahren ging es vorrangig um die richtige Deutung der Bibel und um das christliche Menschenbild, das man durch die darwinistische »Abstammung des Menschen von Affen« bedroht sah. Allerdings war der kreationistische Ideenbestand (ebenso wie der evolutionsbiologische Ideenbestand) damals noch nicht so gefestigt wie heute, er hatte viele Züge des Langzeit-Kreationismus. Auch Bryan stand der Wissenschaft, zum Beispiel was das Erdalter betrifft, offener gegenüber als die derzeitigen kreationistischen Meinungsführer. Die Stärke des Kreationismus lag damals eher in der politischen Unterstützung durch das weiße, konservative Kleinbürgertum als in dem Einfluß religiöser und (scheinbarer) wissenschaftlicher Argumente. Der größte Teil dessen, was den heutigen Ideenbestand des Kreationismus ausmacht, war noch nicht entwickelt. Man erinnere sich, daß zur selben Zeit dieselben politischen Kräfte, die das Verbot der Evolutionslehre an Schulen verlangten, in den USA die Prohibition durchsetzten.

Die Frontstellungen der zwanziger Jahre haben sich zum Teil aufgelöst. Vor und nach dem Zweiten Weltkrieg, als der Wissenschaftsglaube selbst schwer erschüttert wurde, sah es eine Zeitlang so aus, als gehöre sowohl der kämpferische »wissenschaftliche Atheismus« als auch der Kreationismus in den USA der Vergangenheit an. Das konservative Bürgertum wurde von anderen Themen bewegt. Völlig unerwartet brachten jedoch die sechziger Jahre eine kreationistische Renaissance, und zwar als Kurzzeit-Kreationismus, also in einer radikal biblizistischen Version.[4] Die Haltung zur herkömmlichen Wissenschaft wurde selbstbewußter als vor dem 2. Weltkrieg, eine Folge der Krise des »wissenschaftlichen Weltbilds«. Die wissenschaftlichen Argumente nahmen zu, die politischen, moralischen und theologischen traten eher zurück. Es wurde auch nicht mehr versucht, die Verbreitung der Evolutionstheorie als unamerikanisch zu verbieten. Vielmehr wurden die herkömmliche und die kreationistische Naturwissenschaft als zwei gleichberechtigte Möglichkeiten dargestellt, die aus

Gründen der Fairneß in den Schulen gleichrangig behandelt werden müßten. Dieses »equal time argument« erwies sich als erstaunlich erfolgreich, da es an den angelsächsischen Sinn für »fair dealing« appelliert, und da kreationistische Argumente und Unterrichtsmittel inzwischen vorlagen. In den USA haben die Eltern viel mehr Möglichkeiten als in Europa, auf lokaler und einzelstaatlicher Ebene auf den Schulunterricht Einfluß zu nehmen. Dadurch erreichte der Kreationismus im Biologie-, Geologie- und Geschichtsunterricht eine große Verbreitung. Er wurde zum bildungspolitischen und darüber hinaus zum innenpolitischen Thema in einem Ausmaß, das in Europa kaum vorstellbar ist.

Nach einem Bericht von Kreationismus-Gegnern[5] ändert heute sogar die National Science Foundation (NSF) bei Forschungsanträgen Titel und Zusammenfassung, falls diese das Wort »Evolution« enthalten. Dadurch wird der Zusammenhang des beantragten Projekts mit der Evolutionstheorie verschleiert, bevor der Antrag den zuständigen politischen Gremien vorliegt. NSF ist für die Finanzierung der meisten Forschungsvorhaben in den USA zuständig, die (außer der Medizin) an Universitäten ablaufen. Man kann sie von daher mit der Deutschen Forschungsgemeinschaft (DFG) vergleichen. In der DFG würde aber kein Mensch daran denken, Anträge auf das anstößige E-Wort hin durchzusehen. Auch die Experten der NSF sind keine Kreationisten, aber sie rechnen damit, daß die Stäbe der Abgeordneten die Anträge prüfen. Und es könnte die Wahlchancen mindern, wenn man einem Kandidaten in seinem Wahlkreis vorhält, er habe »evolutionistische Forschung« genehmigt. Daher haben Anträge bessere Chancen, bei denen die Politiker eine solche Gefahr nicht vermuten.

Wie es in politischen Auseinandersetzungen unvermeidlich ist, hat sich in den USA auch der Widerstand gegen den Kreationismus als Lobby organisiert. Die Atmosphäre wird durch die politischen Schaukämpfe so vergiftet, daß sachliche Diskussionen – selbst im kirchlichen Rahmen – kaum mehr möglich scheinen.[6] Daß es all diese Erscheinungen in Europa nicht gibt, liegt neben der geringen Bedeutung des christlichen Fundamentalismus auch an den anderen bildungspolitischen Verhältnissen. Daher wollen wir die amerikanische Kontroverse, so interessant sie ist, hier nicht weiter verfolgen.

Kreationismus in Deutschland

In Deutschland tritt auf protestantischer Seite fast nur der moderne Kurzzeit-Kreationismus in Erscheinung.[7] Bei weitem am wichtigsten ist die Studiengemeinschaft »Wort und Wissen« mit einem Studienkolleg in Röt (Nordschwarzwald). Dort sucht man sich vom amerikanischen Fundamentalismus abzugrenzen.[8] Man betont die theologische und naturwissenschaftliche Seite des Kreationismus, nicht aber seine kulturelle oder politische. »Wort und Wissen« bevorzugt sogar Begriffe wie »Schöpfungslehre« und »Schöpfungswissenschaft«, und lehnt die Bezeichnung Kreationismus ab. Aber darauf einzugehen, würde die erwähnten Mißverständnisse verursachen, vor allem bei nichtkreationistischen Fachleuten, die ebenfalls an den Schöpfergott der Bibel glauben.[9] Für sie ist jede Naturwissenschaft »Schöpfungswissenschaft«, da die gesamte Natur zur Schöpfung gehört. Es geht im Kreationismus nun einmal nicht um den Schöpfungsglauben an sich, sondern um das richtige Verhältnis von Schöpfungsglauben und Naturwissenschaft. Und dieses Verhältnis wird von »Wort und Wissen« letztlich doch fundamentalistisch gesehen. Es ist erklärtes Ziel, eine Wissenschaft auf biblischer Grundlage als gleichberechtigte oder bessere Alternative zur herkömmlichen Wissenschaft zu entwickeln: »An verschiedenen Stellen läßt sich schon jetzt zeigen, daß die vom biblischen Schöpfungszeugnis ausgehenden Deutungen wissenschaftlicher Er-

kenntnisse der Realität viel eher gerecht werden als Deutungsversuche im Rahmen der Evolutionslehre.«[10]
Auch sonst bestehen enge Beziehungen zum amerikanischen Fundamentalismus, so daß der deutsche Kreationismus als kulturell-religiöser Import aus den USA gelten muß. Es wird sehr viel US-Literatur übersetzt und in Umlauf gebracht, und immer wieder zeigt sich sogar bei »Wort und Wissen« eine fundamentalistische Grundhaltung. Ein führendes Mitglied schreibt:
»Im Altertum wurden den heidnischen Göttern der Kanaaniter vereinzelt Kinder als Menschenopfer gebracht (5. Mose 12,31). Die heutigen Götter der Evolution verlangen weit größere Opfer: Eine ganze heranwachsende Jugend wird nicht nur im Denken schizophrenisiert, sondern noch weit schlimmer ist der millionenfache Seelenmord an den Kindern, die nach diesem geistigen Mordprozeß nicht mehr in der Lage sind, an den lebendigen Gott der Bibel zu glauben.«[11]
Wie im amerikanischen Fundamentalismus betrachtet man also die Evolutionstheorie als wesentlichen Grund für den Unglauben der Neuzeit, und als Mittel zur Zerstörung unserer Kultur. In typischer Weise fließen so theologische, wissenschaftliche, moralische und politische Wahrheiten ineinander. Der richtige Glaube läßt nur eine richtige Politik zu – in diesem Fall den Kampf gegen die Evolutionslehre mit allen Mitteln. Zwar gibt es für die praktische Umsetzung einer solchen Politik in Europa keine Grundlage, aber das ändert an der fundamentalistischen Denkweise nichts. Und man sollte die prinzipielle Neigung zu einem solchen Denken bei uns nicht unterschätzen, auch wenn es sich bisher nur andeutungsweise konkretisiert hat, und auch wenn es bei »Wort und Wissen« durchaus andere Stimmen gibt.
Nach einer Allensbach-Umfrage glauben 28 % der Menschen in der (alten) Bundesrepublik daran, daß der Mensch genauso entstand, wie es die biblische Urgeschichte schildert. Unter ihnen befinden sich 1/3 aller Katholiken und 1/4 aller Evange-

lischen.[12] Dahinter steht zwar keine klare kreationistische oder auch nur klare religiöse Position, was die Tatsache zeigt, daß sich die ablehnende Gruppe nicht mit den Kirchgängern deckt. Vielmehr handelt es sich wohl um eine Mischung von Unkenntnis, Wissenschaftskritik und religiösen Ideen. Wenn man bei »Wort und Wissen« meint, daß ein Drittel der evangelischen Christen, nämlich der ganze evangelikale Flügel, zum Kreationismus tendiert, greift man also viel zu hoch. Es scheint eher so, daß der katholische Traditionalismus bei der diffusen Gegnerschaft gegen die Evolutionstheorie eine größere Rolle spielt als der Evangelikalismus.[13] Trotzdem gibt es einen Boden für die fundamentalistische Kritik an der Naturwissenschaft in Deutschland, und die hohen Auflagen mancher kreationistischer Bücher kommen nicht von ungefähr. Es gibt viele aktive, überzeugte Christen gerade in den Kerngemeinden, die zumindest einige Grundgedanken des Kreationismus akzeptieren, allerdings fast immer ohne eigene naturwissenschaftliche Kenntnisse.

Gerade deshalb sei festgehalten: Eine fundamentalistische Verhältnisbestimmung Glaube – Bibel – Naturwissenschaft findet sich auch bei Christen, die keineswegs die Züge der amerikanischen »fundamentalists« aufweisen. Zum Beispiel fehlt bei »Wort und Wissen« der Separatismus, die eigene Position wird weitgehend innerhalb der evangelischen Landeskirche vertreten. Damit setzt sich die Gruppe Spannungen nach beiden Seiten aus – zum protestantischen Fundamentalismus im weiteren Sinn ebenso wie zu den Kritikern in der Landeskirche. Solche Spannungen auszuhalten, ist kein fundamentalistisches Charakteristikum, wohl aber eine Notwendigkeit im Rahmen des breiten und vielfältigen evangelikalen Bereichs im deutschen Protestantismus. Man sollte also Evangelikale mit kreationistischen Ideen von protestantischen Fundamentalisten (die immer auch Kreationisten sind) unterscheiden lernen.

Kreationismus und Technik

Die wichtigen kreationistischen Autoren (soweit sie naturwissenschaftlich qualifiziert sind) kommen meist nicht aus der Grundlagenforschung. Sie sind Techniker, Ingenieure und Vertreter angewandter Wissenschaft. Wenn überhaupt, stammt ihre Erfahrung mit der herkömmlichen Forschung aus einem anderen Gebiet als dem, über das sie als Kreationisten schreiben. Horst W. Beck, der führende deutsche Autor, ist promovierter Ingenieur und Theologe. Werner Gitt ist Informatiker, Wolfgang Kuhn Professor für biologische Didaktik, Theodor Ellinger (der Vorsitzende von »Wort und Wissen«) ist Ingenieur und Ökonom usw. Der (meines Wissens) einzige christliche Berufsverband, der eine kreationistische Position vertritt, ist der Deutsche Christliche Techniker-Bund (DCTB). Nur Siegfried Scherer und seine Frau Siegrid Hartwig-Scherer bei »Wort und Wissen« arbeitet in der biologischen Grundlagenforschung.[14] In den USA sieht das Bild ähnlich aus. Dort spielen zusätzlich Naturwissenschaftler aus der Industrie eine wichtige Rolle.[15]

Der technische Hintergrund spricht keineswegs gegen die Kompetenz dieser Autoren, er zeigt aber, wo sich der fruchtbare Boden für das kreationistische Denken befindet. Im Bereich angewandter Naturwissenschaft ist die Gefahr am größten, daß die »Naturgesetze« (also die funktionierenden Regeln aus den Lehrbüchern) als eigentliche Wirklichkeit verstanden werden. Der Techniker entwickelt die grundlegenden Theorien nicht, er benutzt sie. Dies fördert das Gefühl, in den Lehrbüchern werde einfach »die Wirklichkeit« beschrieben, nach der man sich zu richten habe, und die naturwissenschaftliche Wahrheit sei die Grundlage jeder Weltanschauung. Tatsächlich ist es eher umgekehrt: Die Naturwissenschaft ist selbst Ergebnis einer bestimmten Weltanschauung. Der Grundlagenforscher weiß das oft. Und wenn nicht, hat er doch eher ein Gefühl dafür, daß seine Theorien nicht einfach sagen, was wirklich ist, sondern menschliche Produkte darstellen. Schließlich hat er selbst einige Theorien produziert. Daher finden sich die Hochburgen des Wissenschaftsglaubens heute nicht mehr in der Grundlagenforschung, schon gar nicht in der theoretischen Physik, die letztlich die Basis aller naturwissenschaftlicher Arbeit liefert. Sie finden sich in den großen Industrieunternehmen und in technischen Hochschulen. Im MIT (Massachusetts Institute of Technology) trifft man eine Atmosphäre antireligiösen Fortschrittsglaubens an, nicht so sehr in Harvard oder Yale.

Für überzeugte Christen aus technischen Berufen ist die Versuchung groß, dem Weltbild einer wissenschaftsgläubigen Umgebung ein eigenes »wissenschaftliches Weltbild« mit christlichem Vorzeichen entgegenzusetzen. Von ihnen wird die Bibel als Quelle wissenschaftlicher Wahrheit gelesen, und es ergibt sich die kreationistische Alternativwissenschaft als eine »wissenschaftliche« Widerlegung des Wissenschaftsglaubens. Die autobiographischen Angaben, wo sie erhältlich sind, bestätigen diese Vermutung.[16] Der niederländisch-kanadische Physiker van der Kamp schreibt:

»Als ... ich die vielen exegetischen Versuche prüfte, die wissenschaftlichen Tatsachen mit den theologischen Vorstellungen von der göttlichen Inspiration der Schrift und ihren Anforderungen zusammenzubringen, fand ich nur eine für mich akzeptable Position: Wenn die Bibel eine einfache Beschreibung oder Erklärung in Prosa gibt, muß der Text auch so genommen werden, außer es gibt überzeugende Gründe im Text selbst (nicht von außerhalb), ihn anders zu verstehen. Meine hohe Meinung von der Schrift zwang mich dazu, alle anderen Positionen als geistreiche Ausweichmanöver zu verwerfen, die die Schwierigkeiten verschleiern sollen... Langsam wurde mir klar, daß der Konflikt zwischen der weltlichen Wissenschaft ... und jeder supernaturalen Religion im Grund von einem klaren Entweder-Oder erzeugt wird... Die Bibel macht endgültige Aussagen über Vergangenheit und Zukunft mit einer Autorität, die keine Änderung erlaubt. Die Geschichte der Wissenschaft ist dagegen eine schillernde Folge von Theorien, die heute gelten und morgen widerlegt werden.«

Hier steht der strikte Biblizismus gegen den als übermächtig erlebten Wahrheitsanspruch von Naturwissenschaft und Technik. Die Naturwissenschaft wird von van der Kamp ausdrücklich abgelehnt, weil sie Menschenwerk ist und deshalb keine endgültigen Wahrheiten findet. Endgültige Wahrheiten erwartet aber nur der neuzeitliche Wissenschaftsglaube von der Forschung. Und nur wo dieser Glaube Christen teils erfaßt und teils bedrängt hat, kann eine biblizistische Alternativwissenschaft entstehen. Van der Kamp ist nicht nur Kreationist, sondern sogar Geozentrist; er glaubt aufgrund des Bibeltextes auch an die Mittelpunktstellung der Erde im Sonnensystem und im Kosmos. (Trotzdem bleibt er bemerkenswert frei von Intoleranz und Weltrettungstönen – theologisch ein protestantischer Fundamentalist, soziologisch und psychologisch ein Liberaler. Solche Persönlichkeiten erinnern uns erneut an die verschiedenen Ebenen des Begriffs »Fundamentalismus«: Eine fundamentalistische Theologie muß nicht mit einer fundamentalistischen Haltung und deren unerfreulichen Seiten verbunden sein.)

Kreationismus außerhalb der Kirchen

Bezeichnenderweise spielt im Islam der Kreationismus keine Rolle, obwohl die Muslime den Schöpfungsglauben mit Juden und Christen teilen, und obwohl der Islam die Buchreligion schlechthin darstellt. Er muß sich zwar noch mehr als das Christentum der neuzeitlichen Kultur erwehren, er hat sich aber nicht primär mit deren »wissenschaftlichem Weltbild« auseinanderzusetzen, sondern mit der Kultur des Westens insgesamt. In Europa und Amerika wurde dieses Weltbild

verinnerlicht, es beherrscht auch nach dem Zerfall des Fortschrittsglaubens das Denken. Für den Islam kommt der Wissenschaftsglaube dagegen von außen, und es scheint gut möglich zu sein, ihn von Wissenschaft und Technik zu unterscheiden, letztere zu akzeptieren und ersteren zu ignorieren. Die neuzeitliche Kultur stellt die Muslime eher vor ethische Probleme und vor Identitätsprobleme; sie wird als Angriff auf Werte und Lebensordnungen erlebt, die es zu verteidigen gilt – gegebenenfalls auf fundamentalistische Weise. Daher tritt der islamische Fundamentalismus vor allem als moralische und politische Größe auf, kaum aber wissenschaftskritisch.
Wieder anders steht es im orthodoxen Judentum, dort gibt es wie im Christentum eine Art Kreationismus. Aber das Judentum war – zumindest im Westen – an der Entstehung des wissenschaftlichen Denkens maßgeblich beteiligt und ist insofern denselben Spannungen zwischen wissenschaftlichem Weltbild und Glauben ausgesetzt wie die Christenheit. Da die Schöpfungsgeschichte zur Thora gehört, in der jeder Buchstabe als göttlich inspiriert gilt, ist es für die jüdische Orthodoxie auch schwer möglich, kreationistische Schlußfolgerungen zu vermeiden. Trotzdem stehen diese Schlußfolgerungen in Theologie und Frömmigkeit nicht so sehr im Vordergrund wie im protestantischen Fundamentalismus.
Ähnliches gilt für den Katholizismus, wo es kreationistische Tendenzen gibt, die aber eine vergleichsweise geringe Rolle spielen.[17] Die katholische Evolutionskritik wird, wo sie vorkommt, traditionalistisch und nicht fundamentalistisch begründet. Sie greift auf die kirchliche Tradition zurück und lehnt zum Beispiel deshalb das »Zufallsprinzip der Evolution« ab. Aber sie bestreitet die großen Zeiträume der Evolution meist nicht, und sie findet sich auch mit der allmählichen Entwicklung der heutigen Tiere und Pflanzen ab. Das ist möglich, weil der Biblizismus für katholische Traditionalisten kaum eine Rolle spielt. Und wie wir sahen, bildet gerade der strikte

Biblizismus das wichtigste Motiv des protestantischen Kreationismus, und er bildet gleichzeitig die Ursache seiner inneren Widersprüche.
Einige wichtige Sekten haben den Kreationismus komplett übernommen, meist deshalb, weil sie geschichtlich mit dem amerikanischen Fundamentalismus verbunden sind. Die verbreitetste kreationistische Schrift überhaupt dürfte das Buch: »Ist die Bibel wirklich das Wort Gottes?« der Zeugen Jehovas sein.[18] Es wird weltweit in großer Zahl im Zug der Zeugenmission verteilt. Im Vergleich zum kirchlichen und freikirchlichen Kreationismus wird allerdings wenig Wissenschaft und wenig Nachdenkenswertes geboten. Das ist verständlich, denn für die Zeugen Jehovas und andere Sekten bildet der Kreationismus einfach einen Teil der Wahrheit, die man sowieso exklusiv in Besitz hat. Daher findet eine Auseinandersetzung mit der herkömmlichen Wissenschaft kaum statt, und die kreationistischen Argumente sind – wenn vorhanden – naiv.
Die Auseinandersetzung mit der Naturwissenschaft wird nur dort mit Leidenschaft geführt, wo Kreationisten sich als Teil der Christenheit verstehen, wo sie Einfluß auf die Kirchen und auf die Gesellschaft nehmen wollen, wo es um den rechten Glauben und um die Abwehr des Irrglaubens geht und nicht nur darum, Menschen im eigenen Pferch zu versammeln. Nur diese argumentierende Form des Kreationismus hat eine größere Ausstrahlung, nur sie lohnt die nähere Betrachtung. Wir wollen diese Betrachtung in zwei Durchgängen vornehmen; im ersten soll nach der kreationistischen Erkenntnismethode, und im zweiten nach den naturwissenschaftlichen Theorien des Kreationismus gefragt werden.

Die Frage nach der Methode: Ist der Kreationismus echte Naturwissenschaft?

Handelt es sich beim Kreationismus um Naturwissenschaft, kann es sich um Naturwissenschaft handeln? Diese Frage läßt sich nicht oberflächlich beantworten, sie erfordert methodisches Nachdenken. Von »Wort und Wissen« wird gesagt, daß naturwissenschaftliche Theorien immer auf Voraussetzungen beruhen, die nicht selbst naturwissenschaftlicher Herkunft sind. Es wird nur ihre empirische Bewährung geprüft, also wie gut diese oder jene Theorie Experimente und Beobachtungen zu erklären imstande ist. Wenn sie die bekannten Befunde besser erklärt als eine andere Theorie, erhält sie (zumindest auf lange Sicht) den Vorzug. Was »besser« in diesem Zusammenhang bedeutet, wird noch zu besprechen sein. Aber wenn die Herkunft von Theorien keine Rolle spielt, ist es nach Ansicht von »Wort und Wissen« grundsätzlich gleichwertig, ob man Entstehung der Lebewesen auf der Grundlage von Genesis 1 oder einer Evolutionsidee erklärt.[19] Das stimmt. Die Naturwissenschaft operierte auch bis zur Mitte des 19. Jahrhunderts mit der Vorstellung einer plötzlichen Erschaffung der Dinge aus dem Nichts, und sie war damals nicht weniger Naturwissenschaft als heute. Sie ging mit Recht von einer naturkundlichen Deutung der Schöpfungsgeschichte aus, solange diese sich bewährte. Aber in der Naturwissenschaft steht jede Theorie zu jeder Zeit auf dem Prüfstand von Experiment und Beobachtung. Die Evolutionsvorstellung setzte sich durch, weil sie sich schließlich als die bessere Erklärung für die bekannten Fakten erwies.

Ein Beispiel aus einem anderen Gebiet: Noch um die Jahrhundertwende herrschte in der Physik die Vorstellung, es gebe einen Weltäther, der den ganzen Kosmos erfülle und Träger elektromagnetischer Wellen sei. Die Äthervorstellung ging bis in die Antike zurück und hatte sich in der Physik des 19. Jahrhunderts bewährt. Erst danach wurden Experimente durchgeführt, die den Äther direkt nachweisen sollten, und die scheiterten. Damit wurde die Idee »Weltäther« unplausibel und verschwand aus den Lehrbüchern. Es ist irrig zu meinen, naturwissenschaftliche Theorien seien in allen Teilen »wissenschaftlich bewiesen« oder gar unumstößlich. Sie sind menschliches Produkt, gefaßt in menschliche Sprache (auch die Mathematik ist menschliche Sprache), und damit Teil menschlicher Kultur und Geschichte. Insofern hat der Kreationismus sehr wohl das Recht, sich am naturwissenschaftlichen Hindernisrennen um empirische Bewährung zu beteiligen.

Aber er müßte sich wirklich an die Regeln der Naturwissenschaft halten, und das ist unmöglich. Wäre es zum Beispiel eine biblische Aussage, daß Äther den Kosmos erfüllt, dann hätte die Idee »Weltäther« festgehalten und die Ergebnisse der Experimente auf dieser Grundlage gedeutet werden müssen. Der entscheidende Punkt ist, daß dies machbar gewesen wäre! Wenn man dem Äther hinreichend komplizierte Eigenschaften verleiht, läßt sich seine Existenz mit allen Befunden in Übereinstimmung bringen.[20] Die Physik ging diesen Weg nicht, weil sie bessere Erklärungen für die Ergebnisse fand. Der Weltäther wurde ersatzlos gestrichen. »Wort und Wissen« könnte dagegen niemals die kosmische Zeitskala von 30000 auf 30 Milliarden Jahre ausdehnen, auch wenn seine Naturwissenschaft dadurch um vieles »besser« würde. Seine Theorien müssen sich nicht nur an ihrer Erklärungskraft, sondern zuerst an der fundamentalistischen Auslegung von Genesis 1 messen lassen. Das Ergebnis ist ein eigenständiges System biblizistischer Naturkunde, aber keine Naturwissenschaft.

Hier setzt ein Einwand von seiten des Kreationismus an, den z. B. Del Ratzsch formuliert: Wenn die »bessere Erklärungskraft« bestimmt, ob eine Theorie angenommen wird, liegt darin (anders als in der reinen Logik) eine gewisse Willkür.[21] Tatsächlich hängt das Urteil über eine Theorie, wie Ratzsch richtig feststellt, sogar von mehreren Wertungen ab, von ihrer Einfachheit, Stimmigkeit, Tragweite u. a. Man nennt diese Kriterien »epistemologische Werte«. Im Zweifelsfall wird von konkurrierenden Theorien die bevorzugt, die Kausalzusammenhänge am einfachsten formuliert. Weiterhin wird eine umfassende gegenüber einer begrenzten Theorie bevorzugt. Wenn eine Erklärung unser Problem zusammen mit vielen anderen Problemen löst, die andere aber nur das eine, spezielle Problem, wird erstere bevorzugt. Schließlich werden Theorien, die sich in die vorliegenden Erkenntnisse einfügen, gegenüber solchen bevorzugt, die Unstimmigkeiten erzeugen. Um eine extremes Beispiel zu wählen: Eine Theorie, die gegen den Energieerhaltungssatz verstößt, wird nur schwer Anerkennung finden. Immerhin würde damit ein allgemeines Prinzip aufgegeben, das sich bisher noch in jedem Fall bewährt hat. Dafür müßten nicht nur gute, sondern überwältigende Gründe sprechen. Es gibt noch andere epistemologische Werte – wie viele, ist umstritten. Es liegt im Wesen von Wertungen, daß ihre Definition und Anwendung einer gewissen Willkür unterliegen, und daß sie sich nicht strikt logisch ableiten lassen. Daß eine einfache Theorie besser ist als eine komplizierte, muß man in gewissem Sinn glauben. Der gesunde Menschenverstand stimmt zwar zu, aber ein »wissenschaftlicher« oder logischer Beweis ist unmöglich. Nicht umsonst hat man die Methode der Naturwissenschaft als »organisierten gesunden Menschenverstand« bezeichnet. Warum also, so Del Ratzsch, soll man diesen Werten nicht einen weiteren hinzufügen dürfen und ihn »Übereinstimmung mit der Bibel« nennen? Sein Irrtum liegt darin, daß das Kriterium »Übereinstimmung mit der Bibel« gar keinen epistemologischen Wert, sondern eine inhaltliche Forderung darstellt. Sie verlangt, daß die Grundtypen aller Lebewesen separat erschaffen wurden, oder daß der Kosmos höchstens 30000 Jahre alt ist. Solche naturwissenschaftlichen Inhalte müssen der Erprobung an Beobachtung und Experiment unterliegen. Da dies im Kreationismus nicht der Fall ist, handelt es sich nicht um eine Naturwissenschaft.

Der bisherige Gedankengang hat vielleicht nicht nur die Anhänger, sondern auch manche Gegner des Kreationismus irritiert. Sind die kreationistischen Ideen wirklich nicht streng logisch zu widerlegen, operiert die angeblich so exakte Naturwissenschaft wirklich mit unprüfbaren, wenn auch plausiblen Wertungen? Hier muß unterschieden werden: Viele der publizierten Ideen des Kreationismus sind strikt logisch zu widerlegen, und zwar aufgrund mangelnder Sachkenntnis oder unerfüllbarer Ansprüche der Autoren. Aber das sind in gewissem Sinn vermeidbare Defizite. Prinzipiell ist es immer möglich, ein logisch unangreifbares Gedankengebäude zu errichten, um jedes Phänomen dieser Welt zu erklären, solange man die Regeln des Erklärens selbst bestimmt.

Ein Beispiel soll diesen Punkt unterstreichen: Der Physiker Hägele zeigt (unter Berufung auf Roman Sexl), daß die sogenannte Hohlwelttheorie nicht logisch widerlegt werden kann.[22] Nach dieser Theorie bildet die Erde keine Kugel, auf deren äußerer Oberfläche wir uns bewegen, sondern eine Hohlkugel rund um den ganzen Kosmos. Wir befinden uns auf ihrer inneren Oberfläche, und alle Himmelskörper bewegen sich in der Weltkugel. Die Hohlwelttheorie muß dem Licht, das von den Sternen zu uns dringt, äußerst merkwürdige Eigenschaften zuschreiben, um die astronomischen Beobachtungen zu erklären. Raum und Zeit müssen sich kompliziert verändern, zum Beispiel wenn eine Raumsonde abgeschickt wird. Aber selbst die scheinbar schlagendsten Beweise gegen die Hohlwelttheorie, zum Beispiel die Mondreisen der NASA, können erklärt werden, wenn man die Theorie nur kompliziert genug macht. Solange man diese Theorie nicht nach den Regeln der Naturwissenschaft bewerten darf, solange es »rein logisch« zugeht, ist die Hohlwelttheorie unwiderlegbar. Der gesunde Menschenverstand, ob organisiert oder nicht, wendet sich zwar mit Grausen ab. Aber das Beispiel be-

legt, daß es in gewissem Sinn selbstverständlich ist, daß der Kreationismus zu in sich stimmigen Theorien kommen kann. Meist leistet die kreationistische Literatur allerdings viel weniger, meist enthält sie nicht viel mehr als diffuse Zweifel an der herkömmlichen Naturwissenschaft, wobei dem Leser suggeriert wird, daß alles, was gegen die bisherigen Theorien spricht, irgendwie ein Beleg für den Kreationismus sei.
Nach einem Vortrag berief sich zum Beispiel ein Kreationist in der Diskussion auf neue Entdeckungen der Astrophysik, die Zweifel an der sogenannten Standardtheorie wecken. (Zu der Standardtheorie gehört auch die populäre Idee eines »Urknalls«.) Er meinte, daß durch die Zweifel am Urknall die Erschaffung der Welt vor 10000 Jahren wahrscheinlicher werde. Er kam nicht auf die Idee, daß dazu die neuen Befunde von der kreationistischen Astrophysik (die es nur in Rudimenten gibt) besser erklärt werden müßten als von der Standardtheorie. Davon kann natürlich keine Rede sein, aber dem Mann reichte die Tatsache aus, daß Zweifel an der Standardtheorie existieren. Dabei gehört es zum Wesen der Naturwissenschaft, daß ihre Theorien ständig bezweifelt werden, und daß allgemeine Theorien von gestern zu den Spezialtheorien von morgen schrumpfen. Dem Kreationismus helfen solche Entwicklungen nicht, im Gegenteil. Die herkömmliche Naturwissenschaft geht aus ihnen stets gestärkt hervor.

Die Frage nach den Inhalten: Kreationismus und Evolutionstheorie

Eine inhaltliche Betrachtung des Kreationismus ist nicht einfach, denn die Naturwissenschaft befaßt sich kaum mit seinen Theorien, außer wo man – wie in der Schulpolitik der USA – Argumente für den politischen Bedarf benötigt. Wenn überhaupt, geht die Initiative von Naturwissenschaftlern aus, die selbst Christen sind und sich angegriffen fühlen, wenn von kreationistischer Seite behauptet wird, ihre Naturwissenschaft sei nicht mit ihrem Glauben vereinbar. Diese Autoren wollen – im Gegensatz zu der antikreationistischen Lobby – nicht vorrangig die Wissenschaft oder den wissenschaftlichen Unterricht verteidigen. Kaum einer meint, die Kreationisten seien in der Lage, effektive Kritik an Biologie oder Physik zu üben. Wenn überhaupt, wollen sie ihre eigene Verhältnisbestimmung von Glaube und Wissenschaft verteidigen. In den USA hat es viele Stellungnahmen dieser Art zum Kreationismus gegeben, die bei uns kaum bekannt wurden, da evangelikale Verlage meist nur kreationistische Literatur übersetzen, während die übrigen Verlage das Gebiet unbeachtet lassen. Die einzigen Ausnahmen waren lange Zeit die Publikationen der Akademikerschaft der SMD (Studentenmission in Deutschland) und der Karl-Heim-Gesellschaft. Erst 1989 hat sich ein naturwissenschaftlicher Verlag des Kreationismus angenommen.[23] Das wichtigste Thema bildet dabei immer noch die biologische Evolutionstheorie, obwohl der moderne Kurzzeit-Kreationismus auch die herkömmliche Kosmologie (indirekt die gesamte Physik), die Geologie, die Paläontologie und die Archäologie verwirft. Um die Evolutionstheorie soll es auch hier gehen:

Alle Varianten des Kreationismus (mit Ausnahme eines »aufgeweichten« Langzeit-Kreationismus) stellen sich die Schöpfung als plötzliches Erscheinen von Gestirnen, Erde, Pflanzen und Tieren aus dem Nichts vor. Wenn es um die Anfänge geht, darf keine sekundäre, »natürliche« Ursache zu der primären Ursache des Schöpferwortes hinzutreten.[24]

Viele Formen des Kreationismus tragen dem heutigen Stand der Biologie allerdings insofern Rechnung, als sie die sogenannte Mikroevolution zugestehen. Unter Mikroevolution versteht man die Veränderung von Lebewesen in kleinem Rahmen, die Bildung von Rassen oder höchstens Arten. Alle direkt beobachtbaren »darwinistischen« Veränderungen fallen schon aus Zeitgründen in den Bereich dieser Mikroevolution, von den berühmten schwarzen Birkenspannern Englands bis zur Haustierzüchtung. Von daher ist es möglich, die Makroevolution zu leugnen, also die Theorie zu leugnen, daß sich die kleinen Änderungen zu großen Änderungen summieren, zur Entstehung neuer Familien, Klassen oder Stämme. Die Evolution müßte dann an den genetischen Grenzen der unabhängig voneinander erschaffenen »Grundtypen« aufhören. Aus jedem Grundtyp haben sich nach der kreationistischen Biologie[25] seit der Sintflut zwar unterschiedliche Lebewesen entwickelt, so zum Beispiel alle Entenarten aus einer Ur-Ente. Aber Überschneidungen zwischen den Nachkommen der Grundtypen könnte es nicht geben. Das ist jedoch reine Spekulation. Die tatsächliche Fauna und Flora zerfällt nicht in klar getrennte Artengruppen, es gibt viele Übergänge. Daher ist für die Kreationisten nur schwer zu sagen, wo die Grenzen zwischen den genetischen Grundtypen eigentlich liegen. In der Regel werden sie sehr weit gesteckt.

Eine Arbeit z. B. zählt alle Finkenvögel zum selben Grundtyp.[26] Das bedeutet, daß so unterschiedliche Vögel wie Zeisig, Kernbeißer und Kreuzschnabel seit der Sintflut aus einem Urfinken entstanden sein müßten. Wenn die Mikroevolution das in wenigen tausend Jahren leistet, mag man sich mit Recht fragen, warum sie (genügend Zeit vorausgesetzt) nicht auch die übrige Stammesgeschichte der Lebewesen erklärt. Kein Evolutionstheoretiker würde es für möglich halten, daß der Kreuzschnabel seine hochspezialisierten Merkmale (Scheren-Haken-Schnabel, Brut im Winter usw.) in so kurzer Zeit erworben hat. Er würde ihm eher 5 Millionen Jahre geben wollen, um aus einem unspezialisierten Urfinken zum Kreuzschnabel zu werden.

Daß heutige Kreationisten die Mikroevolution einräumen müssen, hat also angesichts ihres engen Zeitrahmens Konsequenzen, die sie selbst noch nicht durchdacht haben. Man muß zum Beispiel die Veränderungsgeschwindigkeit der Arten nach der Sintflut ungeheuer hoch ansetzen, um aus den in der Arche geretteten Grundtypen die heutige Fauna entstehen zu lassen. Damit sind aber andere kreationistische Standardargumente hinfällig, die behaupten, die erdgeschichtliche Zeit reiche für die darwinistische Theorie nicht aus, um die nötige Zahl von Veränderungen anzusammeln.

Die Kreationisten haben gute Gründe, die Grenzen des Grundtyps trotzdem weit zu stecken. Denn die Sintflutgeschichte wird ebenfalls als Naturwissenschaft gelesen. Und nach ihr müssen sämtliche Landtiere in der Arche vertreten gewesen sein, einschließlich aller ausgestorbenen Formen. Dies rückt nur durch ein rigoroses Beschneiden der Zahl von geschaffenen Grundtypen in den Bereich des Behauptbaren – in den Bereich des Vernünftigen allerdings nicht. Das dokumentiert auch ein Versuch von »Wort und Wissen«, mit dem Problem fertig zu werden: Die Studie »Paßten alle Tiere in die Arche Noah?« rechnet für alle lebenden und ausgestorbenen Landwirbeltiere (einschließlich Amphibien) mit rund 8500 Paaren, die für ein Jahr in der Arche untergebracht, versorgt und entsorgt wurden.[27] Aus biologischer Sicht sind das extrem wenige »Grundtypen«, angesichts von bereits 1000 fossil bekannten Dinosauriergattungen und Tausenden von fossilen Säugetieren, Amphibien, Reptilien usw., von den lebenden Wirbeltieren ganz zu schweigen. Dinosaurier waren, nach der Rechnung von »Wort und Wissen«, etwa 100 bis 200 an Bord, allerdings als platzsparende Jungtiere. Sie hatten nach der kreationistischen Zeitrechnung nur ein paar hundert Jahre für ihre Verbreitung und Aufspaltung in 1000 Gattungen zur Verfügung, bevor sie ausstarben und fossilisiert wurden. Die Mikroevolution muß diese langlebigen Tiere also mit der Geschwindigkeit eines Zeichentrickfilms verändert haben! Ein solches Szenario wird von »Wort und Wissen« notgedrungen in Kauf genommen, damit die Tierwelt wenigstens scheinbar in die Arche paßt. Die Studie erzielte zwar einen unbeabsichtigten publizistischen Heiterkeitserfolg, schadete aber sonst dem Anliegen, den heutigen Menschen die Bibel als Gottes Wort nahezubringen. Denn der Hohn in den Medien beschränkte sich nicht auf den Kreationismus, sondern traf den christlichen Glauben insgesamt.[28]

Der Haupteinwand gegen solche Publikationen richtet sich nicht gegen das Ausrechnen des Arche-Raumbedarfs für eine über den kreationistischen Daumen gepeilte Anzahl von Grundtypen oder gegen andere technische Kuriosa. Der Haupteinwand lautet, daß die Sintflutgeschichte als Ganze – ebenso wie die Bibel als Ganzes – nur dann als Naturwissenschaft gelesen werden kann, wenn man die Regeln der Naturwissenschaft andauernd außer Kraft setzt. Die Reise der Arche, wie »Wort und Wissen« sie beschreibt, hätte laufende Mirakel verlangt. So hätte es eines Einsammelns von 17000 Tieren bedurft, und eines weiteren Mirakels, um 100000 »Grundtypen« wirbelloser Landtiere (Insekten, Spinnen, Schnecken u. a.) ein Jahr in den Fluten überleben zu lassen. (Die Autoren gehen davon aus, daß Eier und Puppen überdauert hätten.) Die Bewegungs- und Versorgungsprobleme in der Arche erfordern einen wundersamen Winterschlaf der Tiere usw. Der Artikel demonstriert, daß man sich eine solche Konstruktion logisch zurechtlegen kann, daß sie dann aber mit Naturwissenschaft oder auch nur mit der alltäglichen Erfahrung nichts mehr zu tun hat.

Damit wird das Grundproblem des Kreationismus erneut sichtbar: die Unvereinbarkeit von Naturwissenschaft und striktem Biblizismus. Er muß die naturwissenschaftliche Richtigkeit aller Teile der Bibel behaupten, nicht nur einiger weniger Aussagen. Es genügt nicht, die plötzliche Erschaffung des Kosmos aus dem Nichts zu einer Alternative zur Evolutionstheorie zu machen; die Sintflutgeschichte muß ebenso Naturwissenschaft sein wie die Abstammung aller Menschen von Sem, Ham und Japhet usw. Diese Aufgabe ist unmöglich plausibel zu lösen, auch wenn sie vielleicht im Prinzip logisch konsistent zu lösen ist. Aber der Kreationismus ist zu diesem unsäglichen Unterfangen verurteilt, weil

die biblizistische Grundlage niemals und nirgends verlassen werden darf. Die Spannung zwischen Naturwissenschaft und fundamentalistischer Bibelauslegung produziert immer neue, innere Widersprüche.
Ein weiteres Beispiel aus der kreationistischen Biologie: Sie geht davon aus, daß alle Lebewesen vor dem Sündenfall in einer paradiesischen Welt lebten. Es gab weder Tod noch Verletzungen, also keine Räuber-Beute-Beziehung, keinen Parasitismus und keine Konkurrenzkämpfe. Diese Vorstellung steht in krassem Widerspruch dazu, daß unter den heutigen Lebewesen viele sind, die nur räuberisch oder parasitär leben können. Man denke an die Schlangen mit ihren 12 Familien und ca. 2800 Arten, unter denen es nicht eine pflanzenfressende gibt. Selbst wenn man annimmt, diese Gestaltenfülle entspräche nur hundert Grundtypen, müßten doch diese schon vor dem Fall gelebt haben. Aber wovon? Eine Schlange ist von ihrem ganzen Bau her außerstande, etwas anderes als Räuber zu sein. Damit das Beispiel »Schlange« im Zusammenhang mit der Versuchungsgeschichte niemand zu unziemlichen Spekulationen verleitet, sei daran erinnert, daß dasselbe für die sympathische Familie der Eidechsen gilt, die es immerhin auf 180 Arten bringen. Es gilt für die Greifvögel mit 4 Familien und rund 280 Arten und für die (nach Ansicht der Stammbaumforscher) nicht näher verwandte Familie der Eulen mit 133 Arten.
Die Beispiele ließen sich beliebig vermehren, man denke an die Libellen, die Fledermäuse usw. Das schlagendste Beispiel liefert vielleicht die Klasse der Spinnentiere, unter deren ca. 60000 Arten nur wenige nicht von tierischer Nahrung leben. Diese wenigen gehören sämtlich den winzigen Milben an, die eine sehr reduzierte Bauform darstellen. Alle größeren Vertreter, die Webspinnen, die Skorpione, Weberknechte usw., leben als Räuber oder Aasfresser. Daß es große Tiergruppen gibt, die ausschließlich aus Parasiten bestehen, sei zusätzlich erwähnt. Der Kreationismus hat zu erklären, woher diese Tie-

re kommen, und er hat dafür kaum mehr Zeit zur Verfügung als für die Evolution der Dinosaurier. Denn unter den fossilen Arten befinden sich in allen Schichten räuberische Vertreter. Und da die geologischen Schichten im Kreationismus auf die Sintflut bzw. auf wenige hundert Jahre danach zurückgehen, müssen die Räuber und Parasiten in (maximal) einigen Jahrtausenden zwischen Sündenfall und Sintflut entstanden sein. Denn erst der Sündenfall beendete das paradiesische Zeitalter.[29] Aber wenn es sich dabei nicht um eine Makroevolution im Zeitraffer-Stil handeln soll, um was dann?
Nach »Wort und Wissen« sind Räuber und Parasiten tatsächlich zwischen Sündenfall und Sintflut entstanden, weil das von Adam und Eva ausgelöste Böse die gute Schöpfung verdarb. Wie das vor sich ging, läßt sich nicht erklären und muß auch nicht erklärt werden, denn die heutige Naturwissenschaft gilt nur für »diesen Äon«.[30] Damit wird, der Not gehorchend, offen zu einer nicht naturwissenschaftlichen Lösung gegriffen. Daß in einem früheren Äon ganz andere Regeln für die Veränderung der Arten galten als heute, ist nicht unlogisch, es ist aber auch keine naturwissenschaftliche Aussage. Die Kritiker müssen diesen Umstand berücksichtigen: Ob jemand die kreationistische Erklärung für die Existenz von Raubtieren für akzeptabel hält oder nicht, liegt an seinem weltanschaulichen Hintergrund. Naturwissenschaftlich ist sie sinnlos, aber es fragt sich, welchen Stellenwert man der Naturwissenschaft einräumen will. Die Kreationisten haben sich dafür entschieden, ihren Biblizismus an die erste Stelle zu setzen und die Naturwissenschaft als zweitrangig zu behandeln. Und sie meinen, daß sich diese Position zwingend aus dem christlichen Glauben ergibt. Dem muß mit theologischen und weltanschaulichen Argumenten widersprochen werden, und nicht mit fachwissenschaftlicher Entrüstung. Erklärungen, die im naturwissenschaftlichen Erkenntnisrahmen keinen Sinn machen, sind im biblizistischen Rahmen des Kreationismus durchaus sinnvoll. Nur sind sie eben deshalb keine Na-

turwissenschaft und dürfen auch nicht als Naturwissenschaft ausgegeben werden.
Daher muß der Anspruch des Kreationismus, die bessere Naturwissenschaft liefern zu können, als Selbstmißverständnis betrachtet werden. Ließe sich dieses Mißverständnis ausräumen, könnte man sich auf die wirklich wichtigen Glaubensfragen konzentrieren, zum Beispiel auf die richtige Deutung der Bibel. Aber das Mißverständnis läßt sich nicht ausräumen, es entspringt der fundamentalistischen Tendenz des Kreationismus. Er kann nicht auf die Autorität der Wissenschaft verzichten, er kann den Anspruch nicht aufgeben, von seinem »Fundament« aus alle Arten von Fragen beantworten zu können, auch die politischen der Politiker und die naturwissenschaftlichen der Naturwissenschaftler. Daher argumentiert der Kreationismus in der Regel naturwissenschaftlich, solange die Karten (scheinbar) günstig liegen, und zieht sich auf seinen Biblizismus zurück, wenn es wissenschaftlich eng wird. Er will Naturwissenschaft sein und doch nicht sein. Und wie jede Paradoxie macht auch diese die Diskussion schwierig und unergiebig. Daher ist es wichtig, klar und eindeutig festzustellen, daß der Kreationismus keine naturwissenschaftliche Alternative zur herkömmlichen Naturwissenschaft darstellt. Er spricht zwar über die Natur, aber er entfaltet eine eigene Naturkunde auf biblizistischer Grundlage.

Der Kreationismus als Herausforderung

Der Kreationismus erinnert uns daran, daß das »naturwissenschaftliche Weltbild« immer noch unsere Kultur prägt, obwohl in diesem Jahrhundert der offene Streit zwischen Glaube und Wissenschaft abflaute. Das gilt für den Druck, den das verinnerlichte wissenschaftliche Weltbild auf den Glauben vieler moderner Menschen ausübt, ebenso auch für die Ängste, die durch seine Krise ausgelöst wurden. Beides wird oft verkannt, weil unsere Kultur (wie C. P. Snow zuerst formulierte) in zwei Kulturen gespalten ist: in eine geisteswissenschaftlich und in eine naturwissenschaftlich-technisch geprägte, die vieles trennt. Die Theologie steht auf dem geisteswissenschaftlichen Ufer des Grabens, und weder in der theologischen Forschung noch in der Verkündigung spielen die weltanschaulichen Fragen von Christen eine große Rolle, die am anderen Ufer leben müssen – obwohl sie in den Gemeinden die Mehrheit bilden. Diese Kluft bestimmt auch den Streit um die »historisch-kritische Methode« der Theologie, der zum Befremden der akademischen Theologen einfach nicht aufhören will. Viele Christen, die über diese geisteswissenschaftliche Methode wenig wissen, haben das (unberechtigte) Gefühl, daß sich die Theologie damit auf die Seite einer feindlichen Macht schlage, nämlich des wissenschaftlichen Weltbilds, das sie selbst als alltagsbestimmende Kulturmacht bedrängt. Und sie haben das (diesmal berechtigte) Gefühl, daß ihr Unbehagen nicht berücksichtigt wird. Die Theologen beerben ihrerseits eine geisteswissenschaftliche Tradition, die zumindest in Deutschland von der Weltbildkritik geradezu lebt, und sie können das Unbehagen derer nicht verstehen, die mit dem Erbe von Idealismus und Existentialismus nichts anzufangen wissen. Die weltanschaulichen Fragen der technisch-naturwissenschaftlich geprägten Christen, ihr Bedürfnis nach intellektuellem Rüstzeug gegen den Zeitgeist, der auf ihrem Ufer weht, haben ihr gutes Recht. Wenn wir nicht wollen, daß zu fundamentalistischen Antworten gegriffen wird, müssen wir andere Antworten anbieten.

Dazu gäbe es viele Wege: In Deutschland ist es zum Beispiel kaum denkbar, daß Naturwissenschaftler nach einer erfolgreichen Karriere in der naturwissenschaftlichen Grundlagenforschung mit 40 oder 50 Jahren in die Theologie, in das Priesteramt oder in den Pfarrdienst wechseln. Im angelsächsischen Raum kommt so etwas nicht selten vor, und konsequenterweise findet die meiste interdisziplinäre Forschung zwischen

Theologie und Naturwissenschaft in den USA und in England statt. Die deutschen Theologen, die über ein naturwissenschaftliches Studium verfügen, kann man dagegen schnell abzählen, und Theologen mit Erfahrung im naturwissenschaftlichen Forschungsbetrieb gibt es praktisch nicht. Für diese strikte Trennung der beiden Kulturen ausgerechnet im kirchlichen Raum existieren keine sachlichen Gründe, sondern nur solche des Beamtenrechts, der Laufbahnbestimmungen usw. Sie sollten sich ändern lassen.

Weiterhin gilt es, in der Verkündigung überzeugend vom Verhältnis von Naturwissenschaft und Schöpfungsglauben zu sprechen, und zwar über den häufig behandelten ethischen Bereich (Umweltschutz, Gentechnologie) hinaus. Was es für den naturwissenschaftlich (scheinbar) völlig erklärten Menschen heißt, Geschöpf Gottes zu sein, wie es zu verstehen ist, daß im unendlich großen und unendlich unverständlichen Kosmos der schöpferische Geist Gottes wirkt – das muß den Menschen nahegebracht werden. Es gibt dafür erfreulich viele Ansätze, mehr als noch vor einem Jahrzehnt, aber sie reichen bei weitem nicht aus. Es gilt, sich stärker in die Sprachwelt der naturwissenschaftlich-technischen Kultur zu vertiefen, um vom Geheimnis der Schöpfung in ihrer Sprache zu sprechen – eine Fremdsprache für die meisten Theologen.

Es gilt auch, den Ängsten und Unsicherheiten, die der Zerfall des naturwissenschaftlichen Weltbildes mit sich bringt, das Vertrauen in die göttliche Schöpfungsordnung gegenüberzusetzen – eine Ordnung, die wir nicht verstehen oder gar machen können, die aber unser Leben und das der ganzen Natur garantiert, sofern wir sie als Menschen nicht mutwillig verletzen. Darin könnte, gerade im Umbruch der Zeit, eine große Chance für die christliche Verkündigung liegen, wenn sie den Glauben an den lebendigen Schöpfergeist Gottes, an den schöpferischen Logos, wieder an die Stelle des Aberglaubens in »Naturgesetze« rücken könnte. Vorläufig hat der Zerfall des Wissenschaftsglaubens keine Rückwendung zum Schöpfungsgedanken, sondern lediglich Orientierungslosigkeit bewirkt. Damit können die Christen sich kaum zufriedengeben. Aber es wäre auch nötig, daß unser Vertrauen in die Schöpfungsordnung und in das Geheimnis des Schöpfungswillens in der Kirche nicht nur erklärt, sondern auch gefeiert werden kann. An Formen dafür fehlt es im Protestantismus besonders, und das rituelle Umarmen von Bäumen durch kirchliche Alternativgruppen, ebenso wie das demonstrative Taufen von Hauskatzen, dürften das Defizit kaum verringern. Wo wird der Schöpfungsjubel der Psalmen im modernen Liedgut der Kirchen neu aufgenommen? Ein oder zwei Beispiele gibt es, aber nicht viele – die ethischen Themen überwiegen auf groteske Weise. Die christliche Umweltlyrik, die sehr wohl existiert, hat sich noch nicht bis zum Liedgut durchgekämpft. Paul Gerhardt und Matthias Claudius haben keine modernen Nachfolger. Und die braucht es, denn die Lyrik der beiden Großen wurde geschrieben, bevor das »wissenschaftliche Weltbild« entstand. Wie sollen wir die Freude und Hoffnung, die wir mit diesen Dichtern teilen, heute in Natur- und Schöpfungsbilder fassen? Viel wird daran hängen, ob sich eine überzeugende Antwort findet.

GOTTFRIED KÜENZLEN

Fundamentalismus und die säkulare Kultur der Moderne

Fundamentalismus: Moderner Antimodernismus

Die gegenwärtige Karriere des Themas »Fundamentalismus« ist schon deshalb erstaunlich, weil niemand genau sagen kann, was unter »Fundamentalismus« denn präzise zu verstehen sei. Mit gutem Grund verzichten auch die Autoren dieses Buches auf eine vorgängige Definition des Begriffes. Zu verschieden sind die historischen und kulturellen Lagen, die religiösen und politischen Strömungen, zu deren Kennzeichnung sich der Begriff »Fundamentalismus« eingebürgert hat, als daß sie sich in einer abgeschlossenen Definition fassen ließen. Wie auch sollten sich kulturell und strukturell so verschiedene Erscheinungen, wie etwa die nordamerikanischen protestantischen Evangelisten der »electronic-church«, die islamisch-schiitische Revolution im Iran und darüber hinaus, die jüdische ultra-orthodoxe Bewegung in Israel oder der grünalternative Extremismus etwa eines Rudolf Bahro ins Schema eines Begriffes fassen lassen.

Daß sich der Begriff dennoch in geradezu inflationärem Gebrauch verbreitete, auf Akademietagungen, in Sammelbänden und Feuilletons verhandelt wird, ist selbst deutungsbedürftig. Auffallend ist, daß Fundamentalismus in der gegenwärtigen Debatte immer als *Fremdbezeichnung* verwandt wird: »Fundamentalisten« sind immer die *anderen*. Vor allem aber verbindet sich mit dem Etikett Fundamentalismus die Bezeichnung einer Gefahr: Vor Fundamentalismus ist zu warnen. Fundamentalismus ist Intoleranz, politischer Fanatismus, das »finstere Mittelalter« erhebt drohend sein Haupt, das Licht aufklärerischer Vernunft verdunkelt sich. Bezeichnend hierfür ist der Untertitel eines von Thomas Meyer herausgegebenen Sammelbandes über Fundamentalismus »Die Internationale der Unvernunft«.[1] Dem aufklärungsbestimmten Gegenwartsbewußtsein ist der Fundamentalismus unheimlich, unheimlich deshalb, weil der Gang der Geschichte anders verläuft, von anderen Kräften bestimmt wird, als der eigene Vernunftglaube einem versichert hatte. Daß sich »Religion« im emanzipatorischen Fortschrittsgang der Geschichte immer mehr verflüchtige, den Menschen an der Verwirklichung seiner wahren Bestimmung hindere, ein überwundenes oder doch zu überwindendes Stadium der Menschheitsgeschichte bezeichne, war die Selbstgewißheit aufklärerischer Vernunft; zumindest gilt Religion als eine Sache bürgerlich-domestizierter, privater Sinngebung.

Die fundamentalistischen Bewegungen müssen solch aufklärungsbestimmter Haltung fremd, ja bedrohlich sein; denn sie sind der Beleg dafür, daß religiöse Wahrheitsansprüche wieder Macht über Menschen gewinnen können. So verbindet sich mit dem Thema Fundamentalismus die Verwunderung, ja das Erschrecken darüber, daß es in weiten Teilen der Welt mit der Religion wieder ernst wird. Was hier einer westlich-liberalen Orientierung als Kreuzzug gegen die Vernunft, als fundamentalistische »Versuchung«, als religiöser Fanatismus erscheint, ist *auch* die Begegnung mit einer Dimension der Religion, die immer zu ihrem Wesen gehört hat.

Was wir etwa heute vorschnell religiösen Fanatismus nennen, hat, wie der Blick in die Religionsgeschichte zeigt, zum religiösen Erleben immer dazugehört. So leitet sich schon »Fanatismus« wortgeschichtlich aus dem Bezirk des Religiösen her; fanum ist das Heilige, der geweihte Ort, fanaticus ist die von einer Gottheit in rasende Begeisterung versetzte Person. Benennt man mit Max Weber als *eine* der anthropologischen Wurzeln der Religion, die Suche nach Außeralltäglichkeit, nach außeralltäglichen Erlebniszuständen, so versteht man, warum religionsgeschichtlich Religion und Ekstase (»Fanatismus«) immer zusammengehört haben. »Das akosmistische Liebesgefühl des seines Eingangs ins Nirwana sicheren buddhistischen Mönchs, das Bhakti (gottinnige Liebesglut), oder die apathische Ekstase des hinduistischen Frommen, die orgiastische Ekstase ... beim tanzenden Derwisch, die Marien- und Heilandsminne, die quietistische Andacht, die pietistische Zärtlichkeit für das Jesulein und dessen ›Wundbrühe‹, die sexuellen und halbsexuellen Orgien bei der Krischnaminne, die raffinierten Kultdiners der Vallabachari..., die verschiedenen Formen der unio mystica und des kontemplativen Untergehens im All-Einen ... – für sie gilt: um der psychischen Außeralltäglichkeit und des dadurch bedingten Eigenwertes der betreffenden Zuständlichkeit halber«[2] wurden sie gesucht und haben die religiöse Erfahrung bestimmt. So kann das weltweite Auftreten fundamentalistischer Bewegungen *auch* anzeigen, daß die Religionsgeschichte weitergeht, indem absolute religiöse Geltungsansprüche weiterhin ihre Macht über die Menschen ausüben.

Dies freilich wäre Thema einer weiteren religionswissenschaftlichen Untersuchung und bedeutet noch keine genauere Klärung, was denn unter »Fundamentalismus« zu verstehen sei.

Hier ist es in einem ersten Klärungsversuch hilfreich, sich des *historischen* Befundes zu vergewissern, in dem Begriff und Sache geschichtlich verankert sind. Dies gilt gerade, wenn wir den oben erwähnten vorgängigen wertenden Deutungen des Fundamentalismus als »Fluchtbewegung«, als »Gespenst« und »Versuchung« mißtrauen.

Von »Fundamentalismus« ist schriftlich zum erstenmal explizit die Rede im Titel einer Schriftenreihe, die in Millionenauflage zwischen 1909–1915 in den USA erschien, unter dem Titel: »The Fundamentals – A Testimony to the Truth« (Ein Zeugnis der Wahrheit). Die Antriebe, aus denen sich diese Schriftenreihe speiste und die auch die im Anschluß gegründete, schließlich über die USA hinaus sich ausdehnende »Worlds Christian Fundamentals Association« bestimmte, lassen sich so zusammenfassen: Diese »Fundamentalists« verstanden sich als offensive Gegenbewegung zum Modernismus, der auch die christliche Welt ergriffen hatte. Insbesondere war es eine Gegenbewegung gegenüber einer historisch-kritisch orientierten Theologie, die daran ging, die überlieferten Glaubenbestände, besonders die biblischen Texte, in eine historisch-kritische Perspektive zu stellen – ein Ergebnis des Bündnisses mit der modernen Wissenschaft, das vor allem der Protestantismus einging.

Diesem Modernismus, der die Theologie, dann aber auch das kirchliche Handeln zunehmend bestimmte, stellten die »Fundamentalists« ihre »fundamentals« gegenüber; diese sollten den absoluten Wahrheitsanspruch unaufgebbarer christlicher Glaubensinhalte bezeichnen, die dem wissenschaftlichen Umschmelzungsprozeß, insbesondere der Relativierung durch die historische Methode entzogen werden und ihren absoluten Geltungsanspruch bezeichnen sollten. Als solche »fundamentals« sollten insbesondere gelten:

1. Die wörtlich – buchstäblich irrtumslose Unfehlbarkeit der Heiligen Schrift.
2. Die Ablehnung der Ergebnisse der modernen Wissenschaft, auch außerhalb der Theologie, die solchem Bibelglauben widersprachen.
3. Der Ausschluß aller, die solchen »Fundamentalismus« nicht teilen, aus dem Status eines wahren Christen.
4. Die Überzeugung, daß die *Politik* in diesem »fundamentalistischen« Sinne christlich sein müsse, der Staat also z. B. in seinen Erziehungseinrichtungen biblisch-fundamentalistische Wahrheiten vom Menschen vertreten müsse.

Es ist hier die genauere Entstehungs- und weitere Verlaufsgeschichte des nordamerikanischen protestantischen Fundamentalismus nicht weiter zu beschreiben; darüber informiert ausführlich die bislang erschienene Literatur.[3] Hier ging es darum, am historischen Befund eines der entscheidenden Merkmale festzuhalten, das zur Signatur des Fundamentalismus in allen seinen Erscheinungsformen gehört: Der Fundamentalismus ist eine antimodernistische Bewegung. Es gehört zur Verlaufsgeschichte der Moderne selbst, daß sich in ihr immer wieder Gegenbewegungen zu den in ihr bestimmenden Orientierungen gebildet haben. In diesen Strom antimodernistischer Bewegungen ist auch der Fundamentalismus einzuordnen. So ist der Fundamentalismus eine *Erscheinung der Moderne*, gerade in dem er sich selber als Protest- und Gegenbewegung zu ihr versteht. Dies gilt es, bei allen Unterschieden in den Inhalten und der Intensität solcher Haltung, für alle fundamentalistischen Bewegungen festzuhalten. So hat sich der sogenannte katholische »Integrismus« (Integralismus), der sich in manchen seiner Ausprägungen als katholischer »Fundamentalismus« bezeichnen läßt (siehe Beitrag Schifferle), explizit gegen den Modernismus, nicht nur in der Kirche, sondern auch in der »Welt« gewandt. So sieht sich der islamische Fundamentalismus zu Abwehr und Kampf gegen einströmendes westlich-modernes Denken und Leben aufgerufen. Schließlich lassen sich antimodernistische Antriebe auch in den Verlautbarungen eines grün-alternativen Extremismus ausmachen; so wenn z. B. Rudolf Bahros »Logik der Rettung« die Errungenschaften liberaler Demokratie unter dem Eindruck der ökologischen Apokalypse aufgeben will, um – wenn nötig – in einer »Öko-Diktatur« die Wahrheit durchzusetzen.

Der oben kurz skizzierte historische Rückblick zeigt freilich vorweg noch zwei weitere Merkmale, die für »Fundamentalismus« konstitutiv sind. Zum einen ist es ein bestimmtes Verhältnis von Religion und Politik, worauf wir an späterer Stelle noch ausführlicher eingehen. Dieses Verhältnis ist bestimmt von einem unmittelbaren Geltungsanspruch der *religiösen* Wahrheit auch für das *politische* Handeln. Sodann ist »Fundamentalismus« immer auch eine *soziale Bewegung*. Es scheint nur dann sinnvoll, von »Fundamentalismus« zu spre-

chen, wenn man ihn nicht nur als persönliche Haltung versteht, sondern auch als in einer sozialen Bewegung formiert und organisiert sieht. Weitere Kennzeichen fundamentalistischer Orientierung werden wir in einem der folgenden Abschnitte vorstellen, wenn wir nach den Antworten des Fundamentalismus auf die Krise der säkularen Kultur fragen. (S. 209)
Hier ging es uns vor allem darum, den Fundamentalismus als *moderne* Erscheinungsform festzuhalten, und seine Bewegungen, gerade im Protest und Widerspruch als in der säkularen Kultur der Moderne verankert zu sehen.
Um dies genauer zu entfalten und den Fundamentalismus in die gegenwärtige Kultur zu stellen, ist es zunächst nötig, zu definieren, was wir im folgenden unter dem »Fundamentalismus« der säkularen Kultur verstehen wollen.

Der »Fundamentalismus« der säkularen Kultur

Wenn wir von der säkularen Kultur der Moderne sprechen, verbinden wir damit zunächst die Einsicht, daß im Prozeß der sogenannten »Säkularisierung« weite Bereiche der westlichen Kultur den bestimmenden Einfluß der Religion und der Kirche entzogen wurden. Tatsächlich ist es unübersehbar, daß Religion und Kirche ihre Bedeutung als öffentliche Legitimationsinstanz und öffentliche Orientierungskräfte weithin verloren haben. Religion, sofern sie im Lebenshorizont der Menschen des Westens überhaupt präsent ist, ist weithin abgewandert in den Bereich ausschließlich privater Lebensführung.
Dies freilich ist nur die eine Seite des Prozesses der Säkularisierung. Säkularisierung meint auch das Aufkommen *neuer* diesseitsorientierter Glaubensmächte. Sie haben die Entstehungs- und Verlaufsgeschichte der Moderne wesentlich bestimmt und das moderne Selbstverständnis und die moderne

Selbstgewißheit weithin begründet. So hat die Moderne ihre *eigene säkulare Glaubensgeschichte.*[4]

Diese begann schon mit den Verheißungen der frühen Aufklärung, daß der Mensch allein von seiner Vernunft geleitet, immer mehr zu seiner wahren Bestimmung finde und die Welt seinen wahren Zwecken gemäß einrichten werde. Studiert man die Zeugnisse der Aufklärung, findet sich durchweg die Intensität eines Glaubens: Des Glaubens an das »Licht« der Vernunft, das die Dunkelheit der alten, von religiösem Aberglauben und Pfaffentrug verdüsterten Welt siegreich durchbricht und den Weg in die neue Zeit weist, in der der Mensch endlich zu sich selbst findet und seine Selbstvervollkommnung schafft. So trat zu Beginn der Moderne an die Stelle des alten überwundenen Glaubens ein neuer Glaube: Der Glaube an die Kraft der Vernunft.

Was mit der »charismatischen Verklärung der Vernunft« (Max Weber) begann, setzte sich fort mit den weiteren diesseitsorientierten Erlösungsverheißungen und Heilversprechen.

In der Logik solcher »Vernunftreligion« lag es, daß nunmehr die *innerweltliche Geschichte* zur *Heilsgeschichte* wird, in der sich die Befreiung des Menschen und der ganzen Menschheit vollziehen sollte. Der Glaube an einen innerweltlichen Fortschritt, der sich unaufhaltsam weiter fortsetzt und die Menschheit zu immer glücklicheren Ufern führt und schließlich das universale Glück des Menschen realisiert, ist das Hauptdogma der säkularen Religion. Auf Erden das Himmelreich zu errichten, in dem alle Menschen schließlich Brüder würden, war das Ziel solcher Fortschrittsgewißheit.

Dazu trat der *Glaube an die Wissenschaft,* die zu einer der bestimmenden säkularen Glaubensmächte wurde. Die neuzeitliche Wissenschaft begann ihren Siegeszug nicht nur mit der Suche nach neuer Erkenntnis, sondern mit dem Versprechen, die *Wahrheit* über die Welt und den Menschen zu entdecken. So ging schon die frühe Naturwissenschaft daran, neben dem

Buch der Offenbarung nunmehr das Buch der Natur zu enträtseln. Vor allem aber waren es die sich im Laufe des 19. Jahrhunderts bildenden Human- und Sozialwissenschaften, die mit dem Versprechen auftraten, nunmehr die Wahrheit vom Menschen ans Licht zu bringen.

Schließlich ist der Glaube an die Politik zu nennen, genau: Der Glaube, durch politisches Handeln nicht nur etwa die äußeren Daseinsumstände des Menschen zu sichern und zu verbessern, sondern das Heil des Menschen zu verwirklichen. Dieser Glaube war bestimmend insbesondere in den neuzeitlichen säkularen Ideologien, wo er in geradezu messianischer Dimension als Glaube an die Macht der Revolution, an die heilsgeschichtliche Bedeutung des Proletariats, der Nation, des Volkes und der Rasse usw. auftrat.

Diese kurzen, fragmentarischen Hinweise und Bemerkungen zur säkularen Glaubensgeschichte der Moderne zeigen: Die säkulare Kultur der Moderne ruht in wesentlicher Hinsicht selbst auf Glaubensvoraussetzungen, ist bestimmt von Heils- und Erlösungsversprechen. So hat die säkulare Kultur selbst »fundamentalistische« Grundlagen.

Diese Einsicht in Erinnerung zu rufen ist vor allem gegenüber jenen Stimmen angebracht, die im Namen der »reinen Vernunft« gegen den »Fundamentalismus« zu Felde ziehen. »Ein Gespenst geht um die moderne Welt – das Gespenst des Fundamentalismus: Wer auf das Erbe von Aufklärung und Modernisierung pocht, hat sich verbündet, um das Gespenst zu verjagen.« So heißt es schon im Klappentext des bereits erwähnten, von Thomas Meyer herausgegebenen Sammelbandes zum Thema Fundamentalismus. Meyer selbst bezieht dann die Position eines Totalrationalismus, ihm gegenüber gelten alle Geltungs- und Wahrheitsansprüche schon als »Fundamentalismus«. In Anlehnung an Kants berühmte Formulierung im ersten Satz seiner Schrift »Beantwortung der Frage: Was ist Aufklärung?« ist für Meyer »Fundamentalismus der selbstverschuldete Ausgang aus den Zumutungen des

Selberdenkens, der Eigenverantwortung, der Begründungspflicht, der Unsicherheit und der Offenheit aller Geltungsansprüche, Herrschaftslegitimationen und Lebensformen, denen Denken und Leben durch Aufklärung und Moderne unumkehrbar ausgesetzt sind in die Sicherheit und Geschlossenheit selbst erkorener, absoluter Fundamente«.[5]
Abgesehen von der Überlegung, ob ein solcher Totalrationalismus, der jeden sicheren Geltungsanspruch für das »Denken und Leben« aufhebt, überhaupt anthropologisch, bezogen auf die Lebensführung begründbar ist, gilt es noch einmal festzuhalten: Auch der Rationalitätsanspruch der Moderne beruht auf einer »fundamentalistischen« Grundlage. Dazuhin ist eine weitere Einsicht zu betonen. Aufklärerisches Denken bedarf zur Stabilisierung seiner selbst »Überzeugungen nichtwissenschaftlicher Herkunft und nichthypothetischer Art, Überzeugungen, die uns nur dann ... an dem eigenen Vernunftgebrauch festhalten lassen, wenn sie sich ihrerseits jeder aufklärerischen Destruktion entziehen«.[6]
Zu den Kennzeichen gegenwärtiger Kulturlage gehört es nun aber gerade, daß die Fundamente der Moderne einem zunehmenden Geltungsschwund unterliegen.

Der Geltungsverlust der Fundamente der säkularen Kultur

Der Zweifel an den Gestaltungsmächten der Moderne hat sich in deren Geschichte von ihren Anfängen an immer wieder artikuliert. So hat Antimodernismus die Geschichte der Moderne immer als Schatten begleitet. Freilich haben solche Zweifel der modernen Entwicklung an deren tatsächlichem Siegeszug nichts wirklich ändern können; die Realgeschichte bis in unsere Gegenwart hinein ist wesentlich bestimmt von den Ideenkreisen und säkularen Glaubensmächten, wie wir sie im vorigen Abschnitt kurz skizziert haben.

Zur Signatur unserer Gegenwart gehört nun aber, daß der Siegeszug der Gestaltungsmächte des säkularen Glaubens gebrochen scheint, zumindest einem fortschreitenden Geltungsverlust unterliegt. Die Moderne ist an sich selber unsicher geworden. Genauer: Sie ist ihrer säkularen Glaubensgewißheiten nicht mehr sicher. Die Versuche, die heutige Lage westlicher Kultur und Gesellschaft geistig zu erfassen und zu deuten, artikulieren sich denn auch zunehmend in Metaphern wie »Krise« der Moderne, oder gar »Ende« und »Tod« der Moderne. Dabei fällt auf, daß sich solche Diagnosen vom Geltungsverlust moderner Selbstgewißheiten bei Autoren ansonsten ganz unterschiedlicher Denkschulen und Traditionen finden. Ob Jürgen Habermas von der krisenhaften Lage des »Projektes der Moderne« spricht, dessen »Sinnressourcen« immer knapper würden, ob Robert Spaemann »Die Grundstellung des Bewußtseins, die wir als Modernität bezeichnen, ihrem Ende zugehen« sieht, ob Günter Rohrmoser von der »Erosion« der Glaubensbestände der Moderne ausgeht – die Summe solch kulturdiagnostischer Analysen heißt: Die säkularen Sinnverständnisse, insbesondere die utopischen Antriebe, die in der Moderne kultur- und gesellschaftsbestimmend waren, seien erschöpft, ihr sinnstiftendes Potential sei ausgelaugt.

Die Krise der säkularen Gestaltungsmächte der Neuzeit ließe sich nun genauer beschreiben am Geltungsverlust der Wissenschaft als säkularer Glaubensmacht und an der Krise des politischen Messianismus, wofür der Zusammenbruch des Marxismus das klarste Beispiel darstellt. Wir beschränken uns im folgenden auf eine kurze Beschreibung des gegenwärtigen *Abschieds von der Geschichte als säkularer Heilsgeschichte.*

Wie schon dargelegt, war die Geschichte dem diesseits gerichteten Glauben der Neuzeit das Feld, in dem sich durch menschliches Handeln universales Glück und Erlösung realisiert. Die Säule dieses säkularen Glaubens an die Heilsbedeu-

tung der Geschichte war der Glaube an den »Fortschritt«, der die Menschheit zu immer glücklicheren Ufern führt. Ob in der Erlösungskonzeption des Marxismus oder im »bürgerlichen« Glauben an die gesellschaftlich-kulturelle Evolution: Der Kollektivsingular »Fortschritt« war das offene oder geheime Dogma des Modernitätsbewußtseins. Zwar war es immer schon eine alte Ahnung, daß das Fortschreiten der technischen Zivilisation ein gefährlicher Weg sein könnte; dies aber ist heute die Furcht, ja teils schon die Gewißheit eines verbreiteten Lebensgefühls. Hier markiert etwa die Erfahrung der ökologischen Krise und die Erwartung ihrer erst noch ausstehenden dramatischen Zuspitzung das Zerrinnen und den Zerfall einer über 200jährigen Fortschrittsgewißheit. Robert Spaemann hat den Vorgang prägnant beschrieben und auf den Begriff gebracht: »Das ökologische Bewußtsein läßt erstmals die Realisierbarkeit des Projektes der Moderne, des Projekts progressiver Naturbeherrschung durch despotische Vergegenständlichung der Natur in sich selbst fraglich werden ... Der Eindruck verstärkt sich, daß wir hinsichtlich des materiellen Reichtums der Welt längst begonnen haben, vom Kapital statt von den Zinsen zu leben. Dieses Gefühl löst den traditionellen Zusammenhang des Fortschrittsgedankens mit so etwas wie Hoffnung auf. Der Pro-Kopf-Verbrauch der Industrieländer an Energie- und Rohstoffen ist parasitär, denn es wäre mit den Überlebensbedingungen der Menschheit unvereinbar, wenn alle Menschen dieses Niveau erreichen würden.
Damit ist die Marxsche Utopie der endgültigen Beseitigung des Gerechtigkeitsproblems durch Entwicklung von Überfluß definitiv tot. Diese Utopie aber hatte das Projekt der Moderne auf seine eigentliche Formel gebracht. Mit dieser Utopie ist der Gedanke des Fortschritts im Singular tot, der Gedanke einer Entwicklung der Welt als Ganzer zum schlechthin Höheren und Besseren.« Aus dem »Fortschritt« wurden allenfalls »Fortschritte«, die »wir mit Rückschritten, d.h. Verschlechterungen in anderer Hinsicht abzuwägen haben«.[7]

Am radikalsten und programmatischsten vertreten die Vordenker der sogenannten »Postmoderne« den Abschied vom Glauben an die Geschichte als säkulare Heilsgeschichte. So trägt denn auch ein Aufsatz von Peter Sloterdijk, einem »postmodernen« Philosophen, den bezeichnenden Titel: »Nach der Geschichte.«[8] Für Sloterdijk ist es ausgemacht, daß die »messianischen und eschatologischen Motive«, die auch in ihren säkularisierten Formen, die »Neuzeit einschließlich der jüngsten Gegenwart modelliert haben«, endgültig ihre Kraft verloren haben. Was einzig übrig blieb von der »geschichtemachenden Kraft« der neuzeitlichen Hoffnung, ist die »Frist«, die bleibt, hin zur großen Katastrophe, deren »Tag und Stunde und Ursache« zwar offen, deren Eintreten doch gewiß ist. Die Zeitstruktur der Gegenwart ist die einer Zwischenzeit *nach* der Prognose des Schlimmsten und *vor* der Bestätigung der Prognose durch die Wirklichkeit. Das Drama der Moderne ist, daß sie, die ihre Hoffnung auf die Geschichte gesetzt hat, keine Geschichte mehr besitzt.

Wohlgemerkt: Es geht uns hier nicht um die Tragfähigkeit oder »Wahrheit« solcher Theorien, wie sie z. B. Sloterdijk formuliert. Solche Äußerungen sind aber Zeichen für bestimmende Strömungen gegenwärtigen *Lebensgefühls;* eines Lebensgefühls, das die Gegenwart, weil aus ihr die Fortschrittsgewißheit schwand, als Krise erlebt.

Dazu treten weitere kulturelle und strukturelle Merkmale der gesellschaftlichen Wirklichkeit, die Unsicherheit und Unbehagen gegenwärtiger Lebenswelt produzieren. Ohne dies hier genauer beschreiben und ausführen zu können, sei wenigstens noch auf folgende Sachverhalte verwiesen, von denen wir annehmen, daß sie für das Auftreten fundamentalistischer Orientierungen von besonderer Bedeutung sind.

Zu nennen ist etwa die Erfahrung, daß die voranschreitende *Verwissenschaftlichung* die Welt, in der wir leben, uns nicht heimischer, sondern fremder machen kann. Die stürmische, alle strukturellen und kulturellen Grundlagen unserer Le-

benswelt umwälzende Zivilisationsdynamik erhöht nicht unsere Sicherheit, sie produziert ständig neue Unsicherheit darüber, in welcher Welt wir schon morgen leben werden. Der Befund läßt sich mit Hermann Lübbe zusammenfassen: »Die kulturellen Folgelasten des wissenschaftlichen Fortschrittes begrenzen den Lebensgewinn dieses Fortschritts. Die Verständlichkeit der realen Bedingungen unserer physischen Existenz nimmt in der wissenschaftlichen Zivilisation ab; unsere Abhängigkeit von fachlich ausspezialisierten Leistungen nimmt zu; das Maß des Vertrauens, das wir in die Solidität dieser Leistungen setzen müssen, wächst ständig... Da künftiges Wissen nicht prinzipiell voraussagbar ist, nimmt in einer Zivilisation, die wie nie zuvor in Abhängigkeit von solchem Wissen sich ändert, die Voraussehbarkeit der Welt, in der wir ... künftig leben werden, drastisch ab, und in genau diesem Sinne leben wir in der wissenschaftlichen Zivilisation wie niemals Menschen zuvor unter der Bedingung eines zunehmenden Zukunftsgewißheitsschwundes.«[9]
So ist dieser Zukunftsgewißheitsschwund schon allein begründet in einer den Menschen überfordernden Zivilisationsdynamik. Dazu tritt die prinzipielle Problematisierung und Relativierung der Wirklichkeit durch Wissenschaft und ihre Fortschritte, die keine außerwissenschaftlichen kulturellen Gewißheiten unberührt läßt.
Damit verbindet sich auch der faktische *Pluralismus* der Orientierungen, der unsere Kultur weithin kennzeichnet. Was wir tun sollen, wie wir »richtig« leben, worauf wir hoffen können – die Antworten hierauf sind kulturell einer prinzipiellen Pluralität anheimgestellt. Ein solcher faktischer Pluralismus erfährt seine Dramatisierung, wenn heute solcher Pluralismus *programmatisch* erhöht und selbst zum kulturellen Ziel erklärt wird. Wir finden solche programmatische Überhöhung, ja Feier des Pluralismus insbesondere im schon erwähnten Lager der »Postmoderne«. »Pluralität ist nicht nur der Kampfruf, sondern auch das Herzwort der Postmoderne.«

In ihr wird »Pluralität radikal ... wahrgenommen. Die Pluralität, die unter postmodernen Bedingungen entdeckt, favorisiert und verteidigt wird, ist gerade die an die Wurzeln gehende, die radikale... Indem die Postmoderne nicht nur unsere Höhen, sondern auch unsere Tiefen betrifft, entfaltet sie eine Pluralität, die – anders als im lauen herkömmlichen Pluralismus – auf Elementarfragen durchschlägt. Sie ist nicht mehr durch den Boden einer gemeinsamen Übereinstimmung getragen und entschärft, sondern tangiert die Definition noch eines jeden solchen Bodens.«[10] Im Ergebnis bedeutet dieses Denken die Auflösung von Gewißheiten in die Beliebigkeit und Relativität einzelner Orientierungen, die dann eben nicht mehr mit dem Anspruch von Verbindlichkeit und »Wahrheit« auftreten können. Weitere Beschreibungen und Hinweise zur gegenwärtigen Kulturlage beiseite lassend, ergibt sich als Befund: Verhaltens- und Orientierungsunsicherheit können das gegenwärtige Lebensgefühl elementar prägen. Die Erfahrung der äußeren Unsicherheiten moderner Zivilisationsdynamik und die Erfahrung des Geltungsverlustes der überlieferten Sinntraditionen hat notwendig Folgen bis in die Innenlagen von Menschen und prägende Auswirkungen auf heutiges Lebensgefühl. Dahinter erhebt sich die Frage, wie in heutiger Kulturlage »Identität« gelingen kann. Man kann es einfach sagen: Wer wir sind und was wir sein sollen oder wollen, – die Antwort hierauf wird in unserer problematisierten Lebenswelt zunehmend schwerer.

Ruf zur Verbindlichkeit: Die Antwort des Fundamentalismus auf die Krise der säkularen Kultur

Die fundamentalistischen Bewegungen, gleich auf welch religiöse oder ideologische Fundamente sie sich beziehen, sind modernitätskritische Bewegungen, die der Unsicherheit moderner Zivilisationsdynamik und dem modernen Wertepluralismus einen absoluten Geltungsanspruch entgegensetzen. Ihre gegenwärtige kulturelle Chance liegt gerade darin, daß sie ihren Anhängern einen Ausweg aus den gegenwärtigen Unsicherheitserfahrungen bieten und im Angebot normativer Verbindlichkeit klare und verhaltenssichernde Orientierungen liefern.

Diese allgemeine These soll nun im folgenden genauer erläutert werden, wobei wir, neben den schon im ersten Abschnitt erwähnten Kennzeichen, noch weitere Merkmale benennen, die wir für eine »fundamentalistische« Orientierung konstituierend ansehen.

Vorher sind freilich folgende Zwischenbemerkungen vonnöten. Zunächst ist nicht zu übersehen, daß es ganz andere »nicht fundamentalistische« Verarbeitungsmöglichkeiten gibt, um mit der gegenwärtigen Kulturlage zu leben und sich in ihr zurechtzufinden. »Sinnvermeidungsstrategien«, in schierer Diesseitigkeit, so etwa in einem entschlossenen Hedonismus sich einrichtende und wohlfühlende Lebensorientierungen, sind bestimmende Möglichkeiten gegenwärtiger Lebensführung. Auch ist darauf hinzuweisen, daß der religiöse Fundamentalismus nur *eine* der Formen ist, in denen sich »Religion« in der gegenwärtigen Kulturlage artikuliert und formiert. So gibt es Formen frei vagierender Religiosität (»City-Religion« usw.), die – im eigenen Anspruch zumindest – gerade kein verbindliches Glaubenswissen anstreben, die in prinzipiellem Synkretismus und Eklektizismus sich zuhause fühlen – Formen eines religiösen Subjektivismus, der gerade nicht auf Dauer und Verbindlichkeit setzt. Demgegenüber stellt der religiöse Fundamentalismus die in der Sozialgestalt hoch organisierte, in den Glaubensbeständen festgelegte und auf abrufbares »objektives« Heilswissen angelegte Form gegenwärtiger Religiosität dar. So wäre etwa auch zu fragen, was wir hier nicht weiter verfolgen können, ob nicht ein bestimmter Typus von Mensch sich seine, ihm typusgemäße Religion sucht: z. B. hier der »Fundamentalist«, dort der »religiöse Vagabund«.

Wie läßt sich nun das fundamentalistische Angebot an verbindlicher Orientierung genauer beschreiben?

1. Zunächst ist noch einmal festzuhalten: Die Modernitätskritik des Fundamentalismus ist Kritik am Geltungsanspruch des aufklärerischen Denkens. In sicherem Gespür für den eigenen säkularen Glaubensanspruch der Moderne wird eben dieser als glaubensloser Irrweg abgelehnt. So sehen z. B. die protestantischen nordamerikanischen Fundamentalisten im sogenannten »secular humanism« ihren Hauptgegner. Diesen glaubenslosen Irrweg westlichen Denkens gilt es zu überwinden. Dies geschieht im Rückgriff auf voraufklärerische *Traditionen,* die als »stärker« erfahren und geglaubt werden. So weiß sich der Fundamentalist gehalten von einer Tradition, die sich als tragfähiger erweist, als die ja nun selbst krisenhaft gewordenen Orientierungen des säkularen Glaubens. Ob der westliche »Fundamentalist« den »secular humanism« der eigenen Kultur überwinden und bekämpfen will, oder ob man sich im arabischen Fundamentalismus gegen dessen Eindringen und die damit erfolgende kulturelle Überfremdung, welche die islamische Welt schon ergriffen hat, immunisieren will: Es geht um Abwehr und Kampf gegen den glaubenslosen Irrweg der Moderne; dies im Namen einer Tradition, die unberührt blieb von dem westlich-aufklärerischen Denken. Dies gilt für den protestantischen Fundamentalismus und dessen Berufung auf ein exklusives, wörtlich-buchstäblich verstandenes Schriftprinzip, gilt für den katholischen Integralismus und seine Verankerung in der Tradition der Kirche, gilt für die fundamentalistischen islamischen Bewegungen mit ihrer Berufung auf die Schari'a, gilt aber etwa auch für einen radikalen feministischen Fundamentalismus mit seiner Berufung auf ein vormodernes Matriarchat.

2. Diese Traditionen haben in ihrer fundamentalistischen Rezeption den Rang einer *unbefragten Autorität.* Entscheidend ist, daß solche Traditionen nicht aus ihrem geschichtlichen Entstehen heraus verstanden werden, sondern als durch die Zeiten hindurch unverändert und unberührt geglaubt werden. So weiß sich der Fundamentalist in einer Welt zerfallender Autorität getragen und auch gehalten von einer Autorität, die der modernen Bezweiflung, der Problematisierung, ja Auflösung enthoben ist. Freilich zeigt sich in der Außenbetrachtung gerade an einem solchen Rückgriff auf unbefragte Autorität, daß ein solcher Fundamentalismus ein *moderner* Antimodernismus ist. Auch der Fundamentalist ist ja nicht mehr eingebunden in die Selbstverständlichkeit überlieferter Religion. Er muß sich vielmehr unter Aufgabe modernen Kritikbewußtseins, so z. B. der historischen Betrachtung von Autorität und Tradition, selbst für unbefragte Autorität und unwandelbare Tradition *entscheiden* und unterscheidet sich gerade darin von seinen »vormodernen«, in der fraglosen Gültigkeit von Religion lebenden Vorfahren.

3. Eigens sei als Ergänzung zu den oben genannten Punkten noch die Formierung eines *geschlossenen Weltbildes* genannt. Das fundamentalistische Glaubenssystem soll eben alles umfassen: Eine Erklärung und Deutung von Welt und Kosmos, vom Verlauf der Geschichte bis hin zu den Normen der persönlichen Lebensführung im Alltag.

4. Der Fundamentalismus ist weiterhin gekennzeichnet durch eine bestimmte *Elitebildung* und ein bestimmtes *Elitebewußtsein:* Die Zugehörigkeit zur fundamentalistischen Gemeinde bedarf bestimmter Zugehörigkeitskriterien, so z. B. ein nachweisbares und protokolliertes Bekehrungserlebnis, worauf wir später noch einmal eingehen. Der Fundamentalist weiß sich der kleinen Schar der Erwählten zugehörig, die der »massa perditionis«, der Schar der Verlorenen, gegenübersteht. Dies verweist zwar auf ein uraltes religionsgeschichtliches Muster,

gewinnt aber heute in der kulturellen Lage der Gegenwart die zunehmende Bedeutung: In dem Strudel der inneren und äußeren Auflösung, in den der einzelne sich geworfen sieht, weiß sich der Fundamentalist geborgen in der Arche der Erretteten.
Hier liegt übrigens auch die Begründung dafür, daß fundamentalistische Bewegungen zur Sicherung ihrer selbst immer einen Feind von außen brauchen. So hat z. B. die übersteigerte Okkultismusangst, wie sie in manchen fundamentalistischen, evangelikalen Kreisen geradezu zelebriert wird, sicher auch die Bedeutung, die Bindung nach innen zu sichern.

5. Der äußeren und inneren Krise wird ein *Geschichtsbild* entgegengesetzt, das vor allem durch ein bestimmtes Verständnis von *Vergangenheit und Zukunft* gekennzeichnet ist. So wird die Vergangenheit hochstilisiert als die Zeit des noch gelingenden Lebens, und die Zukunft wird mit eschatologischen, ja apokalyptischen Erwartungen aufgeladen. Dieses Muster findet sich in den inhaltlich ansonsten unterschiedlichen fundamentalistischen Strömungen, z. B. gerade auch in politisch-ideologischen Bewegungen; so klassisch natürlich im Marxismus, aber auch im grün-alternativen Denken, dem die Zeit der Vormoderne romantisierend als die Zeit erscheint, als der Mensch noch im Einklang mit der Natur stand, oder im feministisch mythologischen Denken, das im archaischen Matriarchat den historischen Ort sieht, in dem die Geschlechter noch ihrer wahren Bestimmung lebten usw. ... Aber es gilt auch z. B. im islamischen Fundamentalismus die Zeit der ersten Gemeinde von Medina als Ideal- und Zielbild islamischer Ordnung überhaupt.
Durch eine solche Geschichtsauffassung kann dann die *Gegenwart* als sinnhaft erlebt werden, d. h. sie kann religiös oder auch ideologisch interpretiert werden: Gerade in ihrer Krisenhaftigkeit ist sie die Vorstufe, gerade in ihren Verfallserscheinungen ist sie das Fanal des kommenden Heils.

6. In ihrer Bedeutung für die individuelle Lebensführung sei eigens die *Bekehrung* als weiteres Merkmal fundamentalistischer Orientierung genannt. Sie läßt sich in eine eigene, die fundamentalistische Lebenshaltung sichernde Beziehung zu den Krisenerfahrungen der modernen Lebenswelt setzen. Die in fundamentalistischen Bewegungen oft zur Norm erhobene Bekehrungserfahrung hat *auch* eine lebensentlastende und lebensorientierende Bedeutung. Die eigene Biographie gewinnt Kontur und Anhaltspunkt, wo sie auf Bekehrung hin gedeutet und strukturiert werden kann. Dies gewinnt in der gegenwärtigen Lage sein besonderes Gewicht, da andere, sozial bislang verfügbare, identitätssichernde Fixpunkte einer Biographie (Berufswahl, Heirat usw.) alle im strukturellen und kulturellen Umschmelzungsprozeß der Moderne ihre Bedeutung kräftig eingebüßt haben. »Bekehrung« heißt eben in sozialpsychologischer Perspektive auch: Das Wissen, wohin man in seiner eigenen Lebensgeschichte gehört.

7. Schließlich sei die Bedeutung rigider Normen und Werthaltungen für die fundamentalistische Lebensführung wenigstens noch kurz erwähnt. Gerade weil die umgebende Gesellschaft als moralisch zerfallen und anomisch erfahren wird, verleiht das Leben in der fundamentalistischen Gemeinschaft mit seinen strengen, normativen Regelungen Entlastung und Sicherheit.
Es ließen sich weitere Merkmale anführen, die fundamentalistische Bewegungen charakterisieren. Wir haben uns in diesem Abschnitt auf jene beschränkt, die in einer besonderen Beziehung zu unserer Grundthese stehen, die wir noch einmal wie folgt kurz zusammenfassen: Die Glaubenswelt des Fundamentalismus erlaubt, den Krisenerfahrungen der Moderne, ihren äußeren und inneren Unsicherheiten, durch das Angebot verbindlicher Orientierung und Lebensführung zu begegnen. Darin liegt seine Anziehungskraft und seine kulturelle Chance. Welche *Herausforderungen* im Aufkommen

fundamentalistischer Bewegungen liegen, welche kritischen Fragen sich damit stellen, das sei im folgenden Schlußabschnitt untersucht, in dem wir dann auch ein Stück weit aus der Haltung bloßer Analyse und Deskription heraustreten müssen.

Der Fundamentalismus als Anfrage und Herausforderung

Jeder, der sich auf das Phänomen »Fundamentalismus« einläßt, wird bald erkennen: Das Thema zwingt zur Auseinandersetzung mit den *eigenen* Orientierungen und Grundlagen, von denen man herkommt und aus denen man lebt. Anders gewendet: Die Beschäftigung mit dem Fundamentalismus stellt die Frage nach den jeweils *eigenen* Fundamenten. Im Gewölk postmoderner Beliebigkeit stellt der Fundamentalismus die Frage nach der Wahrheit. Diese, in der Präsenz fundamentalistischer Bewegungen enthaltene Rückfrage an das jeweils eigene Fundament ist der Kultur und Gesellschaft ebenso gestellt wie der christlichen Kirche. Hierzu legen wir abschließend einige kurze, notwendigerweise unvollständige Anmerkungen vor, wobei wir uns zuerst dem Bereich von Staat, Kultur und Gesellschaft zuwenden.
Hier ist zunächst an die Einsicht zu erinnern, daß Staat und Gesellschaft selbst der kulturellen Voraussetzungen bedürfen, die sie nicht aus sich heraus begründen und garantieren können. Gemeint ist, daß jedes Gemeinwesen, will es auf Dauer gestellt sein, eines Minimalkonsenses an Werten bedarf, der in der Moralität seiner Mitglieder verankert ist. Nur unter dem Dach eines solchen Minimalkonsenses an Grundwerten, dem die meisten verpflichtet sind, ist es überhaupt möglich, ansonsten *unterschiedliche*, pluralistische Orientierungen zu leben. Der bloße Rekurs auf die »Vernunft« des Menschen ist noch keine Garantie für die humane Gestaltung des Gemein-

wesens. So gibt es kein einziges »rationales« Argument gegen Folter, vielmehr sind sehr wohl Situationen denkbar, in denen es »rational« erscheinen mag, Folter anzuwenden. Toleranz, Menschenwürde, Freiheit der Person, Schutz des Lebens usw. sind Werthaltungen, die sich nicht in einem offenen rationalen Diskurs herstellen lassen, die diesem vielmehr vorausgehen.

Durch den Fundamentalismus von außen und innen ist der aufgeklärten liberalen Gesellschaft des Westens die Frage gestellt, aus welchen Werten sie lebt und in Zukunft leben will. Der Tötungsbefehl Chomeinis gegen Salman Rushdie hat schnell die Brüchigkeit westlicher Wertorientierungen klargelegt. Der erste Aufschrei der Empörung gegen einen solchen Anschlag auf die Meinungsfreiheit und Würde der Person wurde in manchen deutschen Verlagen schnell leiser, als es darum ging, die »Satanischen Verse« in deutscher Übersetzung herauszubringen.

Noch einmal: Der Fundamentalismus zwingt zur eigenen kulturellen Selbstvergewisserung. Man muß kein Prophet sein, um vorauszusehen, daß die Dringlichkeit der Aufgabe kultureller Selbstvergewisserung künftig zunehmen wird. So wird das Gelingen einer wirklichen Vereinigung der beiden Hälften Deutschlands *auch* davon abhängen, ob wir dies als geistigkulturelle Aufgabe sehen. So wird das erstrebte Zusammenwachsen Europas, soll es nicht in schierem Bürokratismus und einem bloßen wirtschaftlichen Zweckverband enden, *auch* einer Besinnung auf die geistig-kulturellen Grundlagen bedürfen, die ein solches Europa prägen und in Zukunft sichern können.

Hierbei ist, noch einmal bezogen auf die fundamentalistische Herausforderung vor allem islamisch-fundamentalistischer Bewegungen, ausdrücklich festzuhalten: Zerrbilder *des* Islam, der dann als Inkarnation *des* fundamentalistischen Bösen dasteht, scheinen bei uns zunehmend die Funktion zu bekommen, uns selbst als wahrer Hort der Menschenwürde, der Freiheit der Person, der Toleranz usw. darzustellen. Wir brauchen anscheinend – nicht zum ersten Mal in der Geschichte zwischen Orient und Okzident – den Orient als negativ besetztes Gegenbild eigener kultureller Identitätsvergewisserung. Aus solcher Strategie ist noch nirgends eigene kulturelle Identität gewachsen. Es geht vielmehr, gerade unter dem Eindruck fundamentalistischer Geltungsansprüche *auch* aus außerwestlichen Kulturen, um die Frage nach den eigenen, kulturellen Quellen.

Ebenso stellt der religiöse Fundamentalismus, besonders in seinen christlichen Formierungen, die *Kirche* vor die Frage, wie es denn mit ihren eigenen »Fundamenten« bestellt ist. Wenn etwa zunehmend auch Jugendliche in ihrer religiösen Orientierung – sieht man von der großen Zahl der religiös Desinteressierten ab –, in »fundamentalistischer« Verbindlichkeit und in den Gruppen und Gemeinschaften, die solche anbieten, ihr Leben zu sichern suchen, so wird die Kirche gut daran tun, dies als *Anfrage* an sich selbst zu verstehen. So kann z. B. Kirche als Ort von Gespräch und Dialog mit allen pluralen geistigen Strömungen eine große Bedeutung haben und dies gewiß mit solider, auch theologischer Begründung tun. Aber als Ort eines voraussetzungslosen Diskurses, der Unverbindlichkeit an Unverbindlichkeit reiht, produziert sie ihre eigene religiöse Überflüssigkeit. Solches können Volkshochschulen auch und oft besser, und keiner geht zur Kirche, um in der Predigt den politischen Leitartikel von gestern zu hören, gleich welcher politischer Couleur. Wohlgemerkt: Es kann nicht darum gehen, daß sich die Kirche nun zur Sicherung ihrer selbst »fundamentalistisch« gibt; so wenig sie sich Aktualität sichern kann durch Rezeption von Versatzstücken des New Age-Denkens. Aber es geht endlich um die Einsicht, daß kirchliche Anpassungsstrategien an die säkulare Kultur spätestens dann scheitern müssen, wenn die säkulare Kultur nunmehr ihrer selbst nicht mehr sicher ist und etwa der Ruf nach neuer Verbindlichkeit aus ihr selber kommt.

Dies freilich ist nur die eine Seite der Anfrage und Herausforderung durch den Fundamentalismus. Ebenso gilt es festzuhalten: Gerade wenn Fundamentalismus Absage an Aufklärung und Modernitätsbewußtsein bedeutet, zwingt dies auch zur *Abgrenzung und Kritik* gegenüber dem fundamentalistischen Denken und seinen Handlungsfolgen.

Hier muß es gerade der christlichen Theologie und dem kirchlichen Handeln auch darum gehen, an einem *Bündnis mit der Vernunft* festzuhalten. Christliche Theologie und Kirche können »sich nicht damit begnügen, den Traditionsbestand dogmatischer Lehrinhalte zu sichern. Damit würde nur eine Gegenwelt des Glaubens der säkularen Welt gegenübergestellt«[11]. Vielmehr geht es gerade gegenüber einem sich christlich verstehenden Fundamentalismus um die Bewahrung eines Begriffes von Vernunft, in dem auch das Angewiesensein des Menschen auf Gott einbeschlossen ist. Denn es hat, um es mit Wolfhart Pannenberg zusammenzufassen, »der Bund mit der Vernunft von Anfang an zur missionarischen Dynamik des Christentums gehört. Er hat in der urchristlichen Patristik den Anspruch des Evangeliums auf Allgemeingültigkeit gekennzeichnet, entgegen allen Irrationalismen, an denen ja gerade auch die Spätantike reich war.« So kommt es auch »für die christliche Auseinandersetzung mit der säkularen Welt« und dann eben auch für die Auseinandersetzung mit dem christlichen Fundamentalismus darauf an, »den Verkürzungen der säkularen Kultur gegenüber eine tiefere und weitere Vernunft zur Geltung zu bringen: Darin ist dann der scheinbare Gegensatz von Theonomie und Autonomie aufgehoben, darin sind die großen Errungenschaften der säkularen Kultur wie der Toleranzgedanke und die politischen Freiheitsrechte bewahrt.«[12]

Die Herausforderung des Fundamentalismus, die zu Kritik und Abgrenzung zwingt, läßt sich noch an den folgenden, ausgewählten Sachverhalten verdeutlichen, die wenigstens noch angedeutet seien.

Wie eingangs unseres Aufsatzes schon erwähnt, ist der Fun-

damentalismus in vielen seiner Erscheinungsformen wesentlich geprägt von einem bestimmten Verhältnis von *Politik und Religion* (beziehungsweise Ideologie). Dies meint: Zum Wesen des fundamentalistischen Denkens gehört, daß sein religiöser oder politisch-ideologischer Geltungsanspruch unmittelbar das politische Handeln leiten und schließlich kulturbestimmend werden soll. Fundamentalismus heißt Theologisierung (oder auch »Religionifizierung«) der Politik und Politisierung der Religion. Hier bedeutet Fundamentalismus das Zurückfallen hinter einen Erwerb *gelungener Aufklärung*. Es ist dies ein Rückfall hinter jenem Prozeß »religionspolitischer Aufklärung« (H. Lübbe), der gerade darin besteht, daß die *Wahrheit* der Religion und der dann begrenzte Geltungsanspruch politischen Handelns auseinanderfallen. Es gehört insofern zu den Beständen gelungener Aufklärung – freilich in der Realgeschichte der Moderne ständig bedroht –, daß das politische Handeln den Freiraum zu sichern hat, in dem unterschiedliche religiöse oder weltanschauliche Orientierungen gelebt werden und nebeneinander bestehen können. Damit *kann* der Fundamentalismus nicht leben. Denn ihm sind alle anderen religiösen oder weltanschaulichen Orientierungen bloßer Abfall von der Wahrheit, ein religiöses und schließlich auch ein kulturelles Dissidententum. Sein religiöses *und* politisches Ziel ist die in der »Wahrheit« stehende Gesellschaft.
Wenigstens erwähnt sei, daß für fundamentalistisches Denken ebenso ein bestimmtes Verhältnis von *Wissenschaft* und Religion kennzeichnend sein kann; hier wird Wissenschaft zur Garantiemacht der »objektiven« Richtigkeit des fundamentalistischen Glaubens. Ein klares Beispiel hierfür bietet der sogenannte »Kreationismus«, wozu der Beitrag von Hemminger das Nötige ausführt.
Sodann ist die prinzipielle oder zumindest tendenzielle *Dialogunfähigkeit* des Fundamentalismus zu nennen. Die Problematik solcher Dialogunfähigkeit liegt nun weniger darin, daß »Dialogfähigkeit« eine menschlich gewiß wünschenswerte

Qualität wäre (was sie sicherlich auch ist); vielmehr geht es um die Einsicht, daß die kulturelle und gesellschaftliche *Reallage*, in der wir jetzt schon stehen und in der wir künftig, nach aller menschlicher Voraussicht, noch klarer stehen werden, Dialogfähigkeit und Dialogbereitschaft zu einer Schicksalsfrage macht. Die »Internationalisierung und Globalisierung« der Kultur (F. H. Tenbruck) wird auch zur Konsequenz haben, daß wir zunehmend in eine Kultur hineinleben, in der unterschiedliche religiöse Daseinsauffassungen gelebt werden. Wie wir eine solche Lage bestehen, wird auch davon abhängen, ob wir eine Dialogfähigkeit lernen, die das Eigene bewahrt, im Dialog womöglich neu entdeckt und zugleich das Gewissen, die Würde und die Personalität des Andersgläubigen achtet. Schließlich ist auch nicht zu übersehen, daß *manche* fundamentalistische Bewegungen Züge eines religiösen (oder ideologischen) *Totalitarismus* annehmen können. Ein solcher könnte wegen seines immer auch *politischen* Anspruchs gerade in Zeiten kultureller und politischer Ungewißheit und Verunsicherung schnell zu einer sehr konkreten Herausforderung für Staat und Gesellschaft werden. Aber gerade auch dort, wo sich religiöser Fundamentalismus in Gruppen und Gemeinschaften zur Herrschaftsform eines religiösen Totalitarismus entwickelt, sind christliche Kirche und christliche Gemeinde im Glauben herausgefordert. Die Manipulation religiöser Heilsziele und Heilswege zum Zwecke menschlicher Machtausübung, die Mißachtung des einzelnen durch Ausbeutung und Vergewaltigung des Gewissens – beobachtbare Tendenzen in *manchen* »fundamentalistischen« Gruppen und »Sekten« – sind im Lichte des Evangeliums nicht nur inhuman, sondern eine Verkehrung der in Christus geoffenbarten Menschenfreundlichkeit Gottes.

Doch eine Beschäftigung mit dem Thema »Fundamentalismus« kann nicht mit der Beschreibung, gar Beschwörung seiner Gefahren abschließen. Wenn – recht begriffener – Dialog eine Aufgabe gegenwärtiger Kulturlage ist, muß dies auch gerade gegenüber dem Fundamentalismus gelten. Nur: Wie führt man einen Dialog mit »Dialogunwilligen«, mit einem Fundamentalismus, der zum Dialog nicht in der Lage sein kann? Ein erster Schritt hierzu wäre, hinter dem »Fundamentalismus« den »Fundamentalisten« zu sehen, d. h. den Menschen, der in der Brüchigkeit und Unübersichtlichkeit der Gegenwart sein Leben zu sichern versucht. Das feste Gehäuse fundamentalistischer Orientierung hat sich der »Fundamentalist« ja mit guten Gründen gesucht. Auch gegenüber dem Fundamentalismus ist es wichtig, sich um ein inneres Verstehen eines solchen Weges zu bemühen. Hierher gehört auch – bei allen nicht zu verschweigenden Fraglichkeiten, ja auch Gefahren: Es gilt wahrzunehmen, daß es dem Fundamentalisten im Kern um *seine* religiöse (oder weltanschauliche) Wahrheit geht.

Also: Plädoyer für einen Dialog auch mit dem Fundamentalismus! Dieser kann um so eher gelingen, wenn *alle* Teilnehmer an einem solchen Dialogversuch bereit sind, von ihren *eigenen* Fundamenten zu erzählen.

Anmerkungen

Reinhart Hummel: Fundamentalismus in Indien und im Islam

1 Zitiert auf S. 20 des informativen Berichts von D. Eck in den »Minutes of the 8th Meeting of the Working Group« von 1988 der Dialogabteilung des ÖRK, Genf 1988, S. 17ff. Meine Darstellung des Konflikts in Ayodhya basiert weitgehend auf Berichten des »Economic and Political Weekly«.

2 Zitiert auf S. 196 von H.-J. Klimkeit, Ramas Wiederkehr und die Erneuerung des Hindutums, in: Religionen, Geschichte, Ökumene, hg. von R. Flasche u. E. Geldbach, Leiden 1988, S. 188–196. Grundlegend ist Klimkeits Buch »Der politische Hinduismus. Indische Denker zwischen religiöser Reform und politischem Erwachen«, Wiesbaden 1981. Zitate, die im folgenden nicht belegt werden, stammen größtenteils aus diesem Buch.

3 L. Rai, A History of the Arya Samaj, Bombay 1967, S. 114.

4 H.-J. Klimkeit (Der politische Hinduismus, S. 189) beruft sich auf W. E. Mühlmann, Chiliasmus und Nativismus, Berlin 1961, besonders S. 11f. Auf die Nähe fundamentalistischer Bewegungen zu Krisenkulten hat auch F. Stolz hingewiesen.

5 Zitiert nach D. Eck, S. 21.

6 M. Douglas, Reinheit und Gefährdung. Eine Studie zu Vorstellungen von Verunreinigung und Tabu, Berlin 1985, S. 121. Das folgende Zitat auf S. 165.

7 Der islamische Fundamentalismus in seiner regionalen Vielfalt wird beschrieben im Sammelband »Der Islam in der Gegenwart«, hg. von W. Ende und U. Steinbach, München 1984. Zu Pakistan siehe auf S. 274ff. den Beitrag von D. Khalid sowie K. Voll, Fundamentalistische Tendenzen unter Hindus und Moslems in Indien, in: Th. Meyer, Fundamentalismus – Aufstand gegen die Moderne, Reinbek 1989, S. 155–192.

8 K. Voll, S. 184.

9 Angaben zu der noch wenig erforschten Dalit-Bewegung finden sich bei H. Grafe, Christliche Theologie für das Dorf und für die ›Dalits‹, in: Jahrbuch 1990 des Ev.-Luth. Missionswerkes in Niedersachsen, S. 80–89.

10 Ramakrishna T. Vyas, Aryanisation of the World, in: Hindu Vishva Souvenir, January 1966, S. 14ff. Zur ISKCON siehe R. Hummel, In-

dische Mission und neue Frömmigkeit im Westen, Stuttgart 1980, S. 49–60, 134–138. Den Zusammenhang zwischen Hindu-Mission und Hindu-Fundamentalismus behandelt auch S. Stylites, Hindu-Fundamentalists on the Move, in: Areopagus 1990, S. 19–23.

11 Eine konzise Darstellung des Islam aus christlicher Sicht: Was jeder vom Islam wissen muß, hg. vom Lutherischen Kirchenamt der VELKD und vom Kirchenamt der EKD, Gütersloh 1990. Vgl. M. Riesebrodt, Fundamentalismus als patriarchalische Protestbewegung. Amerikanische Protestanten (1910–28) und iranische Schiiten (1961–79) im Vergleich, Tübingen 1990.

12 Der Islam in der Gegenwart, S. 91f.

13 Zum Beispiel im Artikel über ›islah‹ in der Encyclopaedia Islamica IV, Leiden 1978, S. 141–171.

14 H. Mattes, Die innere und äußere islamische Mission Libyens, Mainz/München 1986, S. 110.

15 J. S. Nielsen, Arabische Identität und Islam. Saddam Hussein, die Golfkrise und das Mißtrauen gegen den Westen, in: Der Überblick 4/1990, S. 41–43.

16 B. Tibi, Die Krise des modernen Islams. Eine vorindustrielle Kultur im wissenschaftlich-technischen Zeitalter, München 1981.

17 Zu M. M. Taha vgl. D. Khalid, Islam und Politik, in: Der Überblick 4/1980, S. 6–15 und in anderen Publikationen.

18 Vgl. das Buch von H. Mattes (Anm. 14). Zum Folgenden M. S. Abdullah, Jahresrückblick 1990, in: Islam-Nachrichten 20/52 vom 24. 12. 90, auszugsweise abgedruckt im »Materialdienst der EZW« 2/91, S. 38–41.

19 Jalal Al-i Ahmad, Occidentosis – A Plague from the West, Berkeley 1984. Das nativistische Element fundamentalistischer Bewegungen hebt Riesebrodt hervor. Er entdeckt es auch im frühen protestantischen Fundamentalismus der USA und seiner Furcht vor den subversiven Einflüssen der römisch-katholischen Kirche, der »deutschen Kultur« und des Bolschewismus (S. 65 u. ö.). Weitere gemeinsame Elemente des amerikanischen und schiitischen Fundamentalismus sind in seinen Augen: Ein manichäisch-dualistisches Weltbild, Xenophobie, paranoide Verschwörungsgewißheit und eine Bekräftigung der traditionellen Frauenrolle (S. 170).

20 M. Riesebrodt, S. 248.

21 P. L. Berger, Der Zwang zur Häresie, Frankfurt 1980, S. 171ff.

22 Vgl. den Schluß des Beitrags von R. N. Dandekar, Der Mensch im Denken des Hinduismus, in: Sein als Offenbarung in Christentum und Hinduismus, hg. von A. Bsteh, Mödling 1984, S. 139–179.

23 M. Riesebrodt, S. 158.

1 A. Schmidt, Das Phänomen des Fundamentalismus in Geschichte und Gegenwart, in: K. Kienzler (Hrsg.), Der neue Fundamentalismus: Rettung oder Gefahr für Gesellschaft und Religion? Düsseldorf 1990, S. 10.

2 J. Niewiadomski, Art. »Fundamentalismus«, in: Lexikon der Sekten, Sondergruppen und Weltanschauungen: Fakten, Hintergründe, Klärungen. Hrsg. von H. Gasper, J. Müller, F. Valentin, Freiburg i. Br., Basel, Wien 1990, S. 332.

3 Zweites Vatikanisches Konzil: Erklärung über die Religionsfreiheit, zitiert nach Rahner/Vorgrimler, Kleines Konzilskompendium, Freiburg/Basel/Wien ^{5}1968, S. 663.

4 Abgesehen von früheren Gruppierungen werden in der Literatur dem katholischen Fundamentalismus heute folgende Gruppen zugeordnet:
Katholische Traditionalistenbewegung (KTB), Bewegung für Papst und Kirche (mit dem Organ »Der Fels«), Una-Voce-Bewegung, Una Voce Gruppe Maria, Marianische Priesterbewegung, Sammlung glaubenstreuer Katholiken (SAKA), Pro Occidente, Linzer Priesterkreis, Austria Catholica, Arbeitskreis Theologie und Katechese (ACK) u. a. m.

5 Siehe hierzu grundsätzlich: M. Lefebvre; Leben, Werk, Programm und Kritik, in: A. Schifferle, Marcel Lefebvre – Ärgernis und Besinnung. Fragen an das Traditionsverständnis der Kirche. Geleitwort M. von Galli, Kevelaer ^{2}1984, S. 33–198.

6 Vgl. Dokumente zum Schisma Lefebvres, in: A. Schifferle, Das Ärgernis Lefebvre, Informationen und Dokumente zur neuen Kirchenspaltung, Freiburg i. Ue. 1989, S. 192–227.

7 »Modernismus« meint jene kirchengeschichtlich bedeutsame religiöse Krise, die zu Beginn des 20. Jahrhunderts in Frankreich, England, Italien und Deutschland in Philosophie, Theologie und Soziallehre um sich griff. (Vgl. dazu R. Scherer, Art. »Modernismus«, in: LThK 7, S. 514. Zudem R. Aubert, Überblick über die Entwicklung der Theologie im 20. Jahrhundert, in: H. Vorgrimler/R. van der Gucht [Hrsg.], Bilanz der Theologie im 20. Jh., Freiburg 1969, S. 7–69.)

8 Vgl. J. Anzévui, Das Drama von Ecône, Dokument Nr. 1. Die Glaubenserklärung von M. Lefebvre, Sitten 1976, S. 90f.

9 Ebd. S. 90.

10 Ebd. S. 90.

11 Ebd. S. 90.

12 Vgl. dazu die Matrix zum Traditionalistischen Kirchenbild, in: A.

Schifferle, Marcel Lefebvre – Ärgernis und Besinnung, ebd. S. 465–487.

13 Vgl. hierzu meine Ausführungen zu »Kirche und Konzil«, in: A. Schifferle, Was will Lefebvre eigentlich? Der Bruch zwischen Ecône und Rom, Freiburg i. Ue. 1989, S. 25ff.

14 Vgl. J. Anzévui, Das Drama von Ecône, Dokument Nr. 1, ebd. S. 90.

15 Ebd. S. 90.

16 Ebd. S. 90. Zur Einheit der »Lex orandi« vgl. A. Schönenberger, Die Einheit der »Lex orandi«, in: Una Voce-Korrespondenz 3 (Juli/August 1973), S. 259–263.

17 Vgl. B. M. Thurian, Eucharistie. Einheit am Tisch des Herrn? Mainz/Stuttgart 1963.

18 Vgl. E. J. Lengeling, Die neue Ordnung der Eucharistiefeier, Münster 1970, S. 92–125.

19 Vgl. E. J. Lengeling, Die neue Ordnung der Eucharistiefeier, ebd. S. 110–125.

20 Vgl. A. Schifferle, Einführung: Liturgie beim Zweiten Vatikanischen Konzil, in: Ders., M. Lefebvre – Ärgernis und Besinnung, ebd. S. 131–142.

21 Vgl. E. J. Lengeling, Dialog zwischen Gott und Mensch, in: Th. Filthaut (Hrsg.), Umkehr und Erneuerung, Mainz 1966, S. 99–135.

22 Ebd. S. 105ff.

23 Vgl. hierzu die Leitlinien der Reform, in: A. Schifferle, Was will Lefebvre eigentlich? Der Bruch zwischen Ecône und Rom, Freiburg i. Ue. 1989, S. 23.

24 M. Lefebvre, Damit die Kirche fortbestehe, in: Mysterium Fidei, Nr. 10, 1976.

25 Vgl. A. Schifferle, Das Ärgernis Lefebvre, ebd. S. 133–136.

26 J. Niewiadomski (Hrsg.), Eindeutige Antworten? Fundamentalistische Versuchung in Religion und Gesellschaft, in: theologische trends 1, Thaur 1988, S. 199.

27 Vgl. hierzu: R. Frieling (Hrsg.), Die Kirchen und ihre Konservativen. »Traditionalismus« und »Evangelikalismus« in den Konfessionen, Bensberger Hefte 62, Göttingen 1984. In diesem Heft analysiert Manfred Marquardt die Strukturen zu evangelikal-fundamentalistischer und traditionalistischer Theorie und Frömmigkeit!

28 Die Zeitgenossen faßten unter dem Ausdruck »Modernismus« (früher »Neuer Katholizismus«) jene Bestrebungen zusammen, in denen sie die Auswirkungen des Liberalismus des 19. Jahrhunderts sahen!

29 In seiner Enzyklika »Pascendi dominici gregis« vom 8. 9. 1907 zeigte Pius X. – weitläufig dargestellt – das System des Modernismus in seiner Verschiedenartigkeit auf und verurteilte es als »Sammelbecken

aller Häresien«, und er schrieb am 1. 9. 1910 in Motuproprio »Sacrorum Antistites« (DS 3537–3550) (ASS 2 [1910] 669ss) allen Priesteramtskandidaten vor deren höheren Weihen.

30 Vgl. M. Lefebvre. Les États chrétiens vont-ils livres l'Afrique noire à l'Étoile? in: La France catholique Nr. 581 vom 18. 12. 1959. Hier sei noch vermerkt: Die Französische Revolution ist für Marcel Lefebvre ein negativ besetzter Schlüsselbegriff!

31 Vgl. hierzu meine Ausführungen zu »Coetus Internationalis Patrum«, in: A. Schifferle, Marcel Lefebvre – Ärgernis und Besinnung, ebd. S. 39, 74, 77.

32 Vgl. Ebd. S. 66f., 70f.

33 Die wachsende Opposition des Ordens richtete sich gegen Lefebvres fundamentalistischen Konservativismus. Lefebvre hält allerdings dagegen: »... um nicht für die Reform einstehen zu müssen, die das Generalkapitel in einem der katholischen Tradition widersprechenden Sinn vorgenommen hatte.« So Lefebvre in einem »Offenen Brief« an die ratlosen Katholiken. Hg. v. d. Priesterbruderschaft St. Pius X., Wien 1986, S. 208.

34 Nach dem Kirchenrecht waren diese Weihen zwar nicht erlaubt, allerdings gültig!

35 Vgl. A. Schifferle, Das Ärgernis Lefebvre, ebd. S. 194f.

36 Vgl. M. Lefebvres »Manifest«, die Glaubenserklärung vom 21. 11. 1974, in: J. Anzévui, Das Drama von Ecône, ebd. S. 90f.

37 Vgl. hierzu das Dokument Nr. 8: »Sacra congregatio pro episcopis. Dekretum«, in: A. Schifferle, Das Ärgernis Lefebvre, ebd. S. 218f. Fast 120 Jahre nach der Abspaltung der Altkatholiken, die nach dem Ersten Vatikanum (1869–70) das Dogma von der Unfehlbarkeit des Papstes zurückwiesen, sorgte Erzbischof Lefebvre 1988 für eine neue Kirchenspaltung durch die nichterlaubten Bischofsweihen in Ecône. Den größten Teil der Seminaristen brachte dieser Schritt Lefebvres nicht ins Wanken. »Sie trifft uns nicht«, sagen sie selbstbewußt und einhellig. In der Begründung werden scholastische Schulung und ausgetüftelte Rechtfertigung erkennbar sowie das Bemühen, in dieser Lage zusammenzustehen. Die nach katholischem Glauben höchste Instanz wird reklamiert: das an der »objektiven Norm« geschulte Gewissen. Der Erzbischof handle im Notstand, so wird argumentiert, er verteidige den Glauben der Kirche. Deshalb treffe die Exkommunikation nicht. Mit der Luther-Legende können sie sagen: Hier stehe ich und kann nicht anders. Den Vergleich mit Luther scheuen sie nicht. Sie bestehen aber darauf, daß sie im Gegensatz zu ihm ihr Handeln an der objektiven Norm der Kirche messen würden. Die Zuordnung der Schuld ist so eindeutig, und die Berufung auf die

»Wahrheit« läßt weitere Argumentation nicht zu. Das, was katholisch ist, ist eindeutig definiert.

38 Der katholische Traditionalist und Exerzbischof Marcel Lefebvre ist am Montag, 25. März 1991 in Martigny (Schweiz) 85jährig einem Krebsleiden erlegen und wurde am 2. April 1991 in Ecône bestattet!

39 Vgl. C. Lang, »Einst Hüter des katholischen Glaubens, in TA, Zürich vom 26. 3. 1991, S. 11.

40 Vgl. M. Lefebvre, Ein Bischof spricht. Schriften und Ansprachen 1963–1974, Wien 1976.

41 Vgl. hierzu: J. Daniélou, Rebellion und Kontemplation, Zürich 1969.

42 Vgl. E. J. Lengeling, Liturgie als Grundvollzug christlichen Lebens, in: B. Fischer, E. J. Lengeling, R. Schaeffler, F. Schulz, H.-R. Müller-Schwefe, Kult in der säkularisierten Welt, Regensburg 1974, S. 63–91.

43 Vgl. J. Beumer, Die Theologie des 19. Jh., in: SM (1967), S. 498. Zudem: P. Poupard, un essai de philosophie chrétienne au XIXe siècle: L'abbé Louis Bautin, Toulouse 1961.

44 Vgl. J. Beumer, Die Theologie des 19. Jh., ebd. S. 498.

45 P. Poupard, Art. »Traditionalismus«, in: SM, Bd. 1 (1967), S. 966.

46 P. Poupard, Art. Traditionalismus, in: SM, Bd. 1 (1967), S. 966.

47 Vgl. Art. »Traditionalismus«, in: Philosophisches Wörterbuch II, Berlin 1972, S. 1090–1093.

48 Vgl. J. B. Metz, Glaube in Geschichte und Gesellschaft, Studien zu einer praktischen Fundamentaltheologie, Mainz 1977, S. 15–20.

49 Vgl. L. G. A. de Bonald, Théorie du pouvoir politique et religieux, Konstanz 1976; Ders. Pensées diverses, Paris 1815.

50 Vgl. J. de Maistre, Du Pape suivi de l'église Gallicane dans son rapport avec le souverain Pontifie, Paris 1819, Œuvres, Bruxelles 1838.

51 Vgl. Art. »Traditionalismus«, in: A. Stöckel, Grundriß der Geschichte der Philosophie, Mainz ^{4}1924, S. 414.

52 Erinnert sei hier an sein Hauptwerk: Essai sur l'indifférence en matière de religion, hier zitiert nach A. Stöckel, ebd. S. 415.

53 P. Poupard, Art. »Traditionalismus«, ebd. S. 968. Vgl. dazu E. Bautain: Ders., L'abbé Louis Bautain, Paris 1961.

54 Die Theologie dieser Zeit war von einem radikalen Umschwung geprägt, der die »Erlebnistheologie« nach F. Schleiermacher durch die neue historisch-kritische Richtung (D. F. Strauss und F. Ch. Baur) ablöste. Vgl. dazu J. Beumer, Die Theologie des 19. Jh. ebd. S. 496.

55 Vgl. J. de Maistre, Œuvres, Du Pape suivis de l'église Gallicane dans son rapport avec le souverain Pontifie, Bruxelles 1838.

56 Art. »Traditionalismus«, in: A. Stöckl. Grundriß der Geschichte der Philosophie, ebd. S. 414.

57 P. Poupard, Art. »Traditionalismus«, ebd. S. 966.
58 Vgl. J. Beumer, Die Theologie des 19. Jahrhunderts, ebd. S. 497f.
59 Vgl. L. Lenhard, Die erste Mainzer Theologenschule des 19. Jahrhunderts (1805–30), Mainz 1965.
60 Vgl. Art. »Traditionalismus«, in: Phil. Wörterbuch II, Berlin 1972, S. 1090.
61 Vgl. G. Daly, Dissens in der Theologie: Die Modernismuskrise, in: Concilium 18 (1982), S. 569–573.
62 Vgl. O. v. Nell-Breuning, Art. ›Integralismus‹, in: LThK, V (1960), S. 717.
63 G. Daly, Dissens in der Theologie, ebd. S. 571.
64 J. Anzévui, Das Drama von Ecône, ebd. S. 13.
65 Vgl. Ebd. S. 13f. Zudem H. Rossi, Ecône durchleuchtet. Lefebvre und sein Werk. Eine Orientierung für jedermann, Luzern/München 1977, S. 38–41; Zudem: L. Kaufmann, »Action Française«, in ders., Im Schatten der »Konterrevolution«, Geschichtliche und biographische Notizen zum Traditionalismus von Erzbischof Lefebvre, in Orientierung 41 (1977), S. 158f.
66 Vgl. R. Aubert, Der Integralismus, ebd. S. 497. Zudem J. Anzévui, ebd. S. 14.
67 F. Alt, Argentinien als Vorbild. Der politische Hintergrund von Lefebvre, in: Lutherische Monatshefte 9 (1976), S. 603f.
68 Vgl. dazu: A. Schifferle, Bewahrt die Freiheit des Geistes, Zur kirchlichen Kontroverse um Tradition und Erneuerung, Freiburg i. Br. 1990.

Peter Zimmerling: Protestantischer Fundamentalismus als gelebter Glaube

1 T. Rahner, Fromm, frech und engagiert. »Linke« Evangelikale zwischen allen Stühlen, in: U. Birnstein (Hrsg.), Gottes einzige Antwort...: Christlicher Fundamentalismus als Herausforderung an Kirche und Gesellschaft, Wuppertal 1990, S. 96.
2 Ich denke hier z. B. an darbistische Gemeinschaften, freie Pfingstgemeinden, die Freie Evangelisch-Theologische Akademie Basel, die Freie Theologische Akademie in Gießen, ihre Mitglieder, Studierenden, Lehrenden und ihre jeweiligen Veröffentlichungen.
3 So z. B. U. Birnstein, a.a.O.
4 J. Barr, Fundamentalismus, München 1981, S. 254.
5 J. B. Phillips, Dein Gott ist zu klein, Moers 1991, S. 13.
6 Vgl. M. Luther, WA 40, I, S. 87.

7 So die Überschrift eines Spiegel-Artikels vom 7. 1. 1991: »Dauerhaft ist nur die Trennung.«
8 B. Locnikar, Demut, Liebe und Gehorsam. Erfahrungen als Evangelikale, in: U. Birnstein, a.a.O., S. 159ff.
9 Vgl. hier und im folgenden K. Beyschlag, Grundriß der Dogmengeschichte I, Gott und Welt, Darmstadt 1982, S. 65ff.
10 A.a.O., S. 67.
11 Das gleiche gilt im Hinblick auf Maler wie Matthias Grünewald und Komponisten wie Johann Sebastian Bach.
12 A. Schlatter, Die christliche Ethik, Stuttgart 1914, S. 169.
13 K. Bockmühl, Säkularismus und christlicher Glaube. Herrschaft Gottes – Selbstherrschaft des Menschen? Marburg 1985 (Porta-Studie 8), S. 28.
14 Siehe J. Stott, Einheit der Evangelikalen. Gegen die falschen Polarisierungen, Gießen 1975 (Theologie und Dienst, Heft 8), S. 34ff.
15 A.a.O., S. 38.
16 Vgl. K. Bockmühl, Zur Frage nach der Maßgeblichkeit der Bibel für die Ethik, in: ders., glauben und handeln. Beiträge zur Begründung evangelischer Ethik, Gießen 1975, S. 30ff.
17 Vgl. ders., Sinn und Unsinn der »neuen Moral«. Kritik und Selbstkritik, Gießen ^{2}1974 (Theologie und Dienst, Heft 1) S. 30.
18 Vgl. zur Problematik allgemein John B. Phillips, a.a.O.
19 Der klassische biblische Bericht dieses Aufeinanderbezogenseins von sichtbarer und unsichtbarer Wirklichkeit steht in 2. Könige 6, S. 15ff.
20 Vgl. Dietrich Bonhoeffer, Ethik, München ^{8}1975, S. 128ff.
21 Dazu vgl. Johann Christoph Blumhardts Erfahrungen beim Kampf um die Befreiung der besessenen Gottliebin Dittus: Blumhardts Kampf, Stuttgart o.J. (17. Auflage des vollständigen und wortgetreuen Berichtes von Blumhardt).
22 Ich verdanke viele Anregungen zu diesem Abschnitt einer Seminararbeit von Helmut Hammer, Marburg, über die eschatologischen Aspekte und Grundlinien in den Traktaten der Marburger Blätter-Mission.

Werner Thiede: Fundamentalistischer Bibelglaube im Licht reformatorischen Schriftverständnisses

1 Vgl. zu Begriff und Sache: W. A. Vissert't Hooft, Kein anderer Name. Synkretismus oder christlicher Universalismus? Basel 1965. Dagegen: P. F. Knitter, Ein Gott – viele Religionen, München 1988.

Mittlerweile hat die 7. Synode der EKD auf ihrer Tagung zu Neuen religiösen Strömungen die Gemeinden gebeten, »sich in ihrer Arbeit der Gefahr der synkretistischen Auflösung der christlichen Botschaft offensiv zu stellen« (zitiert nach: Materialdienst der EZW 53, 1/1990, S. 6).

2 Hier ist primär an die Stichworte »New Age« und Esoterik zu denken; vgl. neuerdings: W. Thiede, Religiosität und Hoffnung im Kontext von New Age, Kerygma und Dogma 37, 1/1991, S. 62–93, sowie: B. Haneke u. K. Huttner (Hg.), Spirituelle Aufbrüche, Regensburg 1991.

3 Dazu liegen drei instruktive Aufsätze vor: D. Stoodt, Fundamentalismus versus Modernismus im Jahre 1982, in: Jahrbuch der Religionspädagogik 1, 1985, S. 191–204; H. Timm, Die göttliche Freiheit der Mitte. Christentum zwischen New Age und Fundamentalismus, Lutherische Monatshefte 29, 7/1990, S. 325–329; Hj. Hemminger, Weltanschauung im Pluralismus. Christliche Botschaft zwischen Fundamentalismus und New Age, Evang. Kommentare 24, 1/1991, S. 9–11.

4 Vgl. neben den Auskünften der einschlägigen Lexika J. Barr, Fundamentalismus, London 1977, deutsch gekürzt: Fundamentalismus, München 1981; S. E. Mead, Das Christentum in Nordamerika. Glaube und Religionsfreiheit in vier Jahrhunderten, Göttingen 1987.

5 Zum Begriff siehe den einleitenden Abschnitt »Definitionsproblem« des Beitrags von P. Zimmerling in diesem Buch, ferner E. Geldbach, Evangelikalismus. Versuch einer historischen Typologie, in: R. Frieling (Hg.), Die Kirchen und ihre Konservativen, Göttingen 1984, S. 53–83. Nach L. v. Padberg sind Evangelikale »Fundamentalisten in dem Sinne des Wortes, daß sie festhalten an den Fundamenten des Glaubens« (Evangelikale Apologetik, in: Materialdienst der EZW 1/1990, S. 177–189, hier 178).

6 Die Chicago-Erklärung ist abgedruckt in: J. Cochlovius / P. Zimmerling (Hg.), Evang. Schriftauslegung, Wuppertal 1987, S. 315ff.

7 Siehe G. Maier, Biblische Hermeneutik, Wuppertal 1990, S. 325f. Folgende Zitate: S. 133 und 139.

8 A. E. Wilder-Smith, Evolution im Kreuzverhör, Neuhausen-Stuttgart 1983, S. 40. Nächstes Zitat: S. 25.

9 L. Goppelt, Theologie des Neuen Testaments, Bd. 2, Göttingen 1976, S. 380.

10 Im Vorwort zu seinem »Gnomon Novi Testamenti« (Tübingen 1773^{3}) räumt Bengel ein, daß er nicht allein der Lehrnorm, sondern auch den Worten der Schrift mit einer Religiosität folge, die wohl selbst guten Leuten kaum vom Aberglauben unterscheidbar erscheine (s. XXXII).

11 Vgl. z.B. D. Trobisch, Die Entstehung der Paulusbriefsammlung, Göttingen – Freiburg/Schweiz 1989, bes. S. 83 und 137.

12 R. Werner, Zehn gute Gründe, Christ zu werden, Neukirchen-Vluyn 1990, S. 44.

13 G. Maier, Biblische Hermeneutik, Wuppertal 1990, S. 126.

14 F. Stuhlhofer, Die altkirchliche Kanonsgeschichte im Spiegel evangelikaler Literatur, in: G. Maier (Hg.), Der Kanon der Bibel, Gießen 1990, S. 165–197, hier 180f.

15 Vgl. H. Sasse, In Statu Confessionis, Bd. 2, Berlin 1976, S. 306f; H. P. Rüger, Der Umfang des alttestamentlichen Kanons in den verschiedenen kirchlichen Traditionen, in: K. Aland, S. Meurer (Hg.), Wissenschaft und Kirche (Festschr. f. E. Lohse), Bielefeld 1989, S. 336–344.

16 So G. Maier, Biblische Hermeneutik, S. 134 und 139. Andererseits sieht Maier: »Dies hat die Offenbarung selbst offengelassen: Welchen endgültigen Umfang dieser Kanon haben sollte« (S. 133). Wie U. Swarat erklärt, stehen wir »heute noch vor der gleichen Entscheidung wie die Kirche am Ende des 4. Jhds. Ob der Kanon in seinem jetzigen Umfang zu Recht besteht, kann nur durch eigenverantwortliche theologische Prüfung von den christlichen Kirchen jeweils neu entschieden werden« (Das Werden des neutestamentlichen Kanons, in: G. Maier, Hg., a.a.O. S. 25–51, hier 44).

17 R. Riesner, Ansätze zur Kanonbildung innerhalb des Neuen Testaments, in: G. Maier (Hg.), a.a.O. S. 153–164, hier S. 160.

18 P. Brunner, Umrisse einer Lehre von der Autorität der Heiligen Schrift, in: ders., Pro Ecclesia, Berlin – Hamburg 1962, S. 40–45, hier S. 43. – Eine Befassung mit modernen Wort-Gottes-Theologien ist im Rahmen dieses Beitrags ausgeschlossen; theologisch-hermeneutische Vertiefung der so facettenreichen Thematik ermöglicht jetzt H. H. Schmid (Hg.), Sola Scriptura. Das reformatorische Schriftprinzip in der säkularen Welt, Gütersloh 1991.

19 So neben G. Maier (Der Abschluß des jüdischen Kanons und das Lehrhaus von Jabne, in: ders., Hg., a.a.O. S. 1–24, bes. 15) u. a. die Wachtturm-Bibel- und Traktatgesellschaft (Hg.), »Die ganze Schrift ist von Gott inspiriert und nützlich«, Wiesbaden 1967, S. 302.

20 P. Brunner a.a.O. S. 43. Der altprotestantische Begriff des »Deuterokanonischen ist legitim« (ebd.).

21 W. Kreck, Grundfragen der Dogmatik, München 1977, S. 257. Vgl. auch E. Käsemann, Begründet der neutestamentliche Kanon die Einheit der Kirche? Ev. Theol. 11, 1951/52, S. 13–21; ders. (Hg.), Das Neue Testament als Kanon, Göttingen 1970.

22 G. Maier, Das Ende der historisch-kritischen Methode, Wuppertal 1974, S. 20.

23 Vgl. Maier, Biblische Hermeneutik, S. 324f, ähnlich z. B. G. Bergmann, Alarm um die Bibel, Gladbeck 1974^5, S. 84f, und H. Stadelmann, Die Bibel – Gottes Wort, in: ders. u. F. Laubach (Hg.), Was Evangelikale glauben. Die Glaubensbasis der Evangelischen Allianz erklärt, Wuppertal 1989, S. 16–20, hier 19f. Vgl. auch R. Hille, »Konsultation zu Fragen der Schriftauslegung«, Jahrbuch für Evangelikale Theologie 4, Wuppertal 1990, S. 99–106, bes. 102ff. – Positiv-unkritisch spricht sich Maier für eine »biblisch-historische« (S. 332ff), die Chicago-Erklärung in ihrem Schlußartikel für eine »grammatisch-historische« Exegese aus.

24 Das hat Luther selbst wiederholt betont. – »Die heimliche Religion der historisch-kritischen Methode ist heute eine Gesetzesreligion! Im Text wird nach dem Buchstaben, nicht nach dem Geist als der Zukunft und Erfüllung des Buchstabens gesucht. Damit wird der Text verfremdet, vom Betrachter weggeschoben, die Historie wird verabsolutiert und – fossil« (R. Bohren, Dem Worte folgen, Hamburg 1969, S. 71).

25 Vgl. näherhin P. Zimmerlings Ausführungen in diesem Buch (unter der Zwischenüberschrift: Skepsis gegenüber der akademischen Theologie).

26 Dazu verweise ich auf H. H. Schmid (Hg.), Mythos und Rationalität, Gütersloh 1988, sowie auf Überlegungen in meiner Dissertation »Auferstehung der Toten – Hoffnung ohne Attraktivität?« Göttingen 1991, bes. S. 24ff.

27 H. Stadelmann, a.a.O. S. 16.

28 Vgl. G. Maier, Hermeneutik, S. 97; er rechnet sich selbst mit dazu (111). Ähnlich denkt z. B. H. Asmussen, Die Heilige Schrift, Berlin 1967, S. 25.

29 A. I. C. Heron, Artikel »Bibelkanon (3. Der Kanon in dogmatischer Sicht)« EKL^3 Bd. I (1986), Sp. 475.

30 G. Maier, Hermeneutik, S. 123. Nächstes Zitat ebd. Zur Sache s. u.

31 Wider die Prozeßeinreden der Häretiker, c. 14.

32 P. Stuhlmacher, Hauptprobleme und Chancen kirchlicher Schriftauslegung, Theol. Beiträge. 9, 2/1978, S. 53–69, hier 59.

33 R. Slenczka, Kirchliche Entscheidung in theologischer Verantwortung. Grundlagen, Kriterien, Grenzen, Göttingen 1991, S. 59f.

34 G. Bergmann, a.a.O. 102. Vgl. auch Maier a.a.O. S. 321.

35 So treffend P. Stuhlmacher, Schriftauslegung, S. 54. Vgl. ferner: ders., Vom Verstehen des Neuen Testaments, Göttingen 1979, S. 52, 93 und 97; E. Herms, Das Evangelium für das Volk, Lutherjahrbuch 57, 1990, S. 19–56, bes. 31 und 48.

36 Vgl. WA 30 I, S. 27; WA 41, S. 275; ferner: Bekenntnisschriften der Evang.-Luth. Kirche (BSELK), Göttingen 1979^8, S. 769.

37 Übersetzung von: WA 42, S. 195, S. 3f. Vgl. auch R. Slenczka, a.a.O. S. 54.

38 Übersetzt nach WA 39 I, S. 47. Nach Luthers Verständnis ist die Schrift ihr eigener Kritiker (P. Althaus, Die Theologie Martin Luthers, Gütersloh 1980^5, S. 79ff).

39 W. Kreck a.a.O. S. 255. Anders G. Maier, Biblische Hermeneutik, S. 136.

40 W. Pannenbergs Vorwurf an Luther, er habe das Evangelium auf die Botschaft von der Sündenvergebung reduziert (Syst. Theologie Bd. 2, Göttingen 1991, S. 507f), reduziert den Sachverhalt! Siehe W. Thiede, Luthers individuelle Eschatologie, Lutherjahrbuch 49, 1982, S. 7–49, bes. 15ff.

41 P. Althaus, a.a.O. S. 78f (unter Berufung auf mehrere lateinische Luther-Zitate).

42 J. Calvin, Unterricht in der christlichen Religion, Erster Band, Neukirchen 1936, S. 591f. Zum weiteren vgl. den zweiten Band (1937), S. 16–18.

43 BSELK, 769; WA 39 I, S. 205.

44 Übersetzung von WA 1, S. 52.

45 G. Maier, Einer biblischen Hermeneutik entgegen? Theol. Beiträge 8/1977, S. 148–160, Zitat S. 157 (Übersetzung in Klammern: W. T.).

46 Vgl. z. B. R. Smend, Epochen der Bibelkritik. Gesammelte Studien Bd. 3, München 1991.

47 G. Maier, Die Einheit der Schrift und unsere christliche Redlichkeit, Informationsbrief Nr. 121 der Bekenntnisbewegung »Kein anderes Evangelium«, April 1987, S. 15–17, hier 17.

48 K. Heim, Ich gedenke der vorigen Zeiten, 1980^4, S. 154.

49 Vgl. M. Oeming, Gesamtbiblische Theologien der Gegenwart, Stuttgart 1985, bes. S. 222–225; D. Ritschl, Zur Logik der Theologie, München 1988^2, S. 98f; W. Kreck a.a.O. S. 257.

50 Vgl. näherhin B. Rothen, Die Klarheit der Schrift. Teil I: Martin Luther: Die wiederentdeckten Grundlagen, Göttingen 1990, bes. S. 20, 63f und 249.

51 Vgl. bes. R. Pietz, Die Autorität der Heiligen Schrift in den Sekten der Gegenwart, Göttingen 1960 (Sonderdruck aus dem Jahrbuch 1960 »Im Lichte der Reformation« des Evangelischen Bundes).

52 Vgl. K. Rahner / H. Vorgrimler, Kleines Konzilskompendium, Freiburg i. Br. 1980, S. 370ff. Zu den bekanntesten Folgen zählt die Entfaltung des Mariendogmas.

53 Vgl. z. B. das Monatsmagazin »Ewig« 6/1991 (Thema: Die Bibel – Gottes Wort), bes. S. 5 und 14; kritisch W. Beinert (Hg.), »Katholischer« Fundamentalismus. Häretische Gruppen in der Kirche? Regensburg 1991.

54 Artikel XVII der Chicago-Erklärung verwirft die Möglichkeit, daß das Zeugnis des Heiligen Geistes gegen »die« Schrift wirke.

55 Wilhelm Gottwaldt, Wissenschaft contra Bibel? Bad Liebenzell 1973[4], S. 90.

56 Artikel XI und XII. Analog H. Stadelmann, a.a.O. S. 19.

57 J. Barr, Art. Fundamentalismus, EKL[3] I (1986), Sp. 1404–1406, hier 1405.

58 Vgl. die »Homilien über die Wunderlitanei«, 15. Homilie (1747), in: N. L. v. Zinzendorf, Hauptschriften, hg. v. E. Beyreuther, Bd. III, 1963, S. 141ff. Ähnlich R. Slenczka, Was heißt und was ist schriftgemäß? Kerygma und Dogma 34, 4/1988, S. 304–320, bes. 310.

59 J. Friese, Die säkulare Welt. Triumph oder Tragödie der christlichen Geistesgeschichte, Frankfurt/M. 1967, S. 113.

60 Siehe dazu z. B. M. Oesch, Die Lehre von der Inspiration und ihre Anwendung auf die Urgeschichte, Fuldaer Hefte 13, 1960, S. 9–75; G. Dörr, Das betrügerische Heilsversprechen. Lehre + Ideologie des Darwinismus, Berneck/Schweiz, 1987; A. E. Wilder-Smith, a.a.O.

61 Vgl. K. Claeys, Die Bibel bestätigt das Weltbild der Naturwissenschaft, Stein/Rh. 1979; J. Illies, Schöpfung oder Evolution? Zürich 1979; H. Lachenmann, Kreationismus oder Evolution? in: Evangelium und Wissenschaft 6/1982, S. 9–13; G. Renz, Der Kreationismus – seine Stärke und seine Schwäche, ebd. 18/1987, S. 18–24.

62 Vgl. H. W. Beck, Biologie und Weltanschauung (Wort und Wissen Bd. 1), Neuhausen-Stuttgart 1979, S. 12.

63 Pro bibeltreues Wissenschaftssystem: L. v. Padberg, Die Bibel (Wort und Wissen Bd. 17), Neuhausen-Stuttgart 1986, S. 119; contra: A. E. Wilder-Smith, a.a.O. S. 43; ebd. S. 25: pro Erschaffung Evas aus Adams Rippe.

64 WA 46, S. 726. Vgl. auch G. Maier, Hermeneutik, 119; ausführlich H. Sasse, Sacra Scriptura, Erlangen 1981, S. 305–320.

65 R. Stier, Die Reden des Herrn Jesus, Barmen 1851[2], S. XI.

66 G. Bergmann, Alarm um die Bibel, Gladbeck 1974[5], S. 18.

67 C.-D. Stoll, Krankmachender Glaube? Biblische und praktisch-theologische Aspekte, Jahrbuch für Evangelikale Theologie 4, Wuppertal 1990, S. 78–98, hier S. 78. Vgl. auch D. Funke, Das halbierte Selbst. Psychische Aspekte des Fundamentalismus, in: H. Kochanek (Hg.),

Die verdrängte Freiheit. Fundamentalismus in den Kirchen, Freiburg i. Br. 1991, S. 83–93.

68 A. E. Wilder-Smith, a.a.O. S. 24. – Vgl. E. Schweingruber, Verkrampftes Christentum, Zürich 1962[4], bes. S. 44.

69 Dazu mein Aufsatz »Der neuzeitliche Okkultismus in theologischer Perspektive«, KuD 33, 4/1987, S. 279–302, wo ich die Bezeichnung »Semi-Okkultismus« eingeführt habe.

70 Vgl. J. R. Bergman, Zur seelischen Gesundheit von Zeugen Jehovas, Ahrensburg 1991, S. 36 und 69.

71 Vorrede auf das Neue Testament (WA Deutsche Bibel 7 I, S. 4). Vertiefend: W. Thiede, Das verheißene Lachen. Humor in theologischer Perspektive, Göttingen 1986, bes. S. 119ff.

Hansjörg Hemminger: Fundamentalismus und Wissenschaft am Beispiel Kreationismus

1 Zur Geschichte des amerikanischen Kreationismus: R. L. Numbers: Creationism in 20th-century America. Science 218, 1982, S. 538–544. – R. M. Frye, Creation-science against the religious background. In: R. M. Frye (ed.), Is god a creationist? New York 1983. A. N. Strahler, Science and earth history. The evolution/creation controversy, Buffalo, N.Y. 1987, S. 66–84. T. McIver, Formless and void: Gap theory creationism, Creation/Evolution Journal 24, 1988, S.1–24 (s. Anmerk. 6). Dort viele sonst schwer auffindbare amerik. Literaturangaben.

2 J. Illies, Schöpfung oder Evolution? Zürich 1979. R. Spaemann, R. Löw, Frage wozu? München/Zürich 1981.

3 A. N. Strahler, a.a.O., S. 66.

4 Programmatischer Ausgangspunkt des Auflebens des Kurzzeit-Kreationismus war in den USA: J. C. Whitcomb, H. M. Morris, The genesis flood, Philadelphia 1961. Heute steht, nach mehreren Spaltungen der kreationistischen Organisationen, das Institute for Creation Research (ICR) in San Diego im Vordergrund; Präsident H. M. Morris. Einen Überblick gibt: D. Nelkin, The creation controversy: Science or scripture in the schools, New York 1982.

5 Creation/Evolution Reports 9, No. 2, 1989, S. 20.

6 Die führende anti-kreationistische Organisation der USA ist das National Center for Science Education (Berkeley) mit der Zweimonatsschrift »Creation/Evolution Reports« (früher »Creation/Evolution Newsletter«). Das NCSE ist der AAAS (American Association for the Advancement of Science) angeschlossen, der wohl wichtigsten natur-

wissenschaftlichen Gesellschaft der Welt. Außerdem beteiligt sich die American Humanist Association mit der Vierteljahresschrift »Creation/Evolution Journal« an der antikreationistischen Lobby. S. auch: H. Hemminger, Antikreationistische Organisationen in den USA. Materialdienst der EZW 51, Nr. 12, 1988, S. 366–368.

7 Ein Beispiel für Vorzeit-Kreationismus: C. v. Viebahn, Die Schöpfung und Wiederherstellung der Erde, Aidlingen.

8 Die theologischen Grundlagen der Arbeit von »Wort und Wissen« entfaltet: H. W. Beck, Biblische Universalität und Wissenschaft – Grundriß interdisziplinärer Theologie, Neuhausen-Stuttgart 1987.

9 Der Begriff »Kreationismus« dient auch zur Unterscheidung von Autoren, die zu einer biblizistischen Auslegung von Genesis 1 neigen, aber ihre Auslegung mit der Naturwissenschaft harmonisieren und keine alternative Naturkunde entwickeln wollen, z. B.: K. Claeys, Die Bibel bestätigt das Weltbild der Naturwissenschaft, Stein a. Rh. 1979; in Anlehnung an ihn G. Lanzenberger, Schöpfung ist Evolution, Karlsruhe 1988; B. Philbert, Der Dreieine, Stein a. Rh. 1970.

10 Studiengemeinschaft »Wort und Wissen« (Hrsg.), Schöpfung und Wissenschaft, Neuhausen-Stuttgart 1988, S. 8. Das Büchlein faßt die Position von »Wort und Wissen« kurz zusammen.

11 W. Gitt, Das biblische Zeugnis von der Schöpfung, Neuhausen-Stuttgart 1985, S. 131.
Eine weitere fundamentalistische Schrift stammt von G. Dörr, Das betrügerische Heilsversprechen, Berneck (Schweiz) 1987. Noch extremer argumentieren fundamentalistische Missionswerke, die nicht selten direkt aus den USA nach Deutschland kommen, z. B. das Missionswerk Werner Heukelbach mit der Verteilschrift von M. Paul, Und es gibt doch eine Zukunft! Bergneustadt-Wiedenest o. J.

12 Umfrage des Allensbacher Instituts für Demoskopie, nach Zeitungsmeldungen vom 8. 4. 1989.

13 Ein undatiertes Positionspapier von »Wort und Wissen« aus dem Jahr 1989 spricht von einem Drittel der evang. Christen als Kreationisten. Dem widerspricht die unter 12 genannte Umfrage.

14 H. W. Beck, a.a.O.; W. Gitt, a.a.O.; W. Kuhn: Stolpersteine des Darwinismus, 2 Bde, Berneck/Schweiz 1984/1985; R. Junker, S. Scherer, Entstehung und Geschichte der Lebewesen, Gießen 1988.

15 A. N. Strahler, a.a.O., S. 70–71.

16 W. van der Kamp, Whys and wherefores of Geocentrism. Bulletin of the Tychonian Society Spring 1989, No. 49, S. 20–21. W. v. d. Kamp begründete die Tychonian Society; s. von ihm: De labore solis. Selbstverlag Pitt Meadows B.C./Canada o. D. S. auch die Autobiographie von H. W. Beck, a.a.O., S. 458 ff.

17 Es gibt eine begrenzte Akzeptanz kreationistischer Argumente in der katholischen Kirche. Die Zusammenarbeit zwischen katholischem Traditionalismus und gemäßigtem Kreationismus in der Frage der Evolutionskritik belegt: Verabschiedung oder naturphilosophische Weiterführung der Metaphysik? Festschrift zur Eröffnung der Gustav-Siewerth-Akademie, Frankfurt/Bern/New York/Paris 1990.

18 Ist die Bibel wirklich das Wort Gottes? Wachtturm-Gesellschaft, Wiesbaden 1969. Erste Aufl. in Englisch 3 Millionen Ex.

19 R. Junker, S. Scherer, a.a.O.; persönl. Mitteilung von Reinhard Junker.

20 E. Gutsche, P. C. Hägele, H. Hafner (Hrsg.), Im Vorfeld wissenschaftlicher Theorien – Am Beispiel Albert Einsteins, Porta Studie 14, Studentenmission in Deutschland, Marburg ^{2}1988.

21 Del Ratzsch, Philosophy of science, Downers Grove, Ill. 1986.

22 P. C. Hägele, Wie beziehen sich wissenschaftliche Weltbilder auf Wissenschaft? Evangelium und Wissenschaft. Karl-Heim-Gesellschaft Juli 1986 Beiheft 1, S. 53. R. U. Sexl, Die Hohlwelttheorie. MN 36, 1983, S. 453–460.

23 E. Gutsche, P. C. Hägele, H. Hafner (Hrsg.), Zur Diskussion um Schöpfung und Evolution. Porta-Studie 6, Studentenmission in Deutschland, Marburg ^{2}1984. F. Hebart, Schöpfungsglaube und Schöpfungswissenschaft, in: H. Schwarz (Hrsg.), Glaube und Denken. Jahrbuch der Karl-Heim-Gesellschaft, Moers 1988.
R. Jessberger, Kreationismus, Berlin/Hamburg 1990.

24 Die Unterscheidung zwischen primären und sekundären Ursachen im Schöpfungswerk Gottes geht auf Thomas von Aquin zurück.

25 R. Junker, S. Scherer a.a.O.

26 J. Diel, Grundtypenstudien bei Finkenvögeln, in: Tagungsband der 5. Fachtagung für Biologie.
Studiengemeinschaft »Wort und Wissen« Baiersbronn 6, 1988. Auf einen Grundtyp werden alle Arten der Familie Fringillidae (Echte Finken) zurückgeführt.
Es ist zu beachten, daß sich die Vorstellungen über die Möglichkeiten und Grenzen der Mikroevolution innerhalb des Kreationismus sehr unterscheiden. Eine ausgearbeitete Hypothese hat nur die deutsche Studiengemeinschaft »Wort und Wissen« anzubieten, wodurch sie sich auch wissenschaftlich angreifbar macht. Demgegenüber wirken die amerikanischen Vorstellungen substanzlos (R. Jessberger a.a.O., S. 103ff.).

27 F. Hartmann, R. Junker, Paßten alle Tiere in die Arche? Dokumentationen/Berichte/Stellungnahmen »Wort und Wissen« Baiersbronn 6, o.D. (erschienen 1990).

28 Typische Reaktionen waren die Meldung in der Süddeutschen Zeitung: Noahs Arche neu berechnet. 13. Dezember 1990 und die darauf folgende Glosse vom 15./16. Dezember 1990: Das Streiflicht.
29 Nach einem Faltblatt des Missionswerks Werner Heukelbach liegen zwischen Sündenfall und Sintflut 1000 Jahre. Bei »Wort und Wissen« kommen höchstens ca. 10000 Jahre in Frage.
30 H. W. Beck, a.a.O., S. 116–117.

Gottfried Küenzlen: Fundamentalismus und säkulare Kultur ...

1 T. Meyer (Hrsg.), Fundamentalismus in der modernen Welt. Die Internationale der Unvernunft, Frankfurt/M. 1989.
2 M. Weber, Gesammelte Aufsätze zur Religionssoziologie I, Tübingen 1972 (1920), S. 249f.
3 Siehe hierzu vor allem neuerdings: M. Riesebrodt, Fundamentalismus als patriarchalische Protestbewegung, Tübingen 1990. Siehe auch schon den kurzen Überblick von M. Riesebrodt, in: Protestantischer Fundamentalismus in den USA. Die Religiöse Rechte im Zeitalter der elektronischen Medien, EZW-Texte, Information Nr. 102, Stuttgart 1987.
4 Siehe hierzu und zum folgenden: F. H. Tenbruck, Die Glaubensgeschichte der Moderne, in: Die kulturellen Grundlagen der Gesellschaft. Der Fall der Moderne, Opladen 1989; ferner: G. Küenzlen, Der Neue Mensch – ein Kapitel der säkularen Religionsgeschichte, EZW-Texte, Information Nr. 85, Stuttgart 1982. Ausführlicher: G. Küenzlen, Die säkulare Religionsgeschichte der Moderne, in: Synthesis Philosophica, Vol. 4/1989, Zagreb, S. 45–66.
5 T. Meyer (Hrsg.), a.a.O., S. 18.
6 So zusammenfassend R. Spaemann, Die nichtrationalen Voraussetzungen des Vernunftgebrauchs. In: M. Zöller (Hrsg.), Aufklärung heute. Bedingungen unserer Freiheit, Zürich 1980, S. 24f.
7 R. Spaemann, in: G. Koslowski/R. Spaemann/R. Löw (Hrsg.), Moderne oder Postmoderne? (= Civitas Resultate Band 10), Weinheim 1986, S. 31 und 32.
8 P. Sloterdijk in: W. Welsch (Hrsg.), Wege aus der Moderne. Schlüsseltexte der Postmodernediskussion, Weinheim 1988.
9 H. Lübbe, Religion nach der Aufklärung, Graz 1986, S. 24.
10 W. Welsch, a.a.O., S. 14.
11 W. Pannenberg, Christentum in einer säkularen Welt, Freiburg 1988, S. 76.
12 A.a.O., S. 75.

Glossar

Anomie

Allgemein: Zustand der Regellosigkeit, der mangelnden sozialen Ordnung; in der Soziologie Bezeichnung für ein (oft plötzliches) Ansteigen von Symptomen des Orientierungsverlusts wie Sucht, Suizid, soziale Vorurteile usw.

Biblizismus

Ursprünglich eine theologische Richtung im Protestantismus, die nur das geschriebene Bibelwort als Norm für die Glaubensaussagen gelten läßt. Sie prägte den Pietismus und die Erweckungsbewegung des 19. Jahrhunderts, zum Beispiel durch Johann Albrecht Bengel (1687–1752) und Adolf Schlatter (1852–1938). Heute wird der Begriff zunehmend mit der amerikanisch-fundamentalistischen Vorstellung von der wörtlichen Inspiriertheit und Irrtumslosigkeit der Schrift in Verbindung gebracht.

Buddhismus

Im 6. Jahrhundert v. Chr. in Nordindien von Buddha (altindisch: Erwachter, Erleuchteter) gestiftete Religion. Sie hatte eine Reform des älteren brahmanischen Ritualismus zum Ziel und breitete sich über fast ganz Asien aus. Noch heute zählt der B. mehrere hundert Millionen Anhänger, schließt aber die gleichzeitige Zugehörigkeit zu anderen Religionen (Taoismus, Hinduismus) nicht grundsätzlich aus. Das Verhältnis des B. zu anderen Religionen ist tolerant, er tritt ihnen weniger abgrenzend gegenüber, sondern versteht den Pfad des Buddha als reinere, höhere Wahrheit, die nicht jedermann zugänglich ist.

Denomination
Ursprünglich einfach Benennung, Bezeichnung; heute nennt man Freikirchen oder Einzelkirchen so, in den USA heißt jede organisierte Kirche »denomination«.

Eklektizismus
In der Philosophie Prinzip des Auswählens einzelner Elemente aus früheren Traditionen bzw. Autoren, um die eigene Lehre zusammenzustellen. Es gibt auch E. in Religionen.

Eschatologie
Die Lehre von den letzten Dingen; sie umfaßt sowohl die endzeitliche Entwicklung des Weltganzen als auch das endgültige Schicksal des Einzelmenschen.

Exorzismus
Die Beschwörung von Geistern, meist bösen Dämonen, in einem festgelegten Ritual, um sie aus Menschen (Besessenen) auszutreiben oder Orte und Gegenstände von ihnen zu befreien. In einem weiteren Sinn kann auch das vorsorgliche Fernhalten von Geistern als E. bezeichnet werden. Alle Religionen kennen eine Art von E., in der katholischen Kirche erfolgt er bis heute nach dem Rituale Romanum, das auf frühmittelalterliche Formen zurückgeht. Bei Besessenheit ist der E. jedoch nur mit Erlaubnis des Bischofs gestattet.

Hedonismus
Philosophische Lehre, nach der das Streben nach Lust den Sinn menschlichen Daseins darstellt, und das Handeln des Menschen bestimmen sollte. Ethisch führt der H. in der Regel zur (oft verdeckten) Ablehnung moralischer Normen.

Hinduismus
Religion der Hindus, eine Religion bzw. Mehrzahl von Religionen ohne Stifter, der man durch Abstammung angehört,

sofern man in eine vom H. anerkannte Kaste hineingeboren wird und die Veden anerkennt. Der traditionelle H. missioniert daher nicht, und eine Einzelperson konnte ihm nicht beitreten. Eine einheitliche Lehre des H. gibt es nicht, die religiösen Ideen reichen vom Polytheismus (Vielgötterglauben) bis zum Atheismus. Es gibt jedoch eine hinduistische Sicht von Welt und Mensch, deren Elemente immer wiederkehren: Die Karmalehre, die zyklische Kosmologie (ewige Wiederkehr aller Dinge im Kosmos) usw. Der neuere H. missioniert zum Teil aktiv im Westen. Darüber hinaus gibt es zahlreiche Einflüsse auf die westliche Kultur (Yoga).

Integralismus
Ein in der katholischen Kirche im 19. und 20. Jahrhundert vertretener Anspruch, alle Fragen des privaten und religiösen Lebens anhand der katholischen Glaubenslehre zu beantworten. Der I. widerspricht der durch die Aufklärung entstandenen Trennung von Staat und Religion und spricht auch den übrigen Bereichen von Kultur und Wissenschaft das Recht auf Eigenständigkeit ab. Er ist als Reaktionsbildung auf den Modernismus (s. d.) zu verstehen. Er wurde 1917 verurteilt.

Kommunalismus
Aus dem Englischen stammende Bezeichnung für eine Haltung, die Unfrieden hervorruft zwischen Bevölkerungsgruppen (communities) mit unterschiedlicher Religion, Kultur, Sprache, teilweise auch Zivilgesetzgebung. Das Mobilisieren religiöser Gefühle und Schüren von Feindschaft zwischen solchen Gruppen (in Indien, Libanon etc.) wurde früher nicht Fundamentalismus, sondern K. genannt.

Konzil
Nach katholischer Auffassung die lateinische Bezeichnung (griechisch: Synode) für die Zusammenkunft der regierenden

Bischöfe und anderer Würdenträger unter dem Vorsitz des Papstes. Ein allgemeines (ökumenisches) K. steht nach katholischer Lehre gleichberechtigt neben, aber nicht über dem Papst. Seine Gesetzgebung sowie seine Beschlüsse zu Sittenlehre und Theologie sind, wenn sie vom Papst bestätigt werden, für die ganze katholische Kirche verbindlich und »unfehlbar« (Dogma).

Liturgie
Allgemeine Bezeichnung für die Ordnung eines Gottesdienstes in einer christlichen Kirche, abgeleitet von einem griechischen Wort, das »Dienst für das Volk« bedeutete. In der katholischen Tradition geht es vor allem um die Meßliturgie, in der evangelischen steht eine Predigt im Mittelpunkt.

Moderne
(die M.), ursprünglich ein Schlagwort für neue Richtungen in Literatur und Kunst, heute manchmal allgemein für die von der Aufklärung geprägten Erscheinungsformen der neuzeitlichen Kultur (s. bei Neuzeit). Umstritten ist die Bezeichnung »Postmoderne« für gegenwärtige Strömungen dieser Kultur, die von manchen Autoren als grundsätzliche Revision neuzeitlicher Positionen verstanden werden.

Modernismus
Richtung innerhalb des Katholizismus im 19. Jahrhundert, die seine Lehre an die Ergebnisse der modernen Wissenschaft und an die Denkweisen der modernen Kultur anpassen wollte. Der M. wurde 1907 verurteilt, den katholischen Geistlichen wurde der Antimodernisteneid vorgeschrieben. Den Gegensatz zum M. bildet der Integralismus (s. d.).

Nativismus
In der Philosophie ursprünglich die Lehre von den angebore-

nen Ideen; in der Kulturanthropologie und Religionswissenschaft Bezeichnung für die Tendenz einer Menschengruppe (Stamm, Volk, Minderheit), auf alte, ursprüngliche Werte und Vorstellungen der einheimischen »eingeborenen« Kultur zurückzugreifen. Es handelt sich bei diesem N. um die Reaktion auf eine kulturelle oder religiöse Bedrohung, sei es Überfremdung, Unterdrückung, Leben als Minderheit usw.

Orthodoxie
Allgemein: Rechtgläubigkeit, Festhalten an der bestehenden Lehre. Daneben vor allem die Bezeichnung für die Ostkirchen, die aus den Kirchen Ostroms (Byzanz) hervorgingen und sich von der lateinischen, weströmischen (später katholischen) Kirche trennten. Es gibt auch eine Richtung lutherischer Theologie, die O. genannt wird.

Patristik
Wissenschaft von der Lehre und den Schriften der Kirchenväter der ersten christlichen Jahrhunderte, heute auch die Ideengeschichte in der frühen Kirche allgemein.

Säkularisierung
(Säkularisation), die Verweltlichung von Bereichen des Lebens und Denkens, die ursprünglich religiös, kirchlich oder theologisch geprägt waren. Das lateinische Wort »saeculum« bezeichnet dabei die »Welt« im Sinn des Neuen Testaments, das als unerlöster Bereich des Kosmos dem Reich Gottes gegenübersteht. Die S. als geistesgeschichtliche Bewegung richtet sich teilweise gegen die frühere, religiöse Einbettung von Leben und Denken, geht aber im Christentum teilweise auch als religiöse Konsequenz aus ihr hervor. Die S. bildet eine wesentliche Strömung in der Geschichte der Neuzeit.

Säkularismus
Bezeichnung für eine Anschauung, die den Vorgang der Sä-

kularisierung (s. dort) zum weltanschaulichen Prinzip erhebt und die Verdrängung religiöser Elemente aus Leben und Denken fordert.

Schiiten
Anhänger der »Schia« (arabisch: Partei) Alis, die ihn und seine Nachkommen als alleinige Führer (Imame) der Muslime betrachten. Neben diesem legalistischen Unterschied zu den Sunniten (s. dort) gibt es religiöse Unterschiede und Unterschiede in der Auffassung zum Verhältnis von Religion und Staat. Die Schiiten sind unter sich zersplittert, sie machen insgesamt ca. 8% der Muslime aus. Neben dem Iran, wo der Schiismus Staatsreligion ist, liegen die Schwerpunkte des Schiismus im Irak, in Syrien und Pakistan.

Schisma
Allgemein: Kirchentrennung aus Gründen der kirchlichen Legitimität durch Aufhebung der rechtlichen, verfaßten Kirchengemeinschaft, nicht aus theologischen Unterschieden (Häresien) heraus. Im Katholizismus spielt die Weigerung, dem Papst zu gehorchen oder mit der übrigen Kirche Gemeinschaft zu halten bei der Entstehung von Schismen eine bedeutende Rolle; sie werden zum Glaubensdelikt.

Separatismus
Bestreben nach Herauslösung oder Loslösung, zum Beispiel eines Gebietsteils aus einem Staat oder einer religiösen Gruppe aus ihrer Religionsgemeinschaft.

Sunniten
Anhänger der Sunna, der Überlieferung über das Leben und Wirken des Propheten Mohammed und die durch ihn begründeten Bräuche und Sitten. Diese Überlieferung wurde gesammelt und bestimmt neben dem Koran die religiöse Praxis. Die S. machen über 90% der Muslime aus, sie halten gegen die

Schiiten (s. dort) an der Rechtmäßigkeit der Kalifen fest und verwerfen deren besondere, schiitische Tradition.

Theonomie
Bindung des Lebens und Handelns an den Willen Gottes (Gottesgesetzlichkeit), im Gegensatz zur menschlichen Autonomie (Selbstbestimmung) ebenso wie zur menschlichen Heteronomie (Bindung an andere Mächte).

Traditionalismus
Allgemein: ein gegen Neuerungen gerichtetes Festhalten an Traditionen; speziell eine theologische und philosophische Richtung in Frankreich zu Anfang des 19. Jahrhunderts. Nach ihr ist der Mensch zur autonomen Erkenntnis von Grundwahrheiten unfähig, er ist auf eine Uroffenbarung von Wahrheit angewiesen.

Tridentinum
19. allgemeine Konzil (s. dort) in Trient von 1545 bis 1563, von besonderer Bedeutung wegen seiner Reformen und als Sammlungsbewegung gegenüber den Kräften des Protestantismus.

Ultramontanismus
Von lateinisch »ultra montes« (jenseits der Berge), eine Bezeichnung für papstfreundliche Tendenzen in Frankreich, Deutschland und den Niederlanden, sei es in theologischen Streitfragen, sei es in der Politik.

Veda
Vom altindischen Wort für Wissen, Bezeichnung für die älteste religiöse Sanskrit-Literatur der arischen Inder. Diese gesamte Literatur gilt im Hinduismus als Offenbarung und liefert die Grundlage für die »vedischen Opfer«, häusliche Opferzeremonien ebenso wie große Opferfeste.

Register

Action Française 91f.
ad-Din al-Afghani, Dschamal 47, 58
Adiaphora 120
Adler, Alfred 128
Aflaq, Michel 49
Agnivesh, Swami 36
Al-Banna, Hassan 47
al-Gaddafi, Muammar 47f.
Ali, Kalif 42
Alt, Franz 93
Amish People 110
Amritsar 18f.
ancien régime 79
Anomie 214
Antimodernisteneid 80, 83
Antisemitismus 92
Apte, S. S. 35
Arabismus 49
Archäologie 186
Arche Noah 188f.
Arya Samaj 26ff., 35ff.
Astrophysik 170
Aufklärung 10, 90ff., 99, 150, 196ff.
Auslesetheorie 170
Autonomie 218
Ayodhya 20f., 24, 26

Baath-Partei 48ff.
Bahro, Rudolf 196, 200
Bangla Desh 18
Bautain, Louis E. 86ff.
Beck, Horst W. 157, 176
Bekehrung 212, 214
Bengel, Johann Albrecht 122, 136
Berger, Peter L. 57
Bhagavadgita 36, 39, 60
Bhagvata Purana 39
Bharatiya Janata Party 19, 26
Bibel 58, 65, 99ff., 131ff.
Biblizismus 143, 171, 180ff.
Biel, G. 146
Black Muslims 52, 59
Bonald, Louis G. A. de 86ff.
Bryan, William J. 170f.
Buber, Martin 123
Buddhismus 23, 38, 56, 59ff.

Calvin, Johannes 147, 149, 152
Calvinismus 132
Casel, Odo 77
Chaitanya 39
Charière, Mgr. 82
Chicago-Erklärung 133, 151, 156, 162
Chinmayananda, Swami 34
Christentum 23, 38, 56f., 59ff., 88, 178
Christus Jesus 94f., 103ff., 138ff.
City-Religion 210
Claudius, Matthias 195
Coetus Internationalis Patrum 82

Dalit-Bewegung 37
Darwin, Charles 157, 166ff.
Darwinismus 170ff.
Das, Veena 30
Dawah-Bewegung 50, 52, 57
Delhi-Meerut 20
Denomination 6, 153

Deutsche Forschungsgemeinschaft 172
Deutscher Christlicher Techniker-Bund 176
Dhimmi 34
Dissidententum 219
Douglas, Mary 31f.

Ecône 82
Eklektizismus 210
Ekstase 198
electronic church 196
Elitebewußtsein 212
Ellinger, Theodor 176
Endzeit 125, 166
Entmythologisierung 123
Epistemologie 183
Erweckungsbewegung 99
Eschatologie 207, 213
Eucharistie 75ff.
Evangelikalismus 6, 97ff., 175 213
Evangelische Allianz 7
Evangelium 95, 110, 135, 142, 220
Evolutionstheorie 157, 168ff.
Exkommunikation 71
Exorzismus 167

Faschismus 63f.
Feminismus 211, 213
Fideismus 86, 88
Finkenvögel 187
Flacius, M. 150
Fortschrittsglaube 131, 206
Franzelin, Joh. B. 89
Französische Revolution 79ff.
Freikirche 106, 132, 180
Freimaurer 92
Freud, Sigmund 128

Galilei, Galileo 150
Gandhi 21, 33
Gandhi, Indira 17, 19
Gandhi, Rajiv 17, 19
Gaudiya Vaishnava 39
Geologie 169f., 186
Gerhard, J. 150
Gerhardt, Paul 195
Gericht 125
Gesetzlichkeit 120
Gitt, Werner 176
Golwalkar, »Guruji« M. S. 24f., 34
Grundtyp 183, 187ff.
Grüne, die 10, 15, 196, 200
Guardini, Romano 77

Habermas, Jürgen 205
Hägele, Peter C. 184
Hare Krischna 38f., 57, 60
Hartwig-Scherer, Siegrid 176
Hegdewar, K. B. 24
Heiliger Geist 100, 135, 143ff., 154
Heim, Karl 151
Heinrich, J. B. 90
Heisenberg, Werner 8
Herwegen, Ildefons 77
Hinduismus 17ff., 22ff., 61ff.
Hindu Vishva 34
historisch-kritische Methode 99, 113ff., 139ff., 193, 199
Hobbes, Thomas 150
Hohlwelttheorie 184
Humanismus 131, 147
Hussain, Maulana Afzal 34
Hussein (Sohn Alis) 43
Hussein, Saddam 49f., 63

Ideologie 10ff., 25, 50, 55, 102, 157ff., 203
Illies, Joachim 170
Imam 44
Indien 17f., 25ff.
Inkarnation 110, 115

Inspiration 134ff., 177
Integralismus 66, 80, 91, 200, 211
Iran 44, 48f., 196
ISKCON 38f.
Islam 17, 23, 33ff., 41ff., 61ff., 135, 178f., 196, 211, 213, 216
Islamische Bewegung 53
Islamische Heilsfront 50
Islamischer Weltkongreß 53
Islamische Welt-Liga 53
Islamismus 47ff.

Jain 23, 35
Jama'at-i-Islami 33
Jihad 44
Jihad-Gruppen 50
Jinna, Ali 33
Johannes XXIII., Papst 81
Judentum 135, 178f., 196
Jung, Carl Gustav 128
Jungmann, Andreas 77

Kalifen, die 42
Kamp, W. van der 177
Kanon 136ff.
Kant, Immanuel 203
Kapitalismus 46
Karl-Heim-Gesellschaft 186
Kaschmir 18
Kaste 31f.
Katholizismus 68ff., 174, 179, 200
Kepler, Johannes 150
Kerbela 43
Khalistan 19
Khomeini (Chomeini), Ayatollah 42, 44, 48, 63, 216
Kierkegaard, Sören 122, 129
Klee, Heinrich 90
Klimkeit, H. J. 28
Kommunalismus 21, 34, 55
Kommunismus 23, 46, 84
Konfessionen, die 106
Konstantinische Wende 105
Konventikel 99
Konzil 72f.
Konzil von Trient (Tridentinum) 75, 150
Koran 42ff., 58, 60f.
Kosmologie 166, 169, 186
Kothari, Rajana 17
Kreationismus 13f., 100, 157, 163ff., 219
Kuhn, Wolfgang 176
Kulturgestaltung 109f.

Lamennais, F. R. de 86ff.
Lang, Carl 84
Lefebvre, Marcel 11, 66ff.
Lehramt 73, 153f.
Lem, Stanislaw 163ff.
Lessing, Gotthold Ephraim 150
Liberalismus 73f.
Liberalität 8, 216
Liebermann, B. F. L. 90
Lingayat 35
Liturgie 74ff.
Lübbe, Hermann 208, 219
Luther, Martin 126, 129, 138 145ff.
Luthertum 132ff.
Luzifer 169

Maier, Gerhard 133, 136
Mainzer Schule 90
Maistre, Joseph de 86ff.
Makroevolution 187ff.
Marxismus 205f., 213
Matriarchat 211, 213
Maududi, S. A. A. 3
Maurras, Charles 91f.
Medina 42, 47, 51, 213
Meyer, Thomas 197, 203
Meßfeier 74ff.

Mikroevolution 186ff.
Missale Romanum 77
Mission 28, 31, 38ff., 52f., 57, 81, 109, 117ff., 180
Moderne 131, 151, 196ff.
Modernismus 60, 66ff., 80, 199ff.
Mohammed 42, 51
Monarchie 79, 87, 92f.
Moralismus 120
moral majority 6, 15
Moslem-Liga 33
Mühlmann, W. E. 29

Naherwartung 127
Nasser, Gamal Abdel 48
National Science Foundation 172
Nationalismus 18, 22ff., 25f., 48ff., 63f., 92
Nativismus 28ff., 48, 54
Naturwissenschaft 163ff.
Nell-Breuning, Oswald von 91
Neuscholastik 89
Neuzeit 10, 174ff., 205ff.
New Age 8, 13, 217
Niewiadomski, Jozef 66

Okkulte, das 123ff., 164, 213
Ökumene 96, 104ff.
Ökumenismus 68
Okzidentose 54
Orthodoxie 149f., 156, 179
Oosterhuis, Huub 102

Panislamismus 47
Pakistan 18f.
Paläontologie 169, 186
Pannenberg, Wolfhart 218
Papalismus 88
Parzany, Ulrich 9
Passaglia, Carlo 89
Patristik 218
Paulus, Apostel 135
Pen, Jean-Marie le 83f.
Perfektionismus 104, 124
Perrone, Giovanni 89
Peters, Rudolph 45
Physik 169, 181f., 184f.
Pietismus 97, 99ff.
Pluralismus 11, 208ff., 217
Pluralität 208ff.
Politik 61ff., 78, 90, 199ff., 219ff.
Postmoderne 151, 207ff.
Prabhupada, A. C. Bhaktivedanta Swami 39f.
Priesterbruderschaft St. Pius X. 70, 82ff.
Prohibition 171
Protestantismus 72ff., 92f., 97ff., 132ff., 165ff., 195, 199, 211
Psychotherapie 127f., 160

Rai, Laipat 27f.
Rama 20f.
Ramdas 21
Rashtriya Svayamsevak Sangh 24
Ratsch, Del 182f.
Reformation 131ff.
Regression 161
Religionsfreiheit 68f., 82
Remythologisierung 142
Republikanische Brüder 51
Riesner, R. 137
Rohrmoser, Günter 205
Rushdie, Salman 63, 216

Säkularisierung 18, 41, 62, 196ff.
Säkularismus 10, 18, 58, 123
Sanatana Dharmis 26
Sarasvati, Dayananda 26ff., 48, 58
Saudi-Arabien 45
Savarkar, V. D. 22ff.
Schari'a 43, 46, 51, 211
Scherer, Siegfried 176

Schia, Schiismus 41ff.
Schisma 11, 83
Schlatter, Adolf 110
Schmidt, Alfred 66
Scholastik 156
Schöpfung 123, 157, 166ff.
Schrader, Clemens 89
Schriftverständnis 131ff.
Schütz, Paul 129
Scopes, John D. 170
secular humanism 211
Seelsorge 127f.
Semler, S. 150
Separatismus 6, 14, 175
Septuaginta 135
Sexl, Roman 184
Sexualmoral 119ff.
Shruti 31
Shuddhi 28, 32, 35
Sider, Roland 98
Sikh 18f., 35, 55
Singh, Kushwant 19
Singh, V. P. 38
Sintflut 187ff.
Skeptizismus 167
Slenczka, R. 145
Sloterdijk, Peter 207
Smriti 31, 51
Snow, C. P. 193
Sozialismus 48, 87
Spaemann, Robert 170, 205f.
Spinonza, J. B. 150
Standardtheorie 185
Stewart, L. und M. 140
Stier, R. 158
Stott, John 117
Studentenmission in Deutschland 186
Stuhlmacher, P. 144
Subjektivismus 210
Sündenfall 190ff.
Sunna, Sunnismus 41ff.
Synkretismus 59, 151, 210

Taha, Mahmud Muhammad 51
Takfir-Gruppen 50
Tenbruck, F. H. 220
Tennessee 170
Tertullian 144
Theologie 113, 131ff., 193f., 218
Theologumenon 71
Theonomie 218
Thora 179
Tibi, Bassam 50
Toleranz 107f.
Totalitarismus 220
Traditionalismus 10f., 18, 26, 59, 66ff., 175ff.
Tridentinum (Konzil von Trient) 71, 76
Troeltsch, Ernst 113f.

Überfremdung 11
Ultramontanismus 87
Umma 42
Unterwegs (Kommunität) 98

Väter vom Heiligen Geist 81f.
Vatikanisches Konzil (Vatikanum) I 71, 77
Vatikanisches Konzil (Vatikanum) II 68ff., 81ff., 96, 154
Veden, die 27f., 36, 58
Verbalinspiration 133
Verdammnis 126f.
Vernunftglaube 197
Vishva Hindu Parishad 20ff., 33
Vivekananda, Swami 23f., 31
Voetius, G. 150
Volksfrömmigkeit 58f.
Volkskirche 105f.

Wahhabismus 44f.
Wallis, Jim 98

Weber, Max 197, 202
Weltäther 181f.
Weltbild 167ff., 212
Weltverantwortung 117ff.
Wilder-Smith, A. E. 134
Wissenschaftsglaube 165ff., 202f.
Wittig, Josef 129
World Hindu Convention 34
Worlds Christian Fundamentals Association 199
Wort und Wissen (Studiengemeinschaft) 173ff.

Zeugen Jehovas 7, 11f., 180
Zinzendorf, Nikolaus Ludwig Graf von 107, 118, 156
Zufall 179

Die Autoren

Hansjörg Hemminger, Dr. rer. nat., geb. 1948, Studium der Biologie und Psychologie, Referent an der Evangelischen Zentralstelle für Weltanschauungsfragen in Stuttgart.

Reinhart Hummel, Dr. theol., geb. 1930, Studium der evangelischen Theologie, Leiter der Evangelischen Zentralstelle für Weltanschauungsfragen in Stuttgart.

Gottfried Küenzlen, Dr. theol., geb. 1945, Studium der evangelischen Theologie, Soziologie und Philosophie, Referent an der Evangelischen Zentralstelle für Weltanschauungsfragen in Stuttgart.

Alois Schifferle, Dr. theol., geb. 1945, Studium der katholischen Theologie, Studentenpfarrer in Freiburg (Schweiz).

Werner Thiede, Dr. theol., geb. 1955, Studium der evangelischen Theologie, Referent an der Evangelischen Zentralstelle für Weltanschauungsfragen in Stuttgart.

Peter Zimmerling, Dr. theol., geb. 1958, Studium der evangelischen Theologie, Pfarrer der »Offensive Junger Christen« (Reichelsheim/Odenwald).